图书馆阅读推广理论与实践研究

曲波　谢恩泽　潘漱娟　著

北京燕山出版社

BEIJING YANSHAN PRESS

图书在版编目（CIP）数据

图书馆阅读推广理论与实践研究 / 曲波，谢恩泽，潘漱娟著.
— 北京 ：北京燕山出版社，2024.5
ISBN 978-7-5402-7222-7

Ⅰ. ①图… Ⅱ. ①曲… ②谢… ③潘… Ⅲ. ①图书馆
—读书活动—研究 Ⅳ. ①G252.17

中国国家版本馆 CIP 数据核字 (2024) 第 045146 号

图书馆阅读推广理论与实践研究

著　者	曲　波　谢恩泽　潘漱娟	
责任编辑	李　涛	
封面设计	刊　易	
出版发行	北京燕山出版社有限公司	
地　址	北京市西城区椿树街道琉璃厂西街 20 号	
电　话	010-65240430	
邮　编	100052	
印　刷	明玺印务（廊坊）有限公司	
开　本	787mm×1092mm　1/16	
字　数	302 千字	
印　张	19.25	
版　次	2025 年 3 月第 1 版	
印　次	2025 年 3 月第 1 次印刷	
定　价	80.00 元	

图书馆阅读推广理论与实践研究

编 委 会

曲波　谢恩泽　潘漱娟　李燕　著

前　言

在我们的社会中，图书馆扮演着至关重要的角色。它们是知识的海洋，是人们寻求答案、寻觅启示的地方。它们是我们社区的心脏，为我们的公民提供教育、娱乐和创新的平台。其中，图书馆阅读推广工作是推动知识传播过程的重要引擎。本书旨在深入探讨图书馆阅读推广的理论和实践，以帮助读者更好地理解并实施有效的阅读推广策略。

本书的内容涵盖了图书馆管理的多个方面，包括图书馆的定义和功能，图书馆组织结构与管理模式，图书馆资源的获取、整理和利用等。同时，我们也对图书馆阅读推广进行了全面的探讨，包括阅读推广的概念与重要性、阅读推广的理论基础、阅读推广的发展趋势以及国内外相关研究综述。

在图书管理理论与实践章节里，我们将深入讨论图书馆资源管理的概念和原则，包括图书采编与订购管理、图书分类与编目管理以及馆藏管理与维护等。我们将通过这些讨论，帮助读者理解如何有效地管理图书馆的资源，以支持阅读推广工作。

当然，我们不能忽视的是图书馆阅读推广的目标群体与需求分析。我们将深入探讨不同年龄段读者和社会群体的阅读需求，以帮助我们更好地理解他们的需求和期望，从而为他们提供更符合他们需求的阅读推广活动。

我们也将关注图书馆阅读环境建设和阅读文化建设。我们将讨论如何通过良好的阅读环境吸引读者，如何通过培养阅读文化使更多人热爱阅读。此外，我们还将探讨读者教育与指导的重要性以及实施策略。

在策略与方法章节里，我们将详细介绍如何设计和组织阅读推广活动，如何进行图书推荐和阅读指导，以及如何开发阅读推广资源和合作伙伴。同时，我们还将讨论如何将阅读推广活动与学校合作，如何将图书馆的阅读资源与学校课程相融合。

此外，我们还将关注新技术在图书馆阅读推广中的应用和创新。例如，我们将讨论数字化阅读推广的技术手段与应用，媒体传播和社交媒体在阅读推广中的作用以及创新阅读推广模式和案例分析等。

同时，我们将探讨图书馆阅读推广专业人才的培养以及图书馆阅读推广与读者培训的结合。我们还将依照此项策略对图书馆阅读推广效果进行分析与评估，以帮助读者了解如何优化他们的阅读推广策略。

另外，我们还将关注数字阅读时代的挑战与机遇。我们将分析数字阅读时代的特点与趋势以及图书馆在数字阅读推广中的角色与作用。我们将探讨数字阅读推广所面临挑战的解决策略以其未来发展的趋势。

　　《图书馆阅读推广理论与实践研究》是一本全面深入探讨图书馆阅读推广的书籍，旨在为从事图书馆管理工作的同仁提供有益的参考和帮助。希望本书能够为推动图书馆事业和文化发展起到积极的促进作用。

目　录

第一章 图书馆管理概述

第一节 图书馆的定义和功能

一、图书馆的定义

图书馆是人类文明发展的产物，它随着社会的进步和发展而不断演变。作为一个社会文化机构，图书馆在信息传播、知识普及、文化传承、娱乐休闲等方面扮演着重要角色。

图书馆是一个收集、整理、保存和传播文献信息资源的机构。它通过系统化、有序化的方式，将大量的文献信息进行分类、编目、整理和保存，以方便读者查找和使用。这些文献信息资源包括印刷书籍、报刊、手稿、图片、音频、视频等多种形式。

图书馆不仅收集和保存文献信息资源，还为读者提供各种服务。这些服务包括：

阅览服务：图书馆为读者提供各种类型的阅览服务，如书籍、报刊、电子图书等。读者可以在图书馆内阅读和欣赏各种文献信息，从而获得知识和灵感。

借阅服务：图书馆为读者提供借阅服务，读者可以在规定期限内借出一定数量的文献信息资源，以便带回家中阅读或使用。

参考咨询服务：图书馆提供参考咨询服务，帮助读者解决在查询和使用文献信息资源过程中遇到的问题。这些服务包括解答读者的咨询、提供代查代检服务等。

文献检索服务：图书馆提供文献检索服务，帮助读者快速查找到自己需要的文献信息资源。这些服务包括计算机检索、数据库查询等。

培训和教育服务：图书馆承担着培训和教育读者的责任。它通过开展各种类型的培训活动，如文献检索课程、电脑技能培训等，帮助读者提高获取信息的能力和技能水平。

二、图书馆的功能

图书馆作为社会文化机构的重要代表，在多个方面发挥着重要的作用。图书馆的功能包括以下几个方面。

收集和保存文献信息资源：图书馆最基本的功能是收集和保存文献信息资源。它通过接受捐赠、购买、交换等方式，获取各种类型的文献信息资源，包括书籍、报刊、手稿、图片、音频、视频等。这些资源不仅丰富了图书馆的馆藏，也满足了读者对信息的需求。

传播和交流信息：图书馆是一个信息传播和交流的平台。它通过借阅、阅览、参考咨询、文献检索等方式，为读者提供获取和使用信息的途径。读者可以通过图书馆获取自己需要的文献信息资源，也可以将自己的研究成果、创作成果等与他人分享和交流。

促进社会教育：图书馆具有促进社会教育的功能。它通过阅览、借阅、参考咨询、培训等方式，帮助读者获取知识和技能，提高自身素质和能力。同时，图书馆还开展各种形式的讲座、展览、培训活动，丰富读者的文化生活，提高读者的文化素质和社会教育水平。

娱乐休闲和文化传承：图书馆不仅提供学习和教育的场所，还是娱乐休闲和文化传承的重要载体。读者可以在图书馆内欣赏音乐、观看电影、参加文化活动等，享受阅读的乐趣和文化的熏陶。此外，图书馆还保存了许多珍贵的历史文献和文化遗产，这些资源对于传承和弘扬中华民族优秀传统文化具有重要意义。

提供个性化服务：图书馆还针对不同读者的需求，提供个性化的服务。例如，为残障人士提供专门的服务、为科研人员提供专业的参考文献服务、为学校提供教育资源服务等。这些个性化的服务能够满足不同群体的需求，促进社会的公平与进步。

第二节　图书馆组织结构与管理模式

一、图书馆的组织结构

图书馆作为一个社会文化机构，通常由不同的部门组成，每个部门负责特定的职能。以下是图书馆组织结构的详细介绍。

馆长室：馆长室是图书馆的最高领导机构，负责制定图书馆的发展战略、计划和政策，并组织和协调各部门的工作。馆长需要具备丰富的图书馆学和管理经验，能够带领图书馆员工实现目标和完成使命。

采编部：采编部负责收集、整理、加工和采购图书、报刊等文献信息资源。它与外界的供应商、出版商等联系，对文献信息资源进行筛选、评估和订购。采编部还要负责对文献信息资源进行数字化处理和管理，保证文献信息资源的有效利用。

流通部：流通部负责管理图书的借阅和归还，以及文献信息资源的流通统计和整理。它包括借还服务台、书籍整理和排架、流通统计等职责。流通部需要为读者提供方便快捷的借阅服务，同时保护好文献信息资源，防止流失和损坏。

阅览部：阅览部负责管理报刊、图书等文献信息资源的阅览服务。它包括报刊阅览室、图书阅览室等，为读者提供安静舒适的阅读环境，并按时更新和整理文献信息资源，确保读者能够获取最新的知识和信息。

信息技术部：信息技术部负责图书馆的信息化建设和管理工作。它包括系统管理、网络维护、数字资源建设、技术支持等职责。信息技术部需要为图书馆提供先进的技术手段，提高文献信息资源的利用率和管理效率。

推广部：推广部负责图书馆的宣传和推广工作。它包括读者服务宣传、活动策划、阅读推广等职责。推广部需要与读者保持良好的沟通和联系，了解读者的需求和反馈，不断改进服务质量。

行政部：行政部是图书馆的行政管理机构，负责人事、财务、物资采购、后勤保障等工作。它需要协调各个部门之间的工作，确保图书馆的正常运转和发展。

咨询部：咨询部负责为读者提供参考咨询服务。它包括学科咨询、专题咨询、文献检索等职责。咨询部需要帮助读者解决在利用文献信息资源过程中遇到的问题，提高文献信息资源的利用率和读者的满意度。

培训部：培训部负责为读者提供培训服务。它包括计算机技能培训、文献检索培训、外语培训等职责。培训部需要针对读者的不同需求，开展形式多样的培训活动，提高读者的综合素质和应用技能。

保卫部：保卫部负责图书馆的安全保卫工作。它包括安全检查、消防设施管理、安全巡查等职责。保卫部需要建立健全安全管理制度，做好安全防范工作，确保图书馆的安全稳定。

业务辅助部门：业务辅助部门是指为图书馆业务工作提供辅助性服务的部门。它们包括典藏部门、编目部门、数字化加工部门等，分别负责管理馆藏资源、编制目录和进行数字化处理等工作。

此外，一些大型图书馆还可能设置独立的研究部门或数据中心，为科研人员和特定用户提供专门的服务和研究支持。

二、图书馆的管理模式

图书馆作为社会文化服务的重要机构，其管理模式的好坏直接影响到图书馆的运营效率和读者服务的质量。

（一）图书馆管理模式的定义

图书馆管理模式是指一种组织结构和运作方式，它规定了图书馆的资源分配、工作流程、组织结构和评估方式。好的管理模式可以提高图书馆的运营效率和服务质量，为读者提供更好的服务。

（二）图书馆管理模式的构成要素

图书馆管理模式通常由以下几个要素构成。

目标与计划：明确图书馆的目标和定位，制定详细的发展计划，包括读者服务、馆藏发展、设施建设等方面。

组织结构：确定图书馆的组织结构，包括部门设置、岗位设置、工作职责等，明确各部门之间的协作关系。

资源管理：有效管理图书馆的资源，包括文献信息资源、人力资源、财力资源等，确保资源的合理分配与利用。

流程管理：制定并优化图书馆的业务流程，包括文献采集、加工、流通、阅览、参考咨询等工作流程，确保工作的高效有序。

服务质量管理：关注读者需求，建立服务质量评估体系，持续改进服务质量，提高读者满意度。

绩效评估与反馈：建立合理的绩效评估体系，对员工进行绩效考核，及时反馈评估结果，激发员工的工作积极性。

（三）图书馆管理模式的类型

根据不同的划分标准，图书馆管理模式可以有多种分类方式。

按管理性质划分：

行政管理模式：以行政手段为主导，强调规范和秩序，适用于规模较小、业务简单的图书馆。

市场经济管理模式：以市场为导向，引入竞争机制和经济效益概念，适用于具有一定规模和复杂性的图书馆。

知识管理模式：以知识管理为核心，关注员工的专业技能和知识传承，适用于技术先进、专业性强的图书馆。

按管理结构划分：

集中式管理模式：将所有业务和管理活动集中在一个核心部门或管理层，具有集中力量、统一管理的优势。

分散式管理模式：将管理权限和责任分散到各个部门或岗位，有利于发挥各自的积极性和创造性。

混合式管理模式：结合集中式和分散式管理模式的特点，根据具体情况灵活运用两种模式的优点。

按管理手段划分：

传统管理模式：以手工管理为主，依靠纸质文件和面对面交流进行管理。

信息化管理模式：借助计算机、网络等现代信息技术手段进行管理，提高管理效率和精度。

数字化管理模式：在信息化管理的基础上，构建数字化服务平台和管理系统，实现图书馆业务的全面数字化管理和服务。

（四）图书馆管理模式的优化与创新

随着社会的发展和技术的进步，图书馆管理模式也需要不断优化和创新，以适应时代的需求和读者的期望。以下是优化和创新图书馆管理模式的几个方向。

（1）以读者需求为导向：关注读者需求的变化，优化读者服务流程和质量，提高读者的满意度。

（2）数字化与智能化转型：借助现代信息技术手段，将图书馆业务全面数字化和智能化，提高管理效率和信息服务水平。

（3）跨界融合与合作：与其他相关机构、企业等开展跨界合作和融合，拓展图书馆的业务范围和服务领域。

（4）优化组织结构和人力资源配置：调整组织结构和工作流程，合理配置人力资源，提高工作效率和管理效能。

（5）强化知识管理和创新能力：关注员工的专业技能和知识传承，培养创新意识和服务能力，为图书馆的持续发展提供动力。

第三节 图书馆资源的获取、整理和利用

一、图书馆资源的获取

图书馆作为社会文化服务的重要机构，拥有丰富的信息资源，是人们获取知识和学习的重要渠道。

（一）图书馆资源的定义与分类

图书馆资源是图书馆的核心组成部分，它们是图书馆提供给读者的重要财富。图书馆资源不仅包括了各种形式的文献信息资料，如图书、期刊、报纸、古籍、音像资料、电子资源等，还涵盖了各种学科领域的资料，从社会科学到自然科学，从人文科学到医学科学，无所不包。这些资源不仅为学术研究提供了重要的参考依据，同时也是广大读者开阔视野、丰富知识的重要来源。

按照资源载体形式，图书馆资源可以分为纸质资源和电子资源两大类。纸质资源是指以纸张为载体的文献信息资料，如图书、期刊、报纸等，它们是图书馆中最传统、最基础的资源形式。这些纸质资源不仅具有较高的收藏价值，而且也是读者进行阅读和学习的传统方式。电子资源则是指以数字形式存储和传播的文献信息资料，如电子书籍、电子期刊、网络资源等。电子资源的出现为图书馆提供了更为丰富和便捷的资源形式，使得读者可以更加方便地获取和利用这些资源。

按照资源学科领域，图书馆资源可以分为社会科学、自然科学、人文科学等多个领域。社会科学类资源主要包括社会学、经济学、政治学等学科的文献信息资料；自然科学类资源则主要包括数学、物理学、化学等学科的文献信息资料；人文科学类资源则涵盖了文学、历史学、哲学等学科的文献信息资料。这些不同学科领域的资源为读者提供了全面、系统的学术参考依据，帮助他们深入探究各学科领域的知识和理论。

按照资源出版时间，图书馆资源可以分为现代资源和古代资源两大类。现代资源是指近现代出版的文献信息资料，包括了各个时期的学术著作、专业期刊、科普读物等；古代资源则是指古代及中世纪出版的文献信息资料，如古籍善本、古代碑帖等。这些古代资源不仅是研究历史和文化的重要参考依据，同时也是传承和弘扬中华民族优秀传统文化的宝贵财富。

除了以上分类标准，图书馆资源还可以按照其他标准进行分类。例如，按照资源的语种可以分为中文资源和外文资源；按照资源的主题可以分为文学、历史、哲学、经济等多个主题的资源。这些不同类型的图书馆资源各有其特点和使用价值，为读者提供了更为全面和系统的学术服务。

总之，图书馆资源是图书馆的核心和灵魂，它们的质量和数量直接关系到图书馆的服务水平和读者的学术体验。作为图书馆工作人员，我们应该不断加强图书馆资源的建设和管理，提高资源的利用效率和质量，为读者提供更为优质和便捷的学术服务。同时，我们也应该积极推动图书馆资源的数字化和现代化建设，加强与国内其他图书馆及国际图书馆的合作与交流，实现资源的共享和优化配置，为推动我国图书馆事业的发展贡献自己的力量。

（二）图书馆资源的收集与整理

图书馆资源的收集与整理是图书馆工作中至关重要的一环。这不仅涉及图书馆资源的获取，还直接影响到图书馆资源的利用效率和质量，进而影响到读者的学术体验和研究进展。

首先，图书馆资源的收集是一项复杂而又细致的工作。图书馆通过多种途径和手段来获取各种类型的资源，包括购买、捐赠、交换、复制等。对于一些珍贵的文献信息资料，如古籍善本、稀有图书等，图书馆还会采取特殊的措施进行收集。例如，对于一些珍贵的古籍善本，图书馆会采取复制或数字化等手段进行保存和利用，以确保这些珍贵的文献能够得到更好的保护和传承。

在收集图书馆资源的过程中，图书馆工作人员需要对各种类型的资源进行科学的分类和编目。这需要建立完善的资源分类和编目系统，对资源进行科学管理和保存。编目工作是图书馆资源整理中最为重要的一环。它是指按照一定的规则和方法，对文献信息资料进行著录和标引，以便读者能够方便快捷地查找和使用这些资源。

在编目过程中，图书馆工作人员需要对文献信息资料的内容、作者、出版时间等信息进行仔细的核实和记录。同时，还需要根据资源的类型、主题等特征进行分类和编目，以便读者能够按照自己的需求进行检索和使用。

除了对文献信息资料进行分类和编目之外，图书馆还需要对一些电子资源进行整理和组织。这包括对电子书籍、电子期刊、网络资源等进行筛选、分类和整合，以便读者能够方便地获取和利用这些资源。

总之，图书馆资源的收集与整理是一项烦琐而又重要的工作。通过建立完善的资源分类和编目系统，对资源进行科学管理和保存，方便读者查找和使用，是图书馆工作人员的重要职责之一。同时，随着数字化和信息化的发展，图书馆资源的收集与整理也需要不断地适应新的技术和环境，加强与国内其他图书馆及国际图书馆的合作与交流，实现资源的共享和优化配置，为推动我国图书馆事业的发展贡献自己的力量。

在图书馆资源的收集与整理过程中，还需要注重以下几个方面。

重视读者的反馈和需求：读者的反馈和需求是图书馆资源收集与整理的重要参考依据。图书馆工作人员应该积极听取读者的意见和建议，了解他们的需求和偏好，根据实际情况进行调整和完善。

加强数字化资源的建设：随着信息技术的发展，数字化资源已经成为图书馆资源的重要组成部分。图书馆应该加强数字化资源的建设，将各种形式的文献信息资料进行数字化处理和整合，方便读者进行检索和使用。

注重资源的可持续利用：图书馆资源的收集与整理不是一次性的工作，而是需要长期持续地进行。因此，图书馆应该注重资源的可持续利用，采取有效的措施进行资源的保存和维护，确保这些资源能够长期地为读者提供服务。

加强国际合作与交流：各个国家、各个地区的图书馆都有着不同的资源优势和特点，加强国际合作与交流可以帮助图书馆之间实现资源的共享和优化配置，提高资源的利用效率和质量。

最后，需要指出的是，图书馆资源的收集与整理是一个不断发展和完善的过程。随着社会和技术的不断变化和发展，图书馆资源的收集与整理也需要不断地进行调整和创新，以更好地为读者提供服务。

（三）图书馆资源的数字化与信息化

随着信息技术的飞速发展，图书馆资源的数字化与信息化已经成为了不可逆转的趋势。这一变革不仅深刻地影响了图书馆的运作模式，更使得图书馆能够为读者提供更为便捷、高效的服务。

首先，图书馆资源的数字化转化是这场信息化革命中的核心环节。传统的纸质资源，如图书、期刊、报纸等，在经过数字化处理后被转化为电子资源，如电子书籍、电子期刊、电子报纸等。这些电子资源具有许多独特的优势。一方面，数字化资源使得资源的保存更为便捷和高效。与纸质资源相比，数字化资源不受环境、气候等自然因素的限制，可以随时随地地进行存储和备份，大大提高了资源的可靠性和安全性。另一方面，数字化资源也极大地提高了资源的利用效率。读者可以通过图书馆的电子资源库，随时随地地进行检索、阅读和下载，不再受时间和地点的限制，极大地提高了资源的利用效率。

其次，图书馆资源的信息化管理也是这场革命中的重要一环。通过建立数字图书馆、文献资源共享平台等信息化服务系统，图书馆可以实现对资源的信息化管理和服务。数字图书馆是一个集文献检索、借阅、管理等多种功能于一体的服务平台，读者可以通过它方便地获取到图书馆的各类电子资源。而文献资源共享平台则可以将不同地区、不同机构的图书馆资源进行整合和共享，使得读者可以通过一个平台，获取到来自不同来源的文献资源，极大地丰富了读者的阅读选择。

同时，信息化服务系统还为图书馆提供了更为深入的数据分析和挖掘可能性。通过收集和分析读者的借阅行为、阅读习惯等数据，图书馆可以更深入地了解读者的需求和偏好，从而为读者提供更为精准和个性化的服务。例如，通过分析读者的阅读习惯和兴趣，图书馆可以推荐相关的书籍和文献资料给读者，帮助他们拓展阅读范围和深度。

此外，图书馆资源的数字化和信息化还促进了各行业、各领域之间的交流与合作。在传统的纸质时代，图书馆的资源往往局限于本机构或本地区，无法实现跨地区、跨行业的共享和流通。然而，随着数字化和信息化的发展，图书馆的资源不仅可以为本机构或本地区的读者提供服务，还可以通过网络平台为更广泛的读者群体提供服务。这不仅促进了学术的交流和合作，还为推动社会文化的发展和传承提供了有力的支持。

最后，需要指出的是，虽然图书馆资源的数字化和信息化带来了许多优势和便利，但也面临着一些挑战和问题。例如，数字化资源的版权问题、信息安全问题等都需要图书馆在实施信息化服务时给予足够的重视和关注。同时，图书馆还需要不断更新和完善信息化服务系统，以适应不断变化的社会环境和读者需求。

综上所述，随着信息技术的发展，图书馆资源的数字化与信息化已经成为了一种趋势和必然。图书馆应该积极应对这一变革，通过加强数字化资源的建设和管理，提高资源的保存性和利用效率；通过建立数字图书馆、文献资源共享平台等方式，实现资源的信息化管理和服务；通过不断更新和完善信息化服务系统，为读者提供更为便捷、高效的服务。同时，图书馆还应该积极应对数字化和信息化带来的挑战和问题，以保障图书馆事业的可持续发展。

（四）图书馆资源的评价与选择

图书馆资源的评价与选择是图书馆工作中的重要环节，它对于确保资源的质量和有效性具有至关重要的作用。通过对收集到的资源进行全面评价和筛选，图书馆可以确保所收藏的资源具有较高的学术水平、文化价值和利用价值，从而为读者提供更为优质的服务。

首先，图书馆资源的评价标准和方法是确保资源质量的关键。图书馆在建立评价标准和方法时，应该考虑资源的学术水平、文化价值、利用价值、时效性、独特性等。通过对这些因素的综合考虑，图书馆可以制定出一套科学合理的评价标准和方法，对收集到的资源进行全面评价和筛选。

在具体的评价过程中，图书馆可以采用多种方法和手段，如专家评审、数据分析、读者反馈等。专家评审是由专业人士对资源进行评估和筛选，可以确保资源的学术水平和文化价值；数据分析是通过收集和分析资源的使用数据，了解资源的受欢迎程度和利用价值；读者反馈是通过收集读者的评价和建议，了解资源的实际利用情况和优缺点。

其次，图书馆资源的选择也是确保资源质量的重要环节。图书馆在选择资源时，应该考虑读者的需求和偏好、机构的学科特点和优势、资源的地域性和时效性等。通过对这些因素的综合考虑，图书馆可以选择出更为符合读者需求的资源，从而提高资源的利用效率。

此外，图书馆还可以通过定期对馆藏资源进行评估和调整，以保持资源的时效性和实用性。随着时间的推移和社会环境的变化，读者的需求和偏好也会发生变化，因此图书馆需要定期对馆藏资源进行评估和调整，以适应读者的需求和变化。在评估过程中，图书馆可以采用多种方法，如读者调查、数据分析等，了解读者的需求和偏好，以及资源的时效性和实用性。

同时，图书馆还需要注重资源的更新和维护。随着学科的发展和技术的进步，新的资源和新的版本不断涌现，图书馆需要及时更新和维护馆藏资源，以保证资源的时效性和实用性。此外，图书馆还需要注重资源的保护和维护，防止资源的损坏和丢失。

综上所述，图书馆资源的评价与选择是确保资源质量和有效性的重要手段。图书馆需要建立科学合理的评价标准和方法，对收集到的资源进行全面评价和筛选；同时还需要注重选择符合读者需求的资源，定期对馆藏资源进行评估和调整；最后还需要注重资源的更新和维护，以保持资源的时效性和实用性。只有这样，才能够为读者提供更为优质的服务，满足读者的需求和变化。

（五）图书馆资源的推广与传播

图书馆资源的推广与传播是提高资源利用率和价值的重要途径。图书馆通过多种手段推广和传播资源，不仅可以增加读者对馆藏资源的了解和认识，还可以提高资源的利用效率和学术影响力。

首先，图书馆可以通过举办读书活动、讲座、展览等文化活动，向读者宣传和介绍馆藏资源。读书活动可以包括读书分享会、读书竞赛、作家讲座等，吸引读者参与并了解馆藏图书；讲座可以邀请专家学者就某一领域的问题进行讲解，帮助读者深入了解相关学术领域；展览可以展示馆藏的艺术品、历史文物等，向读者传播文化信息和历史知识。这些文化活动的举办，可以让读者更深入地了解图书馆的资源，提高资源的利用率和价值。

其次，图书馆可以建立图书馆网站、数字图书馆等服务平台，方便读者在线获取和利用资源。随着互联网技术的不断发展，图书馆的数字化建设也越来越重要。图书馆可以通过建立网站和数字图书馆，将馆藏资源数字化并上网，方便读者在线查询、借阅、下载资源。同时，图书馆还可以提供在线咨询服务，帮助读者解决利用资源中遇到的问题，提高资源的利用效率和服务质量。

此外，图书馆还可以与学校、科研机构等合作，提供文献传递和资源共享服务。学校和科研机构是图书馆资源的主要用户之一，图书馆可以通过与这些机构合作，提供文献传递和资源共享服务，实现资源的最大化利用。同时，图书馆还可以与其他图书馆、文化机构等合作，共同开展资源推广和传播活动，扩大资源的受众范围和服务领域。

最后，图书馆还可以通过社交媒体等新媒体手段推广和传播资源。社交媒体是当前社会信息传播的重要途径之一，图书馆可以通过建立微信公众号、微博等社交媒体账号，向读者推送资源信息、活动预告等消息。同时，图书馆还可以通过社交媒体与读者互动，了解读者的需求和反馈，不断改进服务质量和服务方式。

综上所述，图书馆资源的推广与传播是提高资源利用率和价值的重要途径。图书馆需要通过多种手段推广和传播资源，增加读者对馆藏资源的了解和认识；建立数字化服务平台，方便读者在线获取和利用资源；与学校、科研机构等合作，提供文献传递和资源共享服务；通过社交媒体等新媒体手段推广和传播资源。只有这样，才能够更好地满足读者的需求及其对服务质量的要求，实现资源的最大化和最优化利用。

（六）图书馆资源获取的方式与技巧

读者是图书馆资源的主要使用者，他们可以通过不同的方式获取图书馆的资源。首先，读者可以亲自到图书馆现场借阅图书。这种方式适合需要深入阅读、研究或参考的读者，特别是需要借阅一些特别的、稀有的图书或期刊。在现场借阅时，读者需要遵守图书馆的借阅规则和规定，按时归还图书，并注意保护图书的完整性和整洁性。

其次，读者可以通过图书馆的网站在线获取资源。图书馆网站通常提供数字化的图书、期刊、论文等资源，读者可以在线浏览、下载或打印所需资源。这种方式适合需要远程获取资源、或是在家中、办公室等地方使用的读者。在使用在线资源时，读者需要掌握一些搜索和查找技巧，如使用关键词搜索、主题导航等工具，快速找到所需的资源。

此外，图书馆还提供一些电子资源，如数据库、电子期刊、电子图书等。读者可以通过图书馆的电子资源获取学术论文、专业数据等信息。在使用电子资源时，读者需要学会使用各种检索工具和关键词搜索等方法，提高检索效率和准确性。同时，读者还需要注意保护个人隐私和信息安全，避免泄露个人敏感信息或受到网络攻击。

除了以上方式，图书馆还提供一些其他的服务方式，如文献传递、资源共享等。读者可以通过这些服务方式获取其他图书馆或机构的资源，满足特定的学术需求。在使用这些服务时，读者需要了解相关的规定和流程，并遵守使用规则。

总之，读者需要根据自己的需求和实际情况选择合适的方式获取图书馆资源。同时，读者还需要了解和掌握一些获取资源的技巧和规则，提高资源的利用效率和准确性。在使用图书馆资源时，读者应该尊重他人的知识产权和版权，不进行抄袭、盗用等违法行为。只有这样，才能够更好地利用图书馆的资源实现自我学习和提升。

（七）图书馆资源的利用与增值服务

获取了图书馆的资源后，读者还需要学会如何有效地利用这些资源进行学习和研究。这不仅是一个提高自身知识储备的过程，也是将资源转化为实际学习成果和学术价值的过程。

首先，读者可以通过阅读、参考和引用等方式来使用图书馆的资源。对于纸质图书和期刊，可以采取传统的阅读方式，仔细研读并做好笔记。同时，也可以利用图书馆的电子资源，在线阅读或下载相关文献，进行深入研究和阅读。在阅读过程中，读者应该注重理解和掌握其中的知识点、学术观点和理论依据，从而逐步提高自己的学术水平和知识水平。

其次，读者可以利用图书馆提供的增值服务来提高资源的利用价值和满足自身需求。例如，参考咨询服务可以帮助读者解决学术、学科或专业领域的问题，提供相关的参考答案和文献资料；定题服务可以为读者定期推送相关领域的最新研究成果和学术进展，帮助读者及时了解和掌握学术前沿；学科服务可以为读者提供针对不同学科的专业化服务，如学科导航、学科评价等，帮助读者更好地掌握学科知识和发展动态。

此外，读者还可以通过图书馆的数字化资源库和数据库来查找和引用相关的学术论文、研究报告等。这些数字化资源库和数据库通常涵盖了广泛的学科领域和研究方向，为读者提供了丰富的学术资源和便捷的获取方式。在使用这些数字化资源时，读者需要注意遵守相关的使用规则和版权法律，不进行抄袭、盗用等违法行为。

总之，获取图书馆资源后，读者需要通过多种方式和手段来利用这些资源进行学习和研究。通过阅读、参考、引用等方式来使用资源并将其转化为自己的知识储备；同时，利用图书馆提供的增值服务来提高资源的利用价值和满足自身需求。在这个过程中，读者还需要注意遵守相关的使用规则和法律法规，不进行抄袭、盗用等违法行为。

二、图书馆资源的整理

图书馆资源的整理是指对图书馆所收藏和提供的文献信息资源进行分类、编目、整理、保存等操作，以达到方便读者查找、获取、利用的目的。

（一）图书馆资源整理的意义与作用

图书馆资源的整理不仅是对文献信息的管理和保存，更是对资源的再加工和增值。通过分类、编目、整理等环节，图书馆可以将零散无序的资源有序化，提高资源的可获取性和利用效率。此外，通过对资源的整理，图书馆还可以发现和挖掘潜藏的价值，为读者提供更全面深入的服务。

（二）图书馆资源的分类与编目

图书馆资源的分类与编目是图书馆资源整理的基础环节。资源的分类是根据资源的内容、学科、形式等特点进行归类和划分，使资源能够系统化和有序化；资源的编目则是按照一定的规则和方法对资源进行著录和标引，为读者提供查找资源的途径和入口。

（三）图书馆资源的组织与整合

图书馆资源的组织与整合是提高资源利用效率的重要手段。通过将不同类型、不同学科、不同语种、不同时间段的资源进行有机组合，形成具有内在联系的知识体系和信息单元，可以为读者提供更全面、更系统、更有价值的信息服务。此外，图书馆还可以通过数字化和信息化手段，将实体资源和虚拟资源进行整合，构建一个统一的资源平台，方便读者进行检索和使用。

（四）图书馆资源的保护与保存

图书馆资源的保护与保存是确保资源长期有效的重要措施。图书馆需要根据不同类型和不同载体形式的资源特点，采取相应的保护和保存措施，如防潮、防虫、防火、防震等，以防止资源损坏和丢失。此外，图书馆还需要对珍稀、宝贵和有价值的资源进行特别保护和保存，确保这些资源能够得到有效传承和利用。

（五）图书馆资源整理的标准化与规范化

图书馆资源整理的标准化与规范化是提高图书馆服务质量的重要保障。通过制定统一的分类标准、编目规则、元数据标准等规范，可以使不同图书馆之间实现互操作和共享，提高资源的利用效率和信息服务质量。此外，图书馆还需要及时跟进相关标准和技术的发展动态，不断完善和更新自身的标准和规范，以适应时代发展的需要。

（六）图书馆资源整理的自动化与智能化

随着信息技术的发展，图书馆资源整理的自动化与智能化已成为趋势。通过自动化技术和智能化系统，图书馆可以实现资源的快速处理、自动分类、自动编目、自动保存等功能，大大提高资源整理的效率和准确性。此外，智能化系统还可以通过对读者行为数据的分析和挖掘，为读者提供更个性化、更精准的服务。

（七）图书馆资源整理的人性化与便民化

图书馆资源整理的人性化与便民化是现代图书馆的重要发展方向。图书馆应该以读者为中心，从读者的角度出发，为读者提供更方便、更快捷、更人性化的服务。例如，简化借阅流程、提供自助服务、设置阅读区域等便民措施，使读者可以更加轻松自在地利用图书馆资源。

三、图书馆资源的利用

图书馆是社会文化教育的重要组成部分，其资源丰富，涵盖了各种类型的文献、数据和信息。这些资源不仅数量巨大，而且质量也相对较高，可以满足不同读者的需求。

（一）图书馆资源利用的意义

图书馆资源的利用对于读者来说具有重要的意义。首先，利用图书馆资源可以拓宽读者的知识面，增加其对特定领域的研究深度。通过借阅图书、阅读期刊、论文等文献资料，读者可以获取到大量的知识，并在此基础上进行知识的创新和深化。其次，利用图书馆资源可以帮助读者提高工作效率和学习效果。读者在撰写论文、进行研究和解决实际问题时，可以利用图书馆的数据、信息和文献资料，从而减少不必要的重复劳动，提高工作效率。再次，利用图书馆资源也有助于丰富读者的文化生活，提高其审美水平和综合素质。

（二）图书馆资源的检索与获取

图书馆资源的检索和获取是图书馆资源利用的重要环节之一。读者可以通过图书馆的检索系统或图书馆员的帮助，查找到自己所需的文献资料。例如，在图书馆的 OPAC 系统中，读者可以通过关键词、作者、题名等途径检索相关的图书、期刊和论文等文献资料。同时，图书馆还提供了多种借阅方式和数字化资源获取途径，如电子图书、数据库和在线学习平台等，方便读者获取所需资源。

（三）图书馆资源的处理与分析

图书馆资源的处理和分析是读者利用资源的重要步骤之一。通过资源的处理和分析，读者可以更好地理解和利用这些资源。例如，读者可以使用文献管理软件来整理和加工文献资料，提取其中的关键信息并进行文献综述；同时，读者还可以使用数据分析工具对相关数据进行统计、比较和分析，得出更有说服力的结论。此外，一些图书馆还提供了数据挖掘、知识可视化等工具，帮助读者更好地处理和分析资源。

（四）图书馆资源的收藏与保存

图书馆资源的收藏和保存是确保资源长期有效的重要措施之一。图书馆需要根据读者的需求和自身的实际情况来确定收藏范围和规模。同时，为了更好地保护馆藏资源，图书馆还需要采取一些措施来确保文献资源的保存和安全。例如，图书馆可以对重要文献进行备份和数字化处理，以防止不可控因素导致文献资源的丢失或损坏；同时，图书馆还需要对馆藏资源进行分类整理和编目工作，以便读者更好地了解和获取所需资源。

（五）图书馆资源利用的推广与传播

图书馆作为公共文化机构和教育机构，有责任推广和传播馆藏资源，提高资源的利用效率和社会效益。例如，图书馆可以通过开展各类阅读推广活动、举办文化展览、开展学术讲座等方式来宣传馆藏资源；同时，图书馆还可以通过开展社会教育、文化传承和信息服务等方面的工作来推广和传播馆藏资源。此外，一些图书馆还积极开展数字化资源建设和服务工作，将馆藏资源数字化并上传至网络平台，以方便更多读者使用和获取所需资源。

（六）图书馆资源利用的个性化与定制化

随着信息技术日新月异的发展，社会的需求也日趋多样化。这种变化不仅深刻地影响着人们的生活方式，也使得读者对于图书馆资源利用的需求变得更加个性化和定制化。因此，图书馆有必要对读者的行为数据进行深入的分析和挖掘，以更好地了解和掌握读者的阅读偏好、学术需求和个人兴趣爱好等信息。

在信息技术尚未如此发达的过去，图书馆通常是通过问卷调查或直接询问的方式来了解读者的需求。然而，这种方法不仅效率低下，而且往往无法准确地反映出读者的真实需求。如今，随着大数据和人工智能等技术的发展，图书馆可以更加便捷地收集和分析读者的行为数据，从而更准确地了解读者的需求。

读者在图书馆中的行为数据包括了他们的借阅记录、搜索历史、阅读习惯等。通过对这些数据的分析，图书馆可以了解到读者对于不同类型书籍和资源的偏好，以及他们的阅读习惯和兴趣爱好。例如，通过分析读者的借阅记录，图书馆可以了解到哪些类型的书籍最受欢迎，从而在采购新书时作出更精准的决策。同时，通过对读者的搜索历史进行分析，图书馆可以了解到读者对于哪些主题最感兴趣，从而可以有针对性地推送相关的资源。

除了了解读者的阅读偏好和兴趣爱好，图书馆还可以通过分析读者的学术需求来为他们提供更精准的服务。例如，通过分析读者的论文写作和参考文献，图书馆可以了解到他们的学术研究方向和需求，从而可以提供更符合他们需求的学术资源和咨询服务。此外，图书馆还可以通过分析读者的学习方式和习惯来优化他们的学习体验，如通过提供更加个性化的学习路径和资源推荐来提高读者的学习效率。

在了解了读者的需求之后，图书馆可以通过推送服务、定制化推荐等方式来向读者推荐最相关的资源和信息。例如，图书馆可以通过电子邮件或手机应用程序向读者推送他们可能感兴趣的新书、主题讲座和研究报告等。同时，图书馆还可以通过开发专门的推荐系统来根据读者的历史行为和偏好为他们提供定制化的阅读建议。这些建议可以包括相关的书籍、期刊文章、数据库和其他学术资源等。

除了提供个性化的推送服务和定制化推荐之外，图书馆还可以通过其他方式来提高读者的资源利用效率。例如，图书馆可以通过提供更加便捷的资源检索服务来让读者更快地找到他们需要的资源。同时，图书馆还可以通过举办展览、讲座和研讨会等活动来增强读者对于特定主题的理解和兴趣。此外，图书馆还可以通过开展阅读俱乐部、写作工作坊和学术交流等活动来促进读者之间的交流和合作。

在满足读者个性化需求的同时，图书馆还需要注意保护读者的隐私和数据安全。这包括确保读者的个人信息不被滥用和不泄露，以及采取措施来防止数据被非法获取或滥用。此外，图书馆还需要定期对数据进行分析和挖掘以确保其准确性和有效性。

第二章 图书馆阅读推广理论

第一节 阅读推广的概念与重要性

一、阅读推广的定义

图书馆阅读推广是指通过各种策略和活动，促进和鼓励社会大众参与阅读活动，并提升他们的阅读能力、阅读兴趣和阅读习惯。图书馆作为阅读资源的集散地，承载着许多重要的文化和教育职责，阅读推广是图书馆服务的核心内容之一。

在当今信息爆炸的时代，阅读推广具有重要的意义。它不仅可以帮助个人获取知识，提升素养，丰富生活，还能推动社会的发展和进步。因此，图书馆阅读推广旨在通过多元化的方式，让更多的人参与到阅读中来，培养他们的阅读兴趣和习惯，提高他们的读写能力和思维品质。

图书馆阅读推广的策略和活动非常多样化。首先，图书馆可以举办各种形式的阅读活动，如读书分享会、作家讲座、主题展览等，以吸引读者的注意和参与。这些活动不仅可以提供阅读材料和信息，还可以激发读者的兴趣和热情，增加他们对阅读的好感度。

其次，图书馆可以积极推广数字阅读资源。随着科技的发展，电子书、在线期刊、数字阅读平台等数字资源得到了广泛的应用和普及。图书馆可以通过购买、订阅或提供免费试用，向读者宣传数字阅读资源的优势和便利性，并提供相应的培训和指导，帮助读者快速上手使用。

再次，图书馆还可以开展一系列的阅读推广活动，如读书推荐、读书俱乐部、阅读比赛等。通过这些活动，图书馆可以引导读者选择适合自己的阅读材料，并提供相关的辅导和指导。同时，图书馆还可以与学校、社区、媒体等合作，组织各类阅读活动，倡导全民阅读的理念。

又次，图书馆还可以通过建立网络平台、社交媒体等方式进行阅读推广。借助互联网和社交媒体的力量，图书馆可以更加灵活地传播阅读信息，推广阅读文化。例如，图书馆可以通过建设虚拟图书馆、开设在线阅读课程、推送阅读推荐等方式，为读者提供更多的便利和选择。

最后，图书馆应该加强对特殊群体的阅读推广工作。例如，对儿童、青少年、老年人、残障人士等不同的读者群体，图书馆可以开展有针对性的阅读推广活动，满足他们不同的阅读需求，并帮助他们建立起良好的阅读习惯。

二、阅读推广的重要性

图书馆阅读推广具有重要的意义和影响，对个人、社会和文化发展都具有积极的作用。以下内容便是图书馆阅读推广重要性的几个方面。

促进知识获取和学习：阅读是获取知识的重要途径之一。通过图书馆阅读推广，人们可以接触到各类书籍、期刊、报纸等丰富的阅读资源。这些资源不仅满足了大众的知识需求，也为学生、研究者等特定群体提供了深入学习和研究的机会。

提升个人素养和能力：阅读不仅可以增加知识，还可以培养个人的思维能力、语言表达能力和批判思维能力。通过图书馆阅读推广，人们可以接触到不同类型和风格的书籍，拓宽视野，培养自己的审美和文化素养，提高个人的综合素质。

培养阅读习惯和兴趣：图书馆阅读推广可以引导人们养成良好的阅读习惯和兴趣。通过举办阅读活动、开展读书俱乐部等形式，图书馆可以激发人们的阅读热情，并提供有针对性的阅读指导和推荐，帮助读者选择适合自己的阅读材料。

促进交流和学习：图书馆作为一个公共文化场所，通过阅读推广活动可以吸引到不同年龄、职业和兴趣爱好的人群。这些活动提供了一个交流和分享的平台，人们可以在阅读的过程中相互交流、互相学习，增进彼此之间的社交联系和理解。

拓展文化视野和认同感：通过图书馆阅读推广，人们可以接触到来自不同国家、不同文化的书籍和文学作品。这样可以拓宽个人的文化视野，增加对多元文化的理解和尊重。同时，通过阅读了解其他文化也能够增强个人的文化认同感和自信心。

推动社会进步和繁荣：阅读是知识经济时代的基础，而图书馆阅读推广则是知识传播和普及的重要途径。通过提升社会大众的阅读能力和素养，可以提高整个社会的综合素质和创新能力，推动社会的进步和繁荣。

第二节　阅读推广的理论基础

一、阅读教育理论

图书馆是社会文化发展的重要载体，也是人们获取知识、提高素养的重要场所。在图书馆的众多功能中,阅读教育是其中一个核心的部分。通过开展阅读教育,图书馆能够激发人们的阅读兴趣,培养良好的阅读习惯,提高阅读能力和素养。随着社会的发展和科技的进步,图书馆阅读教育也需要不断地发展和创新。

(一)图书馆阅读教育的理论基础

1.价值论:图书馆阅读教育的价值取向

价值论是研究价值观念、价值判断和价值创造的哲学理论。在图书馆阅读教育中,价值论主要探讨阅读对于个体和社会的意义、阅读教育的目标和价值观等问题。图书馆阅读教育强调的是以读者为中心,充分发挥读者的主体性,尊重读者的阅读兴趣和需求,帮助读者提高阅读能力,实现自我价值的提升。

2.教育学:图书馆阅读教育的学科基础

教育学是研究教育现象、教育问题、教育规律和解决教育实际问题的学科。图书馆阅读教育受到教育学的指导和影响,注重读者的全面发展和个性培养。教育学理论为图书馆阅读教育提供了基本的教育理念和方法论指导,帮助我们更好地理解读者的学习过程和教育过程,探索有效的阅读教育模式。

3.心理学:图书馆阅读教育的心理基础

心理学是研究心理现象、心理过程和心理规律的科学。在图书馆阅读教育中,心理学理论主要关注读者的认知、情感和意志等心理过程,为阅读教育提供心理学的支持和指导。通过心理学的研究,我们能够更好地了解读者的阅读动机、阅读兴趣和阅读障碍,指导读者合理地选择阅读材料,提高阅读效果。

4.社会学:图书馆阅读教育的社会基础

社会学是研究社会现象、社会结构和社会发展的学科。在图书馆阅读教育中,社会学理论关注的是社会文化、社会结构和社会发展对阅读教育的影响。通过研究社会现象和社会结构,我们能够更好地理解读者群体的构成和社会背景,为阅读教育提供更加精准的目标和方法。同时,社会学还关注社会发展对阅读教育的影响,探讨如何通过阅读教育培养适应社会发展的人才。

(二)图书馆阅读教育的实践应用

1.设立阅读指导课程

为了更好地推广阅读教育,图书馆应该设立专门的阅读指导课程。这些课程可以通过讲座、工作坊或小组讨论的形式进行。在课程中,图书馆员可以介绍不同类型的书籍、推荐优秀的作品、教授阅读技巧和策略,帮助读者提高阅读能力。

2.个性化阅读推荐

每个读者的兴趣爱好和能力水平都是不同的。为了满足不同读者的需求，图书馆应该提供个性化的阅读推荐服务。这可以通过对读者的借阅记录、搜索历史等信息进行分析来实现。通过了解读者的阅读偏好和需求，图书馆可以向读者推荐更加符合他们需求的书籍。

3.阅读交流平台

图书馆可以设立一个阅读交流平台，鼓励读者分享自己的阅读体验和心得。通过这个平台，读者可以发表自己的书评、推荐优秀的书籍、分享自己的阅读技巧和方法。此外，读者还可以参加各种阅读小组和讨论会，与其他读者交流互动，提高自己的阅读能力。

4.与学校合作开展阅读教育

图书馆可以与学校建立合作关系，共同开展阅读教育活动。在学校中，图书馆可以为学生提供各种形式的阅读指导，如如何选书、如何制订读书计划等。此外，图书馆还可以邀请作家、学者等人士到学校举办讲座或签售活动，鼓励学生积极参与阅读活动。

二、心理学理论与认知理论

图书馆不仅是一个信息和知识的储存和传播场所，也是一个社会文化交流的平台。在这个环境中，读者与书籍、读者与读者、读者与馆员之间都存在着相互作用和相互影响的关系。为了更好地理解这些复杂的交互作用，以及在这些交互作用中产生的认知和情感反应，我们需要引入心理学和认知理论的知识。

（一）图书馆心理学的应用

1.读者心理学

读者心理学是研究读者在图书馆环境中的心理活动和行为模式的心理学分支。读者在图书馆中的行为受到多种因素的影响，包括他们的信息需求、信息获取方式、阅读习惯、阅读动机等。通过理解和研究这些因素，我们可以更好地理解读者的行为，从而提供更个性化的服务。

2.馆员心理学

馆员心理学是研究馆员在图书馆工作中的心理活动和行为模式的心理学分支。馆员在图书馆工作中扮演着重要的角色，他们的服务态度、专业素养、人际交往能力等因素都会对读者产生影响。通过理解和研究这些因素，我们可以提高馆员的服务质量，从而提高读者的满意度。

（二）图书馆认知理论的应用

1.信息检索与组织

认知理论在图书馆信息检索和组织方面有着广泛的应用。认知理论中的知识组织和检索理论可以帮助图书馆员更好地组织和检索图书馆的文献资源，从而提高读者的信息获取效率。

2.阅读理解与推广

认知理论在阅读理解和推广方面也有着重要的应用。认知理论中的阅读理解过程理论和阅读推广理论可以帮助图书馆员更好地理解读者的阅读需求和习惯，从而提供更符合读者需求的阅读推广服务。

心理学和认知理论在图书馆学中的应用有助于我们更好地理解读者和馆员的心理和行为，从而提高图书馆服务的质量和效率。在未来的发展中，随着技术的不断进步和社会的不断变化，我们需要不断地更新和应用心理学和认知理论，以适应不断变化的市场需求和社会环境。同时，我们也应该积极探索新的心理学和认知理论，以此来不断完善和发展图书馆学。

第三节　阅读推广的发展趋势

一、数字阅读的兴起

随着科技的飞速发展和数字化时代的到来，图书馆作为社会文化传播的重要机构，其服务方式和阅读模式也发生了深刻的变化。其中最明显的变化就是数字阅读的兴起。数字阅读以其便利性、高效性和丰富性等特点，逐渐成了图书馆阅读推广的重要方式。

（一）数字阅读的优势

便利性：数字阅读依赖于电子设备，如手机、平板电脑、电子书阅读器等，这些设备轻便易携，读者可以随时随地阅读。而传统纸质书籍受到载体形式的限制，携带不便。

高效性：数字阅读通过电子设备进行，可以快速检索、筛选、获取信息，极大地提高了阅读效率。而传统纸质书籍的检索、筛选、获取信息的过程相对烦琐，效率较低。

丰富性：数字阅读可以利用互联网的开放性，提供海量的阅读资源，包括各类电子书籍、期刊、新闻资讯等。而传统纸质书籍由于出版、存储等因素，阅读资源相对有限。

（二）图书馆数字阅读推广的策略

建立数字阅读资源库：图书馆应积极收集、整理、加工各类电子书籍、期刊、新闻资讯等资源，建立数字阅读资源库，满足读者的阅读需求。同时，可以根据本馆特色和读者需求，定制开发专门的电子资源库。

提供数字阅读服务：图书馆应向读者提供数字阅读服务，包括电子书籍借阅、在线阅读、移动图书馆等多种形式。同时，可以开展数字阅读推广活动，如读书分享会、读书竞赛等，吸引更多的读者参与。

加强数字阅读技术支持：图书馆应加强数字阅读技术的开发和应用，如电子书制作、数字化检索等。同时，应提供适应各种终端设备的阅读界面和操作方式，提高读者的阅读体验。

数字阅读是图书馆阅读推广的重要方向，它具有许多传统纸质书籍无法比拟的优势。图书馆应积极适应数字化时代的要求，加强数字阅读技术的研发和应用，提供优质的数字阅读服务，以满足读者不断变化的需求。同时，图书馆应充分发挥自身在社会文化传播中的重要作用，积极开展数字阅读推广活动，提高全社会的数字阅读水平，推动文化的传承和创新。

未来，图书馆的阅读推广工作将更加注重数字化技术的应用，通过大数据分析、人工智能等技术手段，更好地了解读者的阅读需求和习惯，提供更加精准的个性化服务。同时，图书馆需要更加注重与其他社会机构的合作，共同开展阅读推广活动，扩大影响力和覆盖面，努力实现全民阅读的宏伟目标。

二、多元化的阅读载体和方式

随着科技的快速发展和信息时代的来临，人们对于信息获取和知识学习的需求日益增长。图书馆作为社会文化传播的重要机构，其阅读推广的方式和载体也发生了深刻的变化。传统的纸质书籍已经无法满足现代人多元化的阅读需求，因此，图书馆需要积极探索多元化的阅读载体和方式，以适应时代的发展和读者的需要。

（一）多元化的阅读载体

纸质书籍：虽然数字化阅读越来越受欢迎，但纸质书籍仍然是一种经典的阅读方式。图书馆应保持纸质书籍的收藏和提供，以满足不同读者的需求。

电子书：电子书是数字阅读的主要形式之一，具有便捷、易携带、容量大等优点。图书馆可以通过电子书的形式提供更多的书籍资源，同时也可以为读者提供更加个性化的阅读服务。

网络阅读：网络阅读是一种非常流行的阅读方式，读者可以在网络上快速获取各类信息，如新闻、博客、在线课程等。图书馆可以通过建设网络资源平台，提供各种网络阅读资源，满足读者的网络阅读需求。

社交媒体：社交媒体已经成为现代人生活的一部分，图书馆可以利用社交媒体进行阅读推广，如通过微信公众号、微博等平台发布阅读资讯、推荐好书、开展互动活动等。

（二）多元化的阅读方式

在线阅读：在线阅读是一种非常方便的阅读方式，读者可以通过互联网在线访问图书馆的数字资源，进行在线阅读或者下载。

移动阅读：随着移动互联网的发展，移动阅读已经成为一种主流的阅读方式。读者可以通过手机、平板电脑等移动设备访问图书馆的数字资源，进行在线阅读或者下载。

多媒体阅读：多媒体阅读是一种融合了文字、图像、声音等多种形式的阅读方式，具有更加丰富的表现形式和更加真实的阅读体验。图书馆可以通过提供多媒体阅读资源，如电子杂志、有声读物、视频课程等，满足读者的多元化需求。

协作阅读：协作阅读是一种强调读者之间互动和合作的阅读方式，可以激发读者的阅读兴趣和参与度。图书馆可以通过组织读书分享会、读书竞赛、读者交流等活动，促进读者之间的协作阅读。

（三）多元化的阅读载体的优势

多元化的阅读载体和方式具有以下优势。

满足不同读者的需求：不同的读者有不同的阅读需求和习惯，多元化的阅读载体和方式可以满足不同读者的个性化需求。

提高阅读的便利性：多元化的阅读载体和方式可以让读者随时随地进行阅读，不受时间和地点的限制，提高了阅读的便利性。

增加阅读的趣味性：多元化的阅读载体和方式可以通过多种形式呈现阅读内容，增加阅读的趣味性，激发读者的阅读兴趣。

提高阅读效率：多元化的阅读载体和方式可以让读者快速获取信息和资料，提高了阅读效率。

（四）图书馆推广多元化的阅读载体的策略

建设数字图书馆：数字图书馆是一种集成了多种阅读载体和方式的图书馆形态，可以提供电子书、在线资源、移动阅读等多种形式的阅读服务。图书馆应积极建设数字图书馆，以适应数字化时代的需求。

加强与社会机构的合作：图书馆应加强与社会机构的合作，如与出版社、文化机构等合作，共同推广多元化的阅读载体和方式，扩大图书馆的影响力。

提供个性化的服务：图书馆应根据读者的需求和习惯，提供个性化的服务，如为读者推荐适合的书籍、定制专门的数字资源库等。

多元化的阅读载体和方式是未来图书馆发展的重要趋势。图书馆应积极适应数字化时代的需求，加强数字化建设和多元化服务的推广，以满足不同读者的多元化需求。同时，图书馆应注重提升服务质量和效率，通过多元化的阅读载体和方式的推广与实施，可以增强图书馆在文化传播中的影响力，使其更好地履行社会文化服务职责，为促进全民阅读和社会文化进步作出贡献。

三、跨界合作与创新的推广模式

在当今社会，图书馆不仅仅是知识的宝库，也是社区交流和创新的平台。为了进一步推广阅读文化，图书馆需要与时俱进，结合时代的发展趋势，通过跨界合作与创新来打造更具影响力的推广模式。

（一）跨界合作在阅读推广中的重要性

丰富阅读资源：跨界合作能够整合各种社会资源，引入优秀的阅读作品，丰富图书馆的阅读资源。同时，跨界合作能够为图书馆带来更多样的阅读载体和方式，如电子书、网络资源、有声读物等，满足读者不断变化的阅读需求。

拓展推广渠道：通过与其他社会机构、企业、社区等进行跨界合作，图书馆可以拓展阅读推广的渠道，扩大影响力。例如，与当地企业合作，设立企业阅读专区，为企业员工提供丰富的阅读资源；与社区组织合作，开展社区阅读活动，促进社区居民的交流与互动。

增强互动与参与度：跨界合作能够引入更多的合作伙伴，为读者提供更多的互动和参与机会。例如，与文化机构合作，举办读书分享会、作家见面会等活动，增强读者与作者之间的互动；与教育机构合作，开展读书竞赛、阅读课程等活动，提高学生对阅读的重视和参与度。

（二）创新推广模式在图书馆阅读推广中的应用

社交媒体营销：利用社交媒体平台，如微信、微博等，图书馆可以发布阅读资讯、推荐优秀作品、开展线上活动等，吸引更多读者关注。同时，通过与读者互动，图书馆可以及时了解读者的需求和反馈，优化阅读服务。

在线阅读平台：建立在线阅读平台，整合图书馆的数字资源，读者可以在线访问、下载、分享各种电子书籍、网络资源等。通过开发移动 APP，图书馆可以提供更加便捷的移动阅读服务，满足读者的随时随地阅读需求。

虚拟现实技术：利用虚拟现实技术，图书馆可以提供虚拟现实阅读体验，为读者带来更加真实的阅读感受。例如，通过虚拟现实技术，读者可以身临其境地体验到古代的场景或者外国的风土人情，增强阅读的趣味性。

阅读疗法：图书馆可以引入阅读疗法服务，为读者提供个性化的阅读指导。通过分析读者的阅读偏好、兴趣领域等信息，图书馆可以向读者推荐适合的阅读作品，同时可以帮助读者解决阅读中遇到的问题，提高阅读效果。

跨界合作创新模式：图书馆可以与其他领域进行跨界合作，创新推广模式。例如，与旅游机构合作，开展旅游主题的阅读活动，为读者介绍各地的风土人情和旅游资源；与公益机构合作，开展公益主题的阅读活动，提高公众对公益事业的关注度和参与度。

跨界合作与创新推广模式是图书馆阅读推广的重要发展方向。通过跨界合作，图书馆可以整合各种社会资源，拓展推广渠道，增强读者与合作伙伴之间的互动与参与度。同时，通过创新推广模式，图书馆可以吸引更多读者的关注，提高阅读效果和影响力。在未来的发展中，图书馆应不断探索跨界合作与创新推广模式的结合点，在促进全民阅读的同时推动社会文化的发展与进步。

第四节　国内外相关研究综述

一、国内阅读推广研究现状

在信息爆炸的当今社会，阅读成为人们获取知识、提升素质的重要途径。图书馆作为社会公共文化服务体系的重要组成部分，对于促进阅读、推广阅读具有不可替代的作用。近年来，国内图书馆界对于阅读推广的重视度不断提升，各种阅读推广活动如火如荼地展开。

（一）跨界合作在阅读推广中的应用

1.跨界合作的含义

跨界合作是指图书馆与不同领域、不同行业、不同机构之间进行合作，借助各方优势和资源，共同促进阅读推广。这种合作方式打破了图书馆传统的服务模式，将图书馆资源与社会资源有机地结合起来，提高了阅读推广的效果和影响力。

2.跨界合作的实践

（1）与教育机构合作

图书馆与教育机构合作是最常见的跨界合作方式之一。通过与中小学、高校等教育机构合作，图书馆可以深入校园、走进课堂，为师生提供丰富的阅读资源、开展阅读课程、举办读书活动等。这种合作方式有助于提高师生的阅读兴趣和阅读能力，培养其良好的阅读习惯。

（2）与文化机构合作

图书馆与文化机构合作也是一种重要的跨界合作方式。通过与博物馆、美术馆等文化机构合作，图书馆可以将优秀的文化艺术资源引入阅读推广中，为读者提供更加丰富的阅读体验。例如，通过与博物馆合作，图书馆可以举办主题展览、开展文化讲座等，提高读者对相关主题的了解和认识。

（3）与社会组织合作

图书馆与社会组织合作也是一种新兴的跨界合作方式。通过与慈善组织、志愿者组织等社会组织合作，图书馆可以为社会弱势群体提供阅读援助、开展公益阅读活动等。这种合作方式有助于扩大图书馆的服务范围，提高全民阅读的普及率和影响力。

（二）创新推广模式在阅读推广中的应用

1.创新推广模式的含义

创新推广模式是指图书馆在传统推广模式的基础上，运用新技术、新手段、新思路等，对阅读推广活动进行创新和升级，以吸引更多的读者参与阅读。这种推广方式更加注重读者体验、交互性和个性化服务，能够更好地满足读者的阅读需求和期望。

2.创新推广的实践

（1）数字化推广

数字化推广是当前图书馆阅读推广的重要方式之一。通过开发移动 APP、建立数字图书馆等方式，图书馆可以将传统阅读资源转化为数字化资源，为读者提供更加便捷、高效的阅读服务。同时，数字化推广还可以扩大图书馆的覆盖面，提高阅读推广的普及率和影响力。

（2）社交媒体推广

社交媒体推广是当前图书馆阅读推广的另一种重要方式。通过微博、微信等社交媒体平台，图书馆可以发布阅读资讯、分享优秀作品、开展线上活动等，吸引更多读者关注和参与阅读推广。社交媒体推广不仅可以提高图书馆的知名度，还可以为读者提供更加个性化的服务，如根据读者的阅读偏好、兴趣领域等信息，为其推荐适合的阅读作品。

（3）互动式推广

互动式推广是一种注重读者交互和参与的推广方式。通过开展读书分享会、作家见面会、读者交流会等活动，加强读者与作者、读者与图书馆之间的互动和交流。这种推广方式不仅可以提高读者的阅读兴趣和阅读能力，还可以促进文化的传承和发展。

跨界合作与创新推广模式是当前国内图书馆阅读推广研究的重要方向。通过跨界合作，图书馆可以整合各种社会资源，拓展推广渠道，增强读者与合作伙伴之间的互动和参与度；通过创新推广模式，图书馆可以吸引更多读者的关注，提高阅读效果和影响力。

二、国外阅读推广研究进展

阅读推广是图书馆的核心使命之一，它通过提供各种阅读材料、活动和机会，激发人们的阅读兴趣，培养阅读习惯，提高阅读质量。在过去的几十年中，国外的图书馆阅读推广研究得到了长足的发展，从理论到实践都取得了显著的成果。

（一）研究方法

1.社会科学研究

在社会科学研究领域，图书馆阅读推广研究主要采用了定性和定量研究方法。定性研究通过深入访谈、观察、文本分析等方式，对阅读推广的参与者、组织者和领导者进行深入了解。定量研究则通过问卷调查、数据分析等方式，对阅读推广活动的覆盖范围、效果和影响因素进行统计分析。

2.计算机科学研究

计算机科学在图书馆阅读推广研究中的应用日益广泛。利用大数据、人工智能、机器学习等技术，研究人员可以更精确地分析读者的阅读偏好、阅读习惯和阅读行为。此外，计算机科学还为阅读推广提供了新的工具和平台，如在线阅读平台、移动图书馆等。

（二）理论框架

1.阅读推广的心理学理论

从心理学的角度出发，阅读推广的理论框架主要包括动机理论、学习理论和自我效能理论。动机理论关注读者参与阅读推广的内在动机，学习理论关注读者通过阅读推广活动的学习过程，自我效能理论关注读者对自身阅读能力的认知和提升。

2.阅读推广的社会学理论

社会学角度的阅读推广理论主要关注社会结构、社会资源和权力关系对阅读推广的影响。研究人员运用社会网络分析、话语分析和政策分析等方法，对阅读推广的社会结构和影响因素进行深入分析。

（三）实际应用

1.阅读疗法

阅读疗法是国外图书馆阅读推广的一个重要实践。它通过为读者提供有针对性的阅读材料和读书指导,帮助读者解决心理、情感和社会问题。研究表明,阅读疗法可以提高读者的心理健康水平,降低焦虑和抑郁症状。

2.早期阅读推广

早期阅读推广是针对儿童和青少年读者的阅读推广活动。通过故事会、亲子阅读、儿童文学研讨会等方式,培养儿童的阅读兴趣和阅读能力。研究表明,早期阅读推广对儿童的语言发展、认知能力和社会技能都有积极影响。

3.多元化推广活动

多元化推广活动是针对不同读者群体和不同阅读需求的推广活动。国外图书馆的多元化推广活动包括文化讲座、作家见面会、读者沙龙等。这些活动不仅丰富了读者的阅读体验,还促进了文化的交流与传承。

国外图书馆阅读推广研究进展迅速,涵盖了社会科学、计算机科学等多个领域,形成了丰富的理论框架和实际应用。这些研究成果为图书馆阅读推广提供了有力的支持,推动了图书馆事业的发展。然而,未来的研究还需要进一步拓展领域,关注新兴技术对阅读推广的影响,以及如何更好地满足残障人士、少数族裔等特殊群体的阅读需求。

第三章　图书管理理论与实践

第一节　图书馆资源管理的概念和原则

一、图书馆资源管理的定义

图书馆资源管理主要涉及对图书馆中所拥有的各类资源进行计划、组织、指挥、协调与控制，以便实现图书馆资源的最优配置，满足读者的信息需求。

（一）图书馆资源的计划

图书馆资源的计划是指根据图书馆的使命、目标和战略，对所需资源进行预测和规划。这包括明确资源的类型、数量、质量和获取方式，以及如何根据学科、主题、形式和类型对资源进行分类和编目。计划制订过程中要考虑资源的预算和成本，以及如何与其他图书馆和信息机构进行资源的共享和合作。

（二）图书馆资源的组织

图书馆资源的组织是指对已经获得的图书、期刊、电子资源、数据库等各类信息资源进行整理、排序和归类，以便读者可以按照自己的需求进行查找和使用。资源的组织要依据学科、主题、形式等标准建立资源库，同时建立统一的检索平台，方便读者对资源进行检索和获取。

（三）图书馆资源的指挥

图书馆资源的指挥是指对资源的使用进行指导和调控，包括对资源的借阅、保存和使用过程中的各项规定和管理措施。例如，针对不同类型的资源设定不同的借阅权限、借阅期限和续借规定等。此外，指挥还包括对资源的利用进行优化，合理分配各类资源的利用时间，以及在保障资源最大限度地长期保存的同时，提高其利用率。

（四）图书馆资源的协调

图书馆资源的协调是指对各种资源进行合理的调配和平衡，以实现资源的最优配置。这包括协调不同类型资源之间的关系，如纸本资源与电子资源之间，以及协调不同读者群体之间的需求。通过对资源的协调使用，可以实现资源利用的最优化，以满足读者的多元需求。

（五）图书馆资源的控制

图书馆资源的控制是对馆藏资源进行质量管理和维护的过程。这包括对馆藏资源的采购、编目和维护过程的质量控制，以及对馆藏资源的利用效果进行评估和反馈。通过对馆藏资源的质量控制，可以确保馆藏资源的整体质量和利用效率。同时，通过对馆藏资源的维护和更新，可以保持馆藏资源的时代性和前瞻性。

二、图书馆资源管理的原则

图书馆资源管理的主要原则可以归纳为以下几个方面。

（一）读者导向原则

读者导向原则是图书馆资源管理的核心原则，它强调图书馆的资源建设和服务要以读者需求为导向，以满足读者的信息需求为最终目标。具体而言，这个原则要求图书馆在资源采购、分类、编目、检索、流通等各个环节中，始终以读者需求为出发点和落脚点。同时，根据读者的反馈和评价，不断改进和优化图书馆的资源管理，提升读者满意度。

（二）资源优化原则

资源优化原则是指图书馆在资源管理过程中，应该根据读者的需求和学科的发展，不断调整和优化馆藏资源结构。具体而言其包括以下几个方面。

（1）丰富馆藏资源的类型和数量。图书馆应该根据读者的需求和学科特点，采购多种类型的资源，包括纸本图书、期刊、报纸、电子图书、数据库等，以满足不同读者的需求。

（2）注重馆藏资源的质量。在丰富馆藏资源类型和数量的同时，要注重资源的学术性和实用性价值，建立科学合理的馆藏评价体系，确保馆藏资源的质量。

（3）注重资源的时效性和前沿性。图书馆应该及时更新和补充新的学术信息和文献资源，以确保图书馆资源的时效性和前沿性。

（三）效率优先原则

效率优先原则是指在图书馆资源管理过程中，应该注重提高工作效率和管理效率，以最小的投入获得最大的效益。具体而言，这个原则要求图书馆在资源管理过程中，要采用先进的管理理念和技术手段，优化工作流程和操作规范，提高工作效率和质量。同时，注重对工作人员的培训和管理，提高他们的专业素养和服务意识，以提供更优质的服务。

（四）公开透明原则

公开透明原则是指在图书馆资源管理过程中，应该遵循公开、透明的原则，确保读者和工作人员对图书馆的资源管理有充分的了解和参与权。具体而言,其包括以下几个方面。

（1）公开资源采购计划和标准。图书馆应该将资源采购计划和标准向读者公开,让读者了解图书馆的采购决策过程和依据,同时鼓励读者提出建议和意见。

（2）公开资源的分类和编目信息。图书馆应该建立科学合理的分类和编目体系,方便读者查找和利用馆藏资源。同时,将分类和编目信息公开发布,让读者了解图书馆的资源组织方式和排架方式。

（3）公开资源的借阅规定和服务流程。图书馆应该将借阅规定和服务流程向读者公开,让读者了解图书馆的借阅政策和服务标准。同时,建立透明的借阅记录和统计系统,方便读者了解自己的借阅情况和历史记录。

（五）社会责任原则

社会责任原则是指在图书馆资源管理过程中,应该注重履行社会责任,发挥图书馆的社会职能和社会价值。其包括以下几个方面。

（1）促进社会公平和公正。图书馆应该通过合理的资源配置和服务政策,保障不同社会群体获取信息的平等机会和权利,消除信息鸿沟。

（2）注重读者教育和文化传承。图书馆应该通过开展各种形式的教育和文化活动,促进读者的信息素养和文化素质提升,培养读者的阅读兴趣和能力。同时,注重传承和弘扬优秀文化传统,保护和传承文化遗产。

（3）积极参与社会公益事业。图书馆应该积极参与社会公益事业,为社会公益事业提供支持和帮助,发挥图书馆的社会职能和社会价值。

图书馆资源管理的原则是指导图书馆进行资源管理的准则和规范。通过遵循这些原则,可以不断提高图书馆的资源管理水平和服务质量,实现图书馆的可持续发展和社会价值的最大化。

第二节　图书采编与订购管理

一、图书采编的过程

图书采编是图书馆资源建设的重要环节,也是提高图书馆服务质量和读者满意度的基础。下面将详细介绍图书采编的过程。

（一）制订采购计划

采购计划是图书采编工作的起点，主要包括以下几个方面。

1.确定采购目标

图书馆需要根据自身的定位和发展目标，确定采购的目标和方向。例如，一些图书馆可能注重学术研究，采购的图书应以专业书籍和学术期刊为主；而一些图书馆可能注重普及教育，采购的图书应以大众读物和教育类书籍为主。

2.分析读者需求

读者需求是采购计划的重要依据。图书馆需要通过对读者借阅记录、反馈意见、需求调查等方式，了解读者的借阅需求和阅读倾向，从而确定采购的图书类型和内容。

3.确定采购预算

采购预算是控制采购成本和确保采购质量的重要环节。图书馆需要根据自身的经费情况，合理安排采购预算，确保在有限的经费内，采购到尽可能高质量的图书。

4.制订采购计划

根据上述分析，图书馆制订具体的采购计划，包括采购的图书类型、数量、时间、预算等。

（二）选择供应商

选择合适的供应商是图书采编工作的关键环节之一。图书馆需要选择有资质、有信誉、有服务的供应商，以确保采购的图书质量和售后服务。选择供应商时需要注意以下几点。

（1）了解供应商资质和信誉：图书馆需要了解供应商是否具有合法的经营资质和良好的商业信誉，是否与图书馆的需求和标准相符合。

（2）考察供应商服务能力：除了图书质量，供应商的服务能力也是非常重要的。图书馆需要了解供应商是否能够提供及时、准确的物流服务，是否能够提供全方位的售后服务等。

（3）考虑供应商价格因素：在选择供应商时，价格也是需要考虑的因素之一。图书馆需要在保证图书质量和售后服务的前提下，选择价格合理的供应商。

（三）订单提交与执行

在选择供应商之后，图书馆需要向供应商提交采购订单。订单中需要明确采购的图书类型、数量、价格、交货时间等细节信息。供应商在接收到订单后，需要按照订单要求执行采购任务，并及时将图书送达图书馆。订单提交与执行过程中需要注意以下几点。

（1）确认订单信息：图书馆在提交订单之前需要仔细核对订单信息，确保订单中的图书类型、数量、价格、交货时间等与采购计划相符。

（2）跟踪订单执行情况：供应商在接收到订单后需要及时处理和执行采购任务。图书馆需要及时跟踪订单的执行情况，了解供应商的发货情况和物流信息，确保图书能够在规定的时间内到达图书馆。

（3）到货验收与入库：当图书送达图书馆后，图书馆需要对图书进行到货验收和入库操作。这一过程中需要注意图书的数量、质量、完整性等方面是否与订单信息相符。如果存在不符之处，需要及时与供应商联系和处理。

（四）数据统计与评价

在图书采编工作完成后，图书馆需要对整个工作过程进行数据统计和评价。通过对数据的分析和评价，可以了解整个工作过程中存在的问题和不足之处，从而不断优化和提高图书采编工作的质量和效率。数据统计与评价过程中需要注意以下几点。

（1）数据统计：对整个图书采编过程的各个环节进行数据统计和分析，包括采购数量、预算执行情况、到货时间、借阅量等指标。

（2）读者反馈：通过调查问卷、网上评价等方式收集读者对图书馆服务的反馈意见和建议，了解读者对图书采编工作的满意度和需求变化情况。

（3）评价总结：根据数据统计和读者反馈结果，对整个图书采编工作进行评价总结，分析工作中存在的问题和不足之处，提出改进措施和优化建议。

（4）信息反馈：将评价总结结果及时反馈给相关部门和管理层，为制定下一年的采购计划和改进方案提供参考和支持。

二、图书订购管理的流程

图书订购管理是图书馆和书店等机构中的一项重要工作，它涉及对图书的选择、采购、入库以及在系统中进行相应的记录等流程。下面将详细介绍图书订购管理的流程。

（一）需求评估

在进行图书订购之前，首先需要对图书需求进行评估。这可以通过分析读者的借阅数据、调查用户需求以及与其他机构的合作来确定。根据需求评估结果，制订图书采购计划，确定所需图书的种类、数量和预算等。

（二）图书选择

根据需求评估的结果，图书管理员会根据读者群体的特点、学校或机构的教学科研方向以及市场上的图书供应情况等因素，选择适当的图书。可以通过参考图书馆的书目、出版社的推荐、专业期刊的评价等方式进行图书选择。

（三）供应商选择与邀请

为了获得优质、合理价格的图书，需要选择可靠的供应商与其合作。可以通过招标、询价等方式来选择供应商，并对供应商进行评估，包括考察其信誉、服务质量、交货周期以及价格等因素。然后向选定的供应商发出邀请，要求其提供报价、样书等信息。

（四）报价与谈判

收到供应商的报价后，图书管理员会根据预算和需求情况进行评估，并与供应商进行谈判。谈判的内容包括价格、折扣、数量、交货期限、质量标准、售后服务等方面。通过谈判，双方达成一致后，签订采购合同或订单。

（五）采购审批与付款

在确保与供应商谈判结束并达成一致后，需要进行采购审批程序。这可能涉及多个层级的审批，包括图书馆或机构的领导层的审批。一旦获得批准，可以进行付款手续。付款方式可以是预付款、分期付款或者按照约定的付款条件进行支付。

（六）图书入库与记录

一旦图书到达，需要进行验收工作，检查图书的数量、外观、质量等是否符合要求。然后将图书进行入库处理，并在系统中进行相应的记录，包括图书的基本信息、采购信息、入库日期等。这有助于后续的管理与查询。

（七）反馈与评估

图书订购管理流程的最后一步是进行反馈与评估。图书管理员可以与读者、教师等进行沟通，了解他们对于新订购图书的反馈与需求。同时，也需要对图书订购的整体效果进行评估，包括图书的使用情况、用户满意度及采购成本等方面。

第三节　图书分类与编目管理

一、图书分类的方法与体系

图书分类是对图书进行有序归类，方便读者查找和利用图书资源的一种方法。下面将介绍几种常见的图书分类方法与体系。

（一）主题分类法

主题分类法是根据图书内容的主题特点来进行分类的方法。这种分类方法按照主题的不同将图书分为不同的类别，如文学、历史、科学、艺术等。主题分类法广泛应用于公共图书馆、学校图书馆等场所，能够方便读者按照自己的兴趣和需求查找相关图书。

（二）十进制分类法（Dewey Decimal Classification）

十进制分类法是由美国图书馆学家梅尔维尔·杜威于 1876 年设计的一种图书分类法。它将所有的知识领域分为十大类，每个大类再细分为若干小类，通过使用小数来表示更详细的分类。例如，000-099 表示百科全书、参考书类，300-399 表示社会科学类。该分类法在世界范围内广泛应用于学术图书馆和研究机构，具有较高的实用性和灵活性。

（三）中图法（Chinese Library Classification）

中图法是中国图书馆学界于 1956 年开始编制的一种图书分类法。它根据我国社会发展和图书出版的实际情况，结合了十进制分类法、主题分类法和中文传统的分类思维，形成了独特的体系。中图法将图书按照学科、专业领域以及内容特点进行分类，比如 A 类表示马克思主义、列宁主义、毛泽东思想等，B 类表示哲学等。中图法是中国图书馆系统中广泛采用的分类方法。

（四）国家标准分类法

国家标准分类法是根据国家标准规定的一种图书分类方法。不同国家可能有不同的国家标准分类法，其目的是为了统一图书分类标准，方便图书交流与共享。国家标准分类法通常包括对不同学科领域的分类，并且会根据需要进行更新和修订。国家标准分类法适用于各类图书馆和机构，使得图书资源管理更加规范和统一。

（五）复合分类法

复合分类法是指将不同的分类方法结合起来使用的一种图书分类方式。这种方法可以根据具体情况选择不同的分类标准，以满足特定需求。例如，可以将主题分类法与其他分类法结合，形成复合分类体系，实现更细致和全面的图书分类。

二、图书编目的规范与要求

图书编目是对图书进行标准化描述、分类和索引的过程，以实现对图书资源的有效组织和利用。下面将介绍图书编目的规范与要求。

（一）信息标准化

图书编目需要遵循信息标准化的原则，包括采用统一的编目规则和格式，确保编目数据的一致性和可比性。常见的编目规则有《国际标准书目著录（ISBD）》和《美国图书馆协会编目规则（AACR2）》等。同时，还需要遵循图书馆学中的专业术语和约定，确保编目数据的准确性和规范性。

（二）主要元素

图书编目通常包含一些主要元素，以提供对图书的基本描述和检索。这些元素包括题名、责任者、出版发行项、载体形态、ISBN 号码、主题词等。其中，题名和责任者是图书的核心标识，出版发行项提供了出版社、出版地、出版时间等信息，载体形态描述了图书的具体物理特征，ISBN 号码是图书的唯一标识符，主题词用于描述图书的内容主题。

（三）分类号标引

图书编目需要为图书分配正确的分类号以实现分类和索引。常见的分类号包括图书馆学中的十进制分类法（Dewey Decimal Classification）、中图法（Chinese Library Classification）等。通过将图书与特定的学科、领域进行关联，读者可以更方便地查找和浏览相关图书。

（四）规范化描述

图书编目需要进行规范化描述，即采用统一的术语和格式来描述图书的内容和特征。这包括对作者姓名、出版商名称、时间日期、尺寸单位等要素的一致性处理。同时，还需要注意语言文字的规范使用，遵循正确的拼写、标点和语法规则。

（五）主题词与标引

为了实现对图书内容的主题检索，图书编目需要为图书分配适当的主题词并进行标引。主题词应具有代表性、准确性和覆盖面，并能够反映图书的核心内容。标引是将主题词与图书相关信息进行关联，以建立主题检索的入口。常用的主题词控制词表有《美国图书馆协会主题词表（LCSH）》《中图法主题词表（CCS）》等。

（六）编目质量控制

图书编目需要进行质量控制，确保编目数据的准确性和完整性。在编目过程中，需要经过多次校对和审核，确保信息的一致性和准确性。此外，还需要建立编目规范和标准操作流程，进行培训和指导，提高编目人员的专业水平和工作质量。

（七）持续更新

图书编目是一个持续的过程，需要及时更新图书馆或机构的编目数据库。这包括新增图书的编目和索引，已有图书信息的修订和更新，以及删除过期或损坏图书的处理。定期的编目数据维护和更新是保证编目数据库的有效性和可用性的重要措施。

第四节　馆藏管理与维护

一、藏书策略和计划

藏书策略和计划是图书馆或机构为了满足读者需求、优化图书资源利用而制订的一系列指导性方案。

（一）典藏原则和目标

典藏原则是确定图书馆收集、保留和展示图书资源的依据。常见的典藏原则包括学科平衡原则、内容多样性原则、时效性原则等。学科平衡原则要求典藏资源应涵盖各个学科领域，以满足不同读者群体的需求；内容多样性原则强调典藏资源应覆盖不同文化、语言、地域的作品，以丰富读者的知识视野；时效性原则要求及时收录最新出版的图书，以保持典藏资源的更新和活力。在制订藏书策略和计划时，需要明确典藏的目标，如提供全面的学术资源、满足读者的多元化需求等。

（二）受众需求分析

藏书策略和计划应该基于对受众需求的深入分析。通过调查、用户反馈、统计数据等方法，了解读者的阅读偏好、研究需求和兴趣领域。根据这些数据，可以合理选择收集的图书类别和数量，确保典藏资源与读者需求相匹配。同时，还可以根据受众特点制订针对性的服务策略，如儿童读物区、学术研究专区等。

（三）文化多样性和包容性

在制订藏书策略和计划时，应注重文化多样性和包容性。这意味着要收藏来自不同国家、地区和文化背景的图书，以丰富读者的文化体验和视野。同时，还需要关注社会公平和包容，为弱势群体提供平等获取图书资源的机会，如盲文图书、残障人士读物等。

（四）数字化和电子资源

在信息技术发展的背景下，数字化和电子资源已成为重要的藏书策略之一。图书馆可以通过建设数字图书馆、订购电子数据库等方式，增加电子图书和期刊资源的覆盖面，并提供在线阅读和下载服务。此外，还可以利用数字技术进行数字化馆藏和数字文献保护，以促进图书资源的长期保存和共享。

（五）合作与共享

合作与共享是一种有效的藏书策略。图书馆可以与其他机构、国际组织建立合作关系，共享图书资源和信息。这包括联合采购、资源互借、数据共享等形式。通过合作与共享，可以充分利用资源优势，提高图书馆的藏书覆盖率和服务水平。

（六）持续评估和调整

藏书策略和计划需要进行定期评估和调整。通过对典藏资源的使用统计、读者反馈、学科发展趋势等方面的分析，了解典藏效果和不足之处，并作出相应的调整和优化。同时，还可以参考其他图书馆或同行机构的经验，借鉴先进的藏书理念和方法，不断提升藏书策略的科学性和适应性。

二、馆藏发展与评估

馆藏发展与评估是图书馆或机构对典藏资源进行规划、管理和优化的过程。

（一）馆藏发展

（1）馆藏规划：根据图书馆的定位和目标，制定相应的馆藏规划。这包括确定馆藏的学科范围、收藏政策和优先领域，以及制订相应的采购计划和资源配置方案。

（2）采购与订购：根据馆藏规划，选择合适的采购渠道和方式，进行图书、期刊、电子资源等的采购和订购。同时，与出版社、供应商建立合作关系，确保获取高质量、多样性的图书资源。

（3）典藏与整理：对新获得的图书资源进行典藏和整理工作，包括编目、分类号标引、装订修补等。同时，进行旧藏图书的整理、翻新和数字化处理，保护和保存馆藏资源。

（4）扩充与更新：定期检视馆藏发展情况，根据读者需求和学科发展趋势，进行馆藏扩充和更新。这可以包括增加新的学科领域、增加电子资源的覆盖、与其他机构合作共享资源等方式。

（二）馆藏评估

（1）使用统计：通过对馆藏资源的使用情况进行统计和分析，了解哪些资源受到读者欢迎，哪些资源使用较少。根据这些数据，可以调整馆藏的采购策略和资源配置，以提高资源利用率。

（2）读者反馈：定期征询读者对馆藏资源的意见和建议，了解他们的需求和满意度。可以通过问卷调查、焦点小组讨论等方式收集反馈信息，并根据反馈结果进行调整和改进。

（3）引用分析：通过分析馆藏资源被引用的情况，了解图书馆在学术研究中的影响力和贡献度。这可以通过引文数据库、学术期刊等途径进行分析，为馆藏发展提供参考依据。

（4）馆际合作评估：与其他图书馆或机构进行合作和交流，共享经验和资源。可以通过参观其他图书馆、参加会议研讨等方式了解行业最佳实践，并借鉴其馆藏发展和评估经验。

（5）国内外标准比较：比较国内外图书馆的馆藏发展和评估标准，了解行业趋势和最新理念。可以对照其他图书馆的实践，评估自身馆藏的优势和不足，并进行相应调整和改进。

（三）馆藏质量控制

（1）典藏质量检查：对新采购或捐赠的图书资源进行典藏质量检查，确保编目和装订的准确性和规范性。这可以包括对书本完整性、版权信息、题名责任者等方面的核对。

（2）编目质量管理：对编目人员进行培训和指导，提高其编目质量和一致性。同时，建立编目质量控制机制，定期对编目数据进行检查和审核，确保编目数据的准确性和可搜索性。

（3）馆藏维护与修补：对于馆藏资源的损坏或磨损，进行相应的维护和修补工作，如装订修复、页面复印等。这可以延长图书的使用寿命，保护馆藏资源的完整性和价值。

（4）数字化质量控制：对数字化馆藏资源进行质量控制，确保数字化过程中的扫描质量、元数据标注的准确性等。这包括对数字图像的清晰度、文件格式的规范性、版权信息的标注等方面的检查和验证。

（四）持续更新

（1）监测学科发展：关注各学科领域的最新发展动态，及时调整馆藏策略和采购计划。可以通过阅读学术期刊、参加学术会议、进行学术交流等方式了解学科前沿趋势。

（2）关注读者需求：定期进行读者调研和需求分析，了解他们的阅读偏好、研究需求和兴趣领域。根据读者反馈和需求，调整馆藏策略和发展方向，以满足读者的知识需求。

（3）跟踪资源更新：定期跟踪图书、期刊和电子资源的更新情况，及时进行订购或续订。这可以通过与出版商、供应商的合作关系来获取最新的资源信息，并保持馆藏的及时性和全面性。

馆藏发展与评估是图书馆或机构管理典藏资源的重要环节。通过科学的馆藏发展规划、读者需求分析、使用统计、馆际合作与比较等方法，可以优化馆藏资源，提高资源利用率和满意度。同时，对于馆藏质量的控制和维护，以及对最新学科发展的关注和持续更新，能够确保馆藏资源的质量和时效性。

三、图书采购政策与流程

图书采购政策与流程是指图书馆或机构制定的一系列指导性方案和操作步骤，用于规范和管理图书的采购过程。

（一）图书采购政策

（1）采购原则：明确图书采购的基本原则，如学科平衡、内容多样性、时效性等。这些原则可以根据图书馆的定位和读者需求进行具体规定。

（2）预算分配：确定图书采购的预算范围和分配方式。根据馆藏发展规划和预算限制，确定每个学科领域或专题的采购额度。

（3）采购渠道和供应商：选择合适的采购渠道和供应商，包括出版社、图书代理商、在线图书馆等。建立长期稳定的合作关系，以获取优质、多样化的图书资源。

（4）采购方式：确定采购的方式，包括直接采购、订购、捐赠等。可以根据具体情况选择最适合的采购方式，并确保采购程序的透明和公正。

（5）版权和许可：遵守版权法和相关规定，确保采购的图书资源合法和正版。对于电子资源，确保获得相应的许可和授权。

（二）图书采购流程

（1）需求评估：根据读者需求和馆藏发展规划，评估图书采购的需求和优先级。可以通过读者调研、学科发展趋势分析等方式了解需求情况。

（2）编制采购计划：根据需求评估结果和预算限制，编制图书采购计划。计划中包括需要采购的图书类别、数量、预算等信息。

（3）资源搜索与选择：根据采购计划，进行资源搜索和筛选。可以利用图书目录、在线图书馆、出版社网站等资源，寻找符合要求的图书。

（4）报价和谈判：向供应商索取图书报价，并根据预算限制进行谈判和比较。在谈判过程中，可以关注价格、折扣、配送方式等方面的问题。

（5）订购和支付：确定采购的图书后，进行订购程序。填写订购单并发送给供应商，确认订购细节和支付方式。同时，安排付款程序，确保及时支付供应商。

（6）入库和典藏：收到采购的图书后，进行入库和典藏工作。包括对图书进行编目、分类号标引、装订修复等工作，以便将图书加入馆藏。

（7）交付和验收：与供应商协商好交付方式，并进行图书的验收工作。检查图书的完整性、版面质量等方面，确保所收到的图书符合要求。

（8）记录和统计：对采购的图书进行记录和统计。包括图书的目录信息、价格、供应商等方面的数据，用于后续统计、管理和评估工作。

（9）使用和评估：推动采购的图书资源的使用，提供给读者借阅。同时，定期对采购的图书进行评估和分析，了解其使用情况和影响力，根据评估结果进行调整和改进。

（三）流程改进与优化

（1）自动化和数字化：采用图书采购管理系统和电子采购平台，实现采购流程的自动化和数字化。这可以提高效率，减少人工错误，并方便数据统计和分析。

（2）建立采购委员会：成立由馆员、读者代表等组成的采购委员会，共同参与图书采购决策和规划。多元化的意见和建议可以更好地满足不同读者群体的需求。

（3）合理利用资源：通过合作和共享资源的方式，扩大图书馆的图书资源范围。可以与其他图书馆、机构进行合作，共同采购和分享资源，提高资源利用效益。

（4）定期评估和调整：定期对图书采购政策和流程进行评估和调整。根据使用情况、读者需求和学科发展趋势，及时更新和优化采购政策和流程。

（5）多样化的采购渠道：除了传统的出版社和图书代理商，还可以考虑直接联系作者、参加图书展览会等方式获取图书资源。多样化的采购渠道可以提供更多选择和优质的图书资源。

图书采购政策与流程的制定和落实，对于图书馆或机构优化馆藏、满足读者需求至关重要。合理的采购政策和规范的采购流程能够确保图书采购的透明性、高效性和质量，为读者提供丰富多样的图书资源。同时，图书馆管理人员还应不断改进和优化采购流程，利用新技术和多种渠道提高图书采购的效率和成果。

四、采编工作流程与标准

图书馆采编工作是图书馆建设和服务的重要环节之一。它涉及图书馆的图书、期刊、报纸等文献资源的选购和处理，对于满足用户需求、提升图书馆整体水平具有重要意义。

（一）图书馆采编工作流程

图书馆采编工作的流程可以简单分为以下几个步骤。

（1）需求调查：图书馆首先进行需求调查，了解用户的阅读需求和借阅情况，并根据收集到的数据进行分析，确定采购方向和重点。

（2）选题讨论：根据需求调查结果，图书馆采编部门组织选题讨论会议，讨论并确定需要采购的图书、期刊、报纸等资源的种类和数量。

（3）供应商选择：图书馆与各大出版社、书店等供应商进行洽谈，了解市场情况和资源优势，最终确定合作供应商。

（4）资源选购：根据选题讨论结果和供应商选择的情况，图书馆进行资源选购，包括与供应商确认具体采购目录、价格、订购数量等内容，并签订正式的采购合同。

（5）资源收集：图书馆在完成采购后，与供应商协调资源的发货和交付事宜。图书馆采编部门对所收集到的资源进行登记和分类处理。

（6）索引加工：图书馆采编部门将采购到的资源进行索引加工，包括标注主题词、分类号、责任者等信息，以便用户能够方便地查找和使用。

（7）资源编目：图书馆采编部门根据资源的特点和需要，在图书馆管理系统中进行资源编目，建立图书馆的资源数据库，为用户提供检索和借阅服务。

（8）上架陈列：经过索引加工和资源编目后，图书馆将资源进行上架和陈列，以便用户能够浏览和选择。

（9）读者推广：图书馆采编部门通过各种渠道和方式，开展读者推广活动，向用户介绍新到馆的资源，激发用户的阅读兴趣。

（二）图书馆采编工作的标准

图书馆采编工作的标准是保障工作质量和效率的重要依据。其标准要求如下。

（1）采购效益：图书馆应根据经费预算和用户需求，合理配置资源，确保采购的资源具有较高的价值和使用效益。

（2）资源质量：图书馆应选用正版、优质的图书、期刊、报纸等资源，确保内容真实可靠、版权合法，并对资源进行审核和鉴定。

（3）文献建设：图书馆应根据学科发展和用户需求，注重文献建设的规划和布局，确保资源的广度和深度。

（4）索引与编目规范：图书馆采编部门应按照国际通行的索引与编目规范，如AACR2、MARC 等，进行工作，以提高检索和利用资源的效率。

（5）数据准确性：图书馆采编部门在进行资源编目和索引加工时，应确保数据的准确性和一致性，包括书名、责任者、出版社、分类号等信息。

（6）操作规范：图书馆采编部门应遵循相关的操作规范和流程，确保采编工作的顺利进行。例如，对于采购合同签订、资源收集和整理、编目操作等都需要按照规范进行。

（7）时效性要求：图书馆采编工作需要具备一定的时效性，即按照既定的时间节点完成各项工作。例如，资源的订购、收集和编目等需要按照预定的时间表进行。

（8）用户需求导向：图书馆采编工作应以用户需求为导向，充分考虑用户群体的特点和需求，选择适合的资源并提供相应的服务。

（9）质量监控与评估：图书馆应建立质量监控机制，对采编工作进行定期评估和监测，及时发现问题并进行改进。

（10）知识更新：图书馆采编部门应不断学习和更新相关的知识和技能，了解行业最新发展和趋势，提升自身的专业素养。

　　图书馆采编工作流程与标准是保障图书馆资源质量和服务效果的重要保证。通过明确的采编工作流程和规范，可以提高资源采购和编目的效率和质量，为用户提供更好的阅读体验和满足他们的知识需求。同时，需要不断关注行业的发展动态，及时调整和优化工作流程和标准，适应日益变化的用户需求和技术环境。

五、采编质量控制

　　图书馆采编质量控制是保证图书馆资源质量和服务效果的重要环节。它涉及采购的图书、期刊、报纸等资源的质量评估、编目数据准确性检查、标签贴附等工作。

　　（一）图书馆采编质量控制的内容

　　图书馆采编质量控制主要包括以下几个方面。

　　1.图书选购质量控制

　　在进行图书采购时，图书馆需要对供应商提供的图书样本和相关资料进行评估，了解图书的品质、版权合法性、内容准确性等情况。其主要是通过如下方式进行质量控制。

　　（1）对供应商的信誉和口碑进行调查和评估；

　　（2）定期抽样检查所采购图书的实际情况，包括装订质量、印刷质量、版权信息等。

　　2.编目数据准确性控制

　　编目是图书馆采编工作的关键环节，编目数据的准确性直接影响到用户的检索和利用效果。因此，图书馆需要对编目数据进行严格的质量控制，其主要包括如下方面。

　　（1 采用标准的编目规范和规则，如 AACR2、MARC 等；

　　（2）对采编人员进行专业培训，提高其编目技能和准确性；

　　（3）进行编目数据的质量检查，包括主题词标引的准确性、分类号分配的正确性等。

　　3.标签贴附质量控制

　　在图书馆资源上架前，需要对图书进行标签贴附工作，以便用户能够方便地找到和借阅图书。标签贴附的质量控制包括如下方面。

　　（1）选择合适的标签类型和尺寸，确保标签的易识别性和耐久性；。

　　（2）确保标签上的信息准确无误，包括书名、责任者、索书号等；

　　（3）对贴附标签的工作进行质量检查，确保标签贴附的位置准确、贴附牢固。

　　4.馆藏维护与修补质量控制

　　图书馆馆藏资源需要进行定期的维护和修补工作，以保证资源的完整性和可用性。质量控制的内容有如下几项。

　　（1）定期巡检馆藏，检查资源的状况，如书页是否完整、装订是否牢固等；

（2）及时修补破损的图书，如重新装订、更换磨损的封面等；

（3）对馆藏资源进行防护和保养，如定期翻动书页、控制环境湿度温度等。

（二）图书馆采编质量控制的方法

为了确保图书馆采编工作的质量和效果，图书馆可以采取以下方法进行质量控制。

1.建立内部质量控制机制

图书馆采编部门应建立科学、规范的质量控制机制，明确各项工作的责任分工和标准要求。可以通过制定相关的工作流程、操作手册、质量评估指标等文件，明确每个环节的要求和流程，并定期进行质量检查和评估。

2.加强培训与提升

图书馆应加强采编人员的专业培训和能力提升，包括对编目规范、资源评估、标签贴附等方面的培训。通过培训，提高采编人员的专业水平和工作质量。

3.建立供应商评估机制

图书馆可以建立供应商评估机制，根据供应商的信誉、产品质量、服务态度等因素进行评估和筛选，确保所采购的图书质量可靠。

4.定期质量检查与评估

图书馆可以定期对采编工作进行质量检查和评估，包括对编目数据的准确性、标签贴附的质量、资源维护与修补情况等进行检查和评估。通过检查和评估，及时发现问题并进行改进。

5.借鉴其他图书馆的经验

图书馆可以了解和借鉴其他图书馆的采编质量控制经验，参考其成功做法和方法，在实践中不断完善和提升。

6.用户反馈和需求调查

图书馆可以通过用户反馈和需求调查了解用户对采编工作的满意度和需求，及时调整和改进工作方式和流程，以提供更好的服务。

7.关注行业标准和最新发展

图书馆应密切关注图书馆领域的行业标准和最新发展，及时更新和调整质量控制的方法和要求，以适应不断变化的环境和用户需求。

六、期刊订购与管理

在图书馆中，期刊是重要的信息资源之一。它们可以提供最新的研究成果、学术论文和专业评论，对于读者的学术研究和信息获取具有重要意义。因此，图书馆需要进行有效的期刊订购和管理，以满足读者的需求，并确保期刊资源的可持续性和高效利用。

（一）期刊订购

1.需求评估

在开始期刊订购之前，图书馆需要评估读者对不同学科领域的期刊需求。这可以通过与教师、研究人员和学生的交流、调查问卷和统计数据分析等方式来实现。通过明确需求，图书馆可以有针对性地选择订购的期刊，避免资源浪费。

2.采购渠道

图书馆可以通过多种渠道进行期刊的订购。一般来说，主要的采购渠道包括出版商直接订购、图书馆供应商和电子数据库订购。每种采购渠道都有其优势和劣势，图书馆需要根据实际情况选择最适合的采购方式。

3.预算管理

期刊订购需要一定的预算支持。图书馆应根据自身经济状况和需求评估结果，合理制定订购预算。在进行预算管理时，图书馆可以考虑订购多年的期刊合同以获得折扣，同时也要关注期刊价格的变化和经费限制。

（二）期刊管理

1.编目和分类

图书馆需要对订购的期刊进行编目和分类，以便读者能够方便地查找和获取所需的期刊。编目和分类可以按照学科领域、出版社、刊名等进行，同时也要与图书馆的其他资源相衔接，形成完整的检索体系。

2.订阅管理

图书馆需要建立有效的期刊订阅管理系统，包括订阅维护、订阅取消和订阅续订等方面。图书馆应及时更新订阅信息，并根据需求调整订阅数量，以避免过量或不足的情况发生。

3.电子期刊管理

随着数字技术的发展，越来越多的期刊以电子形式提供。图书馆需要通过建设电子期刊平台和访问控制机制，确保读者能够便捷地访问和使用电子期刊资源。同时，图书馆也需要关注电子期刊的授权和许可问题，确保合法使用。

4.合作与共享

图书馆可以通过合作与共享来扩大期刊资源的覆盖范围和利用效率。例如，可以与其他图书馆进行联合订购、合作采购和文献互借等。这样不仅可以减少资源重复开支，还能够提供更多的期刊选择和服务。

七、图书入库与登记

图书馆图书入库与登记是图书馆管理中的重要环节，它涉及新书的接收、处理和入库，以及相关信息的记录和管理。

（一）图书入库与登记的内容

1.图书接收

图书馆接收新书的途径有多种，包括购买、捐赠、赠送、交换等。图书馆需要建立一套完善的接收流程，对于每一本新书都要进行验收，确认其品质和完整性。

2.图书处理

图书馆在接收到新书后，需要进行一系列的处理工作，确保图书能够顺利地进入馆藏。这包括了以下几个环节。

拆封和开箱：对于新书，需要将其拆封并从包装中取出。

核对目录：通过核对图书的目录信息，确认书名、作者、出版社、ISBN 号等是否与采购信息一致。

贴标签：为每本图书贴上馆藏标签，并在标签上填写索书号等信息。

加工处理：对于纸质图书，可以进行封面保护、封面标识等加工处理。

3.图书入库

完成图书处理后，将图书按照分类号和索书号的要求，按照一定的顺序和布局，放置在图书馆的书架或存储设备上。入库过程中需要确保书籍的摆放整齐、有序，便于读者查找和借阅。

4.图书登记

图书馆需要对每一本新书进行登记，建立图书信息数据库，并记录相关信息，包括书名、作者、出版社、出版日期、ISBN 号、分类号、索书号等。通过图书登记，图书馆可以有效管理图书资源，提供更好的服务。

（二）图书入库与登记的方法

1.使用图书管理系统

现代图书馆通常使用计算机化的图书管理系统，通过扫描条形码或手动输入图书信息，快速录入并自动生成图书登记记录。这样可以提高工作效率和准确性。

2.制定标准操作流程

图书馆应制定详细的标准操作流程和工作规范，明确每个环节相应的责任和要求。这样可以保证图书入库与登记的一致性和规范性。

3.培训工作人员

为了保证图书入库与登记的质量，图书馆需要对工作人员进行专业培训，包括学习目录编码规则、掌握操作技巧等。培训可以通过内部培训、外部培训或请专业人员指导来实施。

4.定期质量检查

图书馆需要定期对图书入库与登记的质量进行检查，确保工作的准确性和规范性。可以随机抽查新入库的图书，核对目录信息、标签贴附情况等。

5.数字化管理

随着数字化技术的发展，图书馆可以考虑将图书入库与登记过程进行数字化管理。通过条码扫描、RFID 技术等，实现自动化记录和管理，提高工作效率和准确性。

八、图书修复与保养

图书馆是一个重要的知识资源中心，承载着许多珍贵的图书和资料。为了保护这些宝贵的资源，图书馆需要进行图书修复与保养工作。

首先，图书馆图书修复与保养对于图书馆的长期发展至关重要。图书馆图书的数量庞大，每天都有大量的读者借阅和归还图书。图书在长时间使用和频繁借阅后，不可避免地会出现磨损和损坏。如果不及时修复和保养，这些图书将无法继续被读者使用，严重影响图书馆的服务质量和读者满意度。

其次，图书修复是保护图书馆藏品的重要手段之一。有些图书可能具有很高的历史、文化或艺术价值，它们是人类文明的重要载体。一旦这些图书受到损坏，将很难恢复原状，甚至可能永久失去。通过定期的修复工作，可以及时发现并处理潜在的问题，最大限度地减少图书的损坏和流失，保护馆藏的完整性和价值。

以下是一些常见的图书修复和保养方法。

清洁和除尘：定期对图书进行清洁和除尘是保持图书品质的重要步骤。清洁可以去除图书表面的灰尘和污渍，保持图书的外观整洁，并防止细菌和虫害滋生。

页面修复：有些图书的页面可能会受到撕裂、折页或水湿等问题的影响，需要进行修复。这种修复包括使用特殊胶水或修补纸来修复撕裂的页面，熨平折叠的页面，以及使用专业的干燥方法处理水湿的图书。

背书修复：图书在使用过程中，背书可能会磨损或脱落。为了修复背书问题，可以使用背书胶带或专用修复材料进行修复。

封面修复：图书封面是保护书籍内部内容的重要部分。如果封面受损，可以使用专用工具和材料进行修复，保持封面的完整性。

框架和支架维护：图书馆还需要对书架、展示架和桌椅等图书馆设施进行定期维护。这包括检查并修复损坏的部件，保持设施的稳定和安全。

在进行图书修复和保养工作时，图书馆要配备专业的人员进行操作，并使用合适的工具和材料。同时，图书馆应制定相关的修复和保养流程，建立统一的记录和跟踪系统，以便及时了解图书修复和保养的情况。

总之，图书馆图书修复与保养是维护图书馆藏品和服务质量的重要工作。通过定期的修复和保养，可以最大限度地减少图书损坏和流失，保护图书馆的图书资源，同时也能提供良好的阅读环境和服务质量。这样能够确保图书馆继续为读者提供丰富的知识和信息，促进学习和研究的发展。

九、图书损耗与报废处理

图书馆的图书损耗与报废处理是图书馆管理中不可忽视的一环。随着图书的长期使用和借阅，不可避免地会出现各种损耗情况，有些图书甚至需要被报废处理。

首先，我们来看一下造成图书损耗的主要原因。以下是一些常见的图书损耗原因。

长期使用：图书馆中的图书经过长时间的使用后，纸张质量可能会下降，胶装可能会松动，导致书页撕裂或丢失。

错误处理：在借还图书的过程中，如果读者或工作人员粗心大意，可能会导致图书的损坏，如弯折书页、涂鸦或污渍。

外部环境因素：温度、湿度等外部环境因素对图书也有影响。高温、潮湿或阳光直射可能导致图书纸张变黄、发霉或退色。

盗窃或遗失：偶尔也会发生图书被盗窃或遗失的情况，使得这些图书无法被读者借阅。

对于损耗严重的图书，图书馆需要及时进行报废处理。下面是一些常用的图书报废处理方法。

折价销售：对于一些仍然有一定参考价值但已经无法作为借阅图书的图书，图书馆可以将其以折价的价格出售给读者或其他机构，从而回收部分资金。

捐赠或交换：对于仍然具备使用价值的图书，图书馆可以选择将其捐赠给其他图书馆、学校、慈善机构等，或与其他图书馆进行交换，实现资源共享。

废纸回收：对于无法再次利用的图书，如过时的教科书、损坏严重的杂志，图书馆可以将其进行废纸回收，以实现资源的循环利用。

安全销毁：对于包含个人隐私信息或其他敏感内容的图书，图书馆应采取安全销毁措施，确保信息不会泄露。

在进行图书报废处理时，图书馆需要建立相应的流程和规范，并记录每本图书的报废原因和处理方式，以便追溯和管理。此外，图书馆还应定期进行库存清点，及时发现需要进行报废处理的图书，并与采购部门保持沟通，确保图书的补充和更新。

总之，图书馆图书损耗与报废处理是图书馆管理中不可忽视的一环。通过及时的损耗监测和报废处理，图书馆可以保持馆藏的质量和可用性，为读者提供更好的借阅体验和服务质量。同时，合理的报废处理方法也有助于资源的再利用和循环利用，减少资源浪费。

十、藏书查询与统计

图书馆的图书查询与统计是图书馆管理中非常重要的一项工作，它涉及对图书馆馆藏的组织、检索和统计等方面。

首先，让我们来看一下图书馆图书查询与统计的意义。

服务读者：图书馆的首要任务是为读者提供借阅服务。通过有效的图书查询系统，读者能够快速方便地查找所需的图书，并了解其可用性和位置信息，提高借阅效率和用户满意度。

管理馆藏：图书馆需要对馆藏进行有效的管理和维护。通过图书查询与统计，可以了解馆藏的总量、种类、状态等信息，帮助图书馆进行馆藏整理、分类、配发资源等工作，确保馆藏的完整性和可用性。

决策支持：通过图书馆的图书查询与统计数据，可以获得关于图书借阅情况、热门书籍、读者偏好等信息。这些数据可以为图书采购决策、图书推广活动、馆藏布局规划等提供科学依据，提高图书馆的服务质量和读者满意度。

接下来，我们来介绍图书馆图书查询与统计的方法和常用工具。

图书馆管理系统：图书馆管理系统是图书馆进行图书查询与统计的核心工具。该系统通过建立图书馆藏书的数据库，并提供检索功能，使读者能够根据作者、标题、主题等信息进行查询。同时，图书馆管理系统还可以提供各类报表和统计分析功能，帮助图书馆管理人员了解馆藏情况和读者需求。

电子目录：许多图书馆已经建立了在线电子目录，将图书信息数字化并放置在网络上，方便读者远程查询。电子目录通常提供多种搜索选项和高级检索功能，提供更加灵活和精确的查询方式。

标签和分类系统：为了方便图书馆读者浏览和查询图书，图书馆通常会采用一套标签和分类系统。这些系统可以将图书按照特定的分类标准进行组织和排列，如国际图书馆分类法（Dewey Decimal Classification）或中国图书馆分类法（CCF），使读者能够快速找到所需图书。

统计分析工具：为了进行图书馆的统计分析，可以使用各种统计分析工具。这些工具可以对图书馆的馆藏数据进行整理、筛选和统计，生成各类报表和图表，帮助图书馆了解馆藏情况、借阅趋势等信息。

在进行图书查询与统计工作时，图书馆需要建立相应的规范和操作流程，并对工作人员进行培训和指导。同时，图书馆还需定期进行数据更新和维护，确保查询结果的准确性和实时性。

总之，图书馆图书查询与统计是图书馆管理中不可或缺的一项工作。通过提供方便的查询服务和准确的统计数据，图书馆能够更好地满足读者需求，管理和维护馆藏资源，并为决策提供科学依据。利用现代化的图书馆管理系统、电子目录以及标签和分类系统等工具，可以提高图书查询与统计的效率和准确性，为读者提供更好的服务体验。

十一、特藏及珍贵文献管理

图书馆的特藏及珍贵文献管理是图书馆管理中的重要一环，它涉及对特殊收藏和珍贵文献的鉴定、筹建、保存、展示和利用等方面。

首先，让我们来看一下图书馆特藏及珍贵文献管理的意义。

保护文化遗产：特藏及珍贵文献通常包括古籍、稀见书刊、手稿、地图等具有历史、学术或艺术价值的文献资料。这些文献代表了人类文明的重要成果和传承，需要得到妥善保护和管理，以确保其长期保存和传承给后代。

学术研究支持：特藏及珍贵文献是学术研究的重要资源，对于学者和研究人员来说具有重要的参考和研究价值。通过有效管理和充分利用特藏及珍贵文献，可以为学术研究提供丰富的材料和资源支持。

文化传播与教育：特藏及珍贵文献是传递和传承文化的重要媒介。通过对其进行管理、展示和利用，可以向公众传达文化知识，促进文化教育和人文素养的提升。

图书馆特藏及珍贵文献管理的方法和保护措施有如下几项。

鉴定筹建：图书馆在进行特藏及珍贵文献管理时，首先需要进行鉴定和筹建工作。这包括对文献资料的收集、鉴定和评估，确定其珍贵性和价值，并决定是否纳入特藏范围。

保存保护：特藏及珍贵文献的保存和保护是至关重要的。图书馆需要制定相应的保存规范和操作流程，采取正确的环境控制和防护措施，确保文献材料的物理完整性和长期保存。这可能包括温湿度控制、光线控制、虫害防治等。

数字化处理：为了更好地保护和利用特藏及珍贵文献，许多图书馆已经开始进行数字化处理。通过数字化技术，可以将珍贵文献转换为数字形式，并建立数字库或数据库，提供在线访问和利用。

展示与推广：图书馆通常会定期举办特藏及珍贵文献的展览和推广活动，向公众展示其独特魅力和价值。这不仅可以提高公众对特藏及珍贵文献的认识和兴趣，还可以增加对图书馆的关注和支持。

在进行特藏及珍贵文献管理时，图书馆需要优先考虑以下保护措施。

安全防范：特藏及珍贵文献往往具有较高的经济价值，因此图书馆需要加强安全措施，如安装监控设备、建立访问限制和安全警报系统等，以防止文献遭到盗窃或损坏。

定期检查与维护：特藏及珍贵文献需要定期检查和维护，包括检查文献的保存状态、处理腐朽和虫害等问题，并及时进行修复和保养。

多样化存储方式：为了降低风险，图书馆可以采用多种存储方式，如分散存储、远程备份等，确保即使发生灾难，文献资料也能得到保护和恢复。

人员培训与管理：图书馆需要对特藏及珍贵文献管理工作人员进行专业培训，提高其专业知识和技能。同时，需要建立健全的管理体系，明确责任和权限，确保特藏及珍贵文献得到正确的管理和保护。

总之，图书馆特藏及珍贵文献管理是一项既有挑战性又具有重要意义的工作。通过正确的管理方法和保护措施，可以保障特藏及珍贵文献的保存和利用，为学术研究、文化传播和公众教育提供重要支持。同时，图书馆需要不断创新和发展，积极应用数字化技术，提高特藏及珍贵文献的可访问性和可持续发展能力。

十二、数字资源管理与维护

随着信息技术的飞速发展，图书馆已经逐渐从传统的纸质资源向数字化资源转型。数字资源的管理与维护成为图书馆不可忽视的重要任务。

（一）数字资源管理的重要性

数字资源具有以下几个方面的重要性。

1.可持续发展

数字资源能够充分利用现代科技手段，实现存储、检索、共享和传播等功能。相较于传统纸质资源，数字资源可以减少占地空间、提高存储效率，并且在多用户同时访问时也更加灵活高效。数字资源的可持续发展对图书馆来说是至关重要的，它可以满足读者日益增长的需求，并且适应社会信息化的发展趋势。

2.提供便捷服务

数字资源的管理使得图书馆能够提供更加便捷的服务。读者可以通过网络远程访问图书馆的数字资源，无论时间和地点都不再受限制。数字化的资源还可以提供更加精确和快速的检索功能，帮助读者更快地找到所需信息。这种便捷的服务能够提高读者的满意度，并促进图书馆的发展。

3.提高资源利用率

通过数字化管理，图书馆可以更好地管理和利用自己的资源。数字资源可以被多个读者同时访问，而不像纸质资源那样只能供一人使用。图书馆还可以对数字资源进行统计和分析，了解读者对不同资源的需求，从而优化资源的配置和采购策略，提高资源利用率。

（二）存在的问题

在数字资源管理与维护过程中，也存在一些问题需要解决。

1.质量控制

数字资源的质量是保证信息准确性和可靠性的关键。在数字化过程中，可能会出现扫描错误、文字识别错误等问题，导致数字资源的质量下降。因此，图书馆需要建立严格的质量控制机制，确保数字资源的准确性和完整性。

2.数据安全

数字资源的管理需要重视数据安全。图书馆应该采取相应的措施，保护数字资源免受恶意攻击和数据泄露的风险。建立完善的数据备份和恢复机制，定期进行安全审计和漏洞修补，确保数字资源的安全可靠。

3.著作权管理

数字资源的管理也需要考虑著作权等法律问题。图书馆在数字化过程中需尊重作者的合法权益，遵守相关法律法规，并采取措施防止侵权行为的发生。

（四）有效的管理与维护措施

为了有效管理和维护数字资源，图书馆可以采取如下措施。

1.建立数字资源管理团队

图书馆应设立专门的团队负责数字资源的管理与维护工作。该团队应具备数字资源管理和维护方面的专业知识和技能，负责数字资源的采集、整理、分类、存储和更新等工作。

2.建立数字资源管理政策

图书馆应制定明确的数字资源管理政策，包括数字资源的获取、存储、使用和维护等方面的规定。该政策应考虑到著作权保护、数据安全和质量控制等问题，并与相关法律法规相一致。

3.加强技术设备和基础设施建设

图书馆需要投入足够的资金和资源，购买高质量的数字化设备和软件，建立完善的数字资源管理系统和数据库。同时，还需要提供良好的网络环境和存储空间，以支持数字资源的存储、访问和传播。

4.加强培训和宣传工作

图书馆应组织相关培训活动，提高员工对数字资源管理和维护的认识和技能。此外，还应加强对读者的宣传和教育，推广数字资源的使用方法和注意事项，提高读者的素养和利用水平。

5.建立合作与共享机制

图书馆可以与其他图书馆、机构和组织建立合作与共享机制，共同管理和维护数字资源。通过资源共享和互通有无，可以提高数字资源的利用效率和覆盖范围，并减少资源重复采集和维护工作。

图书馆数字资源的管理与维护对于图书馆的可持续发展和提供优质服务至关重要。虽然存在一些问题，但通过建立专门团队、制定政策、加强设备建设、培训宣传和合作共享等措施，可以有效地解决这些问题，实现数字资源的高效管理和维护。

第四章　图书馆阅读推广目标群体与需求分析

第一节　图书馆用户的特点与需求

一、学生群体

随着信息时代的发展，图书馆作为传统的知识资源中心，仍然在学生群体中扮演着重要的角色。学生是图书馆最为常见的用户群体之一，他们对于图书馆的特点与需求有着独特的方面。

（一）学生群体的特点

求知欲强烈：学生处于求知阶段，对于知识的渴望和探索意愿非常强烈。他们希望通过图书馆获取各种学科的相关资料，以满足自己的学习需求。

学习任务多样化：学生需要完成各类学习任务，如写论文、做报告、准备考试等。这些任务需要大量的学习资料和参考书籍，而图书馆作为资源丰富的场所，能够提供学生所需的各类书籍和文献。

时间管理困难：学生通常会面临时间紧迫的学习压力，需要高效地利用自己的时间。图书馆提供了一个安静、专注的学习环境，有助于学生集中精力进行学习和研究。

经济压力较大：大部分学生在经济上比较拮据，购买各种学习资料和书籍往往是一笔不小的开支。而图书馆提供免费借阅服务，可以减轻学生的经济负担。

交流合作需求：学生需要与同学、教师以及其他研究者进行交流和合作，以获取更多的学习资源和知识。图书馆提供了一个共享资源的平台，使学生能够与他人交流和分享学术信息。

（二）学生群体的需求

丰富的图书资源：学生需要图书馆提供丰富多样的图书资源，包括教材、参考书、期刊、报纸等，以满足他们不同学科的学习需求。

电子资源和数据库：学生需要图书馆提供电子资源和数据库，方便他们在线查阅学术文献、期刊文章、报告等，并支持在线检索和下载。

舒适的学习环境：学生需要图书馆提供安静、舒适的学习环境，让他们能够专心致志地进行学习和阅读。此外，图书馆还应提供充足的座位、电源插座和无线网络等基础设施。

辅助服务与指导：学生希望图书馆能够提供各种辅助服务，如参考咨询、文献检索、文献传递等，以及学术指导和培训课程，帮助他们更好地利用图书馆资源。

合作学习空间：学生需要图书馆提供合适的合作学习空间，方便他们与同学一起讨论、分享学习经验、合作完成学术项目，促进学术交流与合作。

新兴技术支持：学生群体对于新兴技术的运用非常熟悉，希望图书馆能够提供现代化的设备和技术支持，如电子书籍阅读器、虚拟实验室、数字化资源等，以满足他们便捷获取知识的需求。

学科专业化服务：不同学科的学生在学习过程中有着不同的需求，图书馆应根据学科特点提供相应的服务，如提供特定学科的参考书籍、期刊，举办相关学科的讲座和研讨会等，以满足学生专业化的学习需求。

学生群体是图书馆最主要的用户之一，他们对于图书馆的特点与需求有着独特的方面。了解并满足学生群体的特点与需求，将有助于图书馆提供更好的服务，支持学生的学习和成长。通过提供丰富的图书资源、电子资源和数据库，舒适的学习环境，辅助服务与指导，合作学习空间，新兴技术支持以及学科专业化服务，图书馆可以满足学生群体多样化的学习需求，促进他们的学术发展和创新能力的培养。

二、职场人群

随着社会的发展和知识经济的兴起，职场人群对于图书馆的利用也日益增多。职场人群通常是成年人，他们在工作中需要获取各种信息、提升自身能力，并且有一定的时间和经济能力来利用图书馆。因此，了解职场人群的特点和需求，可以为图书馆提供更好的服务，满足他们的学习和发展需求。

（一）职场人群的特点

专业性强：职场人群通常在特定的行业或领域工作，需要不断更新专业知识和技能。他们希望通过图书馆获得与自己职业相关的书籍、期刊、报纸等资源，以便提升自己的专业素养和能力。

时间管理困难：职场人群由于工作繁忙，时间相对紧张。他们希望图书馆提供便捷的服务，如在线预约借阅、电子书籍下载等，以减少时间开销并提高效率。

信息获取需求：职场人群需要获取各类信息，包括市场动态、行业趋势、技术更新等。图书馆作为信息资源中心，应提供多样化的数据库和电子资源，满足职场人群对信息的准确、及时、全面性的需求。

自我提升意愿：职场人群追求个人成长和职业发展，他们愿意不断学习、提升自己的能力。图书馆需要提供相应的学习资源和培训课程，以满足职场人群对于自我提升的需求。

交流与合作需求：职场人群需要与同事、专家、合作伙伴等进行交流和合作，以获取更多的经验和知识。图书馆应提供合适的学习空间和设施，促进职场人群的交流与合作。

（二）职场人群的需求

丰富的专业图书资源：职场人群需要图书馆提供丰富、质量高的专业图书资源，涵盖各个行业和领域的书籍、期刊、报纸等。这些资源可以帮助他们深入了解行业发展、掌握专业技能。

电子资源和数据库：职场人群需要图书馆提供全面、可靠的电子资源和数据库，以满足他们对于信息的获取和研究需求。这些资源应包括行业报告、市场调研、法律法规、技术文献等。

学习培训服务：职场人群希望图书馆提供学习培训服务，如举办专业讲座、研讨会，开设职业技能培训课程等，帮助他们不断提升专业素养和职业能力。

个性化服务：职场人群对于个性化服务有一定的需求，如参考咨询、文献检索、信息推荐等。图书馆应根据职场人群的需求，提供个性化的咨询和支持，帮助他们更好地利用图书馆资源。

数字化工具支持：职场人群习惯使用数字化工具进行学习和工作，图书馆应提供相应的支持，包括电子书籍阅读器、远程访问数据库、在线学习平台等，便于职场人群随时随地获取所需信息。

合作学习空间：职场人群在学习过程中可能需要与同事、合作伙伴一起进行讨论和项目合作。图书馆应提供合适的合作学习空间，促进职场人群之间的交流与合作。

职业发展支持：职场人群对于职业发展有着长远的规划和期望，图书馆可以提供职业发展指导、就业信息、创业资源等支持，帮助他们实现自身的职业目标。

职场人群是图书馆的重要用户群体之一，了解他们的特点和需求，有助于图书馆提供更好的服务。通过提供丰富的专业图书资源、电子资源和数据库，学习培训服务，个性化服务，数字化工具支持，合作学习空间以及职业发展支持，图书馆可以满足职场人群的不同需求，促进他们在职业生涯中的学习、成长和提升。同时，注重用户体验和个性化服务，为职场人群提供便捷、高效的借阅和获取信息的服务，提升其对图书馆的满意度和忠诚度。

三、研究人员

图书馆作为知识传播与共享的重要场所，吸引着各类用户前来利用资源和服务。其中，研究人员作为图书馆的重要用户群体之一，其特点与需求对于图书馆的运营与发展具有重要影响。

（一）研究人员的特点

专业性强：研究人员通常从事深入的学术研究工作，对于特定领域的知识需求较高，需要针对性地获取相关资料。

信息需求广泛：研究人员在不同阶段的研究过程中，可能需要涉及多个学科领域的文献、数据和研究工具，对于信息的全面性和多样性有较高要求。

时间管理紧迫：研究人员通常面临项目周期紧张、期限限制等压力，因此他们对于快速准确地获取信息并进行高效利用的能力有较高需求。

学术交流合作：研究人员常常需要与其他研究者进行学术交流、合作研究，他们可能需要参加学术会议、组织研讨会等活动，希望图书馆提供相应的支持和资源。

持续学习需求：研究人员需要不断更新知识，关注学术前沿和最新研究成果，因此希望图书馆能够提供及时、全面的学术资源以满足他们的学习需求。

（二）研究人员的需求

丰富的数字资源：研究人员对于电子期刊、数据库、学术论文等具有高质量和广泛覆盖范围的数字资源有较高需求，希望图书馆能够订购并提供充足的访问权限。

高效的检索工具：研究人员对于快速准确地检索到所需资料的能力有较高要求，希望图书馆提供先进的图书馆管理系统和检索工具，方便他们进行文献检索与信息查询。

定制化服务：研究人员对于个性化需求有较高追求，希望图书馆能够根据他们的研究方向和兴趣提供定制化的服务，如专门开设学科导航、定期推送学术动态等。

学术支持与指导：研究人员在科研过程中可能遇到各种问题，希望图书馆能够提供学术支持与指导，如文献搜索、参考文献管理等方面的培训和咨询服务。

学术交流与合作支持：研究人员希望图书馆能够组织学术交流活动、学术讲座等，促进他们之间的交流与合作，并提供相关资源和设施支持。

数字化服务与开放获取：研究人员关注科研成果的开放获取与共享，希望图书馆能够提供数字化服务，支持他们进行数据管理、科研成果展示等工作。

（三）满足研究人员特点与需求的措施

为了满足研究人员的特点与需求，图书馆可以采取如下措施。

扩展数字资源：加大对高质量、广泛覆盖的电子期刊、数据库和学术论文的订购力度，提供更多的数字资源供研究人员使用。

提供高效检索工具：引入先进的图书馆管理系统和检索工具，提升研究人员的文献检索效率和准确性。

定制化服务：根据研究人员的研究方向和兴趣，开设专门的学科导航，定期推送相关学术动态，满足他们个性化的需求。

学术支持与指导：提供学术咨询和培训服务，帮助研究人员解决文献搜索、参考文献管理等方面的问题，提供学术写作指导和论文评审支持。

学术交流与合作支持：组织学术交流活动、学术讲座等，并提供相应的场地和设施支持，促进研究人员之间的交流与合作。

数字化服务与开放获取：建设科研数据管理平台，支持研究人员进行数据管理与共享；积极推动科研成果的开放获取，鼓励研究人员分享和传播科研成果。

加强学术团队合作：与研究机构、学术协会等建立合作关系，提供跨机构、跨学科合作的支持和资源。

建立学术导师制度：引入学术导师制度，为研究人员提供个别指导和支持，帮助他们在学术领域取得更好的成果。

通过以上措施，图书馆可以更好地满足研究人员的特点与需求，提供优质高效的服务，促进研究人员的学术研究工作，推动科学知识的传播与发展。

四、兴趣爱好者

图书馆作为一个开放的知识共享空间，吸引了各类用户，其中兴趣爱好者是非常重要的一群。他们有着特定的特点和需求，对图书馆提供的资源和服务有着独特的期待。

（一）兴趣爱好者的特点

多样性：兴趣爱好者涉及广泛的领域，包括但不限于文学、艺术、音乐、运动、手工艺等。他们对不同类型的信息和资源都有浓厚的兴趣。

自主性：兴趣爱好者在选择和追寻自己的兴趣爱好时具有较高的自主性。他们希望能够自由地选择符合自己喜好的资源和活动。

深入探索：兴趣爱好者对于自己感兴趣的领域有着深入的追求和探索欲望。他们渴望获取更多的相关知识和经验，不断扩展自己的兴趣领域。

社交交流：兴趣爱好者通常希望与其他志同道合的人进行交流和分享。他们希望能够通过图书馆提供的资源和活动结识其他兴趣爱好者，与他们交流心得和经验。

（二）兴趣爱好者的需求

多元的资源：图书馆应该提供多样化的资源，包括但不限于图书、音乐CD、电影DVD、杂志、艺术品展览等。这些资源可以满足兴趣爱好者对不同领域的需求。

活动和讲座：图书馆可以组织各种主题的活动和讲座，旨在满足兴趣爱好者对深入学习和交流的需求。例如，艺术工作坊、读书俱乐部、音乐表演等。

特色收藏：图书馆可以建立特色收藏，涵盖兴趣爱好者感兴趣的领域。比如，搭建手工艺品展示区、收集稀有的音乐专辑等，为兴趣爱好者提供独特的资源。

个性化推荐：通过了解兴趣爱好者的偏好和需求，图书馆可以提供个性化的推荐服务。例如，根据他们的借阅记录和评价，推荐相似主题的书籍、音乐或活动。

虚拟社区：建立一个兴趣爱好者的虚拟社区平台，让他们可以在线交流和分享。该平台可以提供讨论区、资源共享和活动信息发布等功能，促进兴趣爱好者之间的互动。

舒适的环境：图书馆应提供一个温馨、舒适的环境，让兴趣爱好者能够安静地阅读、借阅和参与活动。舒适的座位、安静的阅览区和充足的自然光线都是重要的考虑因素。

数字资源和服务：兴趣爱好者也希望能够在数字平台上获取相关资源和服务。图书馆可以提供电子图书、在线音乐和电影资源，以及数字化的兴趣爱好指南和学习资料。

合作伙伴关系：与相关机构和社群建立合作伙伴关系，共同举办活动和提供资源。比如，与艺术画廊合作举办艺术展览，与音乐学校合作举办音乐表演等。

通过满足兴趣爱好者的特点和需求，图书馆可以成为他们获取知识、深入探索兴趣、交流经验和结识志同道合的人的重要场所。这样，图书馆不仅能够吸引更多的兴趣爱好者，也能够促进文化、艺术和知识的传播与交流。

第二节　不同年龄段读者的阅读需求

一、儿童（3~12岁）

不同年龄段的读者有着不同的阅读需求，儿童（3~12岁）作为一个特殊群体，他们具有独特的认知和心理发展特点，对图书馆提供的资源和服务有着特定的期待和需求。

（一）儿童读者的特点

好奇心强：儿童处在探索世界的阶段，对周围事物充满好奇。他们渴望通过阅读来满足自己的好奇心，了解新鲜事物和知识。

想象力丰富：儿童拥有丰富的想象力，对故事情节和角色有着强烈的共鸣。他们喜欢阅读有趣的故事，并通过想象力融入其中，体验不同的冒险和情感。

短暂的注意力：相比成人读者，儿童的注意力更为短暂，难以连续阅读长篇大部头的图书。因此，他们更倾向于阅读简洁、富有互动性的内容。

多样化的阅读兴趣：儿童的阅读兴趣广泛，包括绘本故事、科学知识、动物世界、幽默笑话等。他们希望能够从图书馆获得多样化的阅读材料，满足不同领域的好奇心。

角色模仿和情感交流：儿童喜欢模仿书中的角色，并通过阅读与角色建立情感联系。他们希望找到与自己有共鸣的角色，并通过阅读与角色一起成长和体验冒险。

（二）儿童读者的需求

丰富多彩的绘本：绘本是儿童阅读的重要形式，图书馆应提供丰富多样的绘本，包括不同主题、风格和文化背景的绘本。绘本应具有生动的插图和简明易懂的文字，以吸引儿童的注意力。

有趣的故事和角色：图书馆的图书合集应该包括许多有趣、引人入胜的故事书，内容涵盖神秘冒险、友谊与成长、幽默故事等。这些故事应该有生动的情节和独特的角色，能够引发儿童的兴趣和想象力。

互动性阅读材料：为了满足儿童的好奇心和短暂的注意力，图书馆可以提供一些交互式的阅读材料，如弹出书、翻翻书、贴纸书等。这些材料能够吸引儿童的注意力，并激发他们的参与和想象力。

主题活动和阅读俱乐部：图书馆可以定期组织面向儿童的主题活动和阅读俱乐部，如故事时间、手工制作、艺术创作等。这样的活动可以让儿童在阅读的同时，与其他同龄人互动、分享和交流，增强他们对阅读的兴趣和参与度。

提供科普知识和百科全书：儿童对于科学知识和世界的好奇心很强，图书馆可以提供适合儿童阅读的科普知识书籍和百科全书。这些资源可以帮助儿童了解自然界、探索宇宙、认识动植物等。

数字资源和创意工具：随着科技的发展，图书馆可以提供数字资源和创意工具，如电子书和学习软件，让儿童能够以更多元化的方式进行阅读和学习。

安全舒适的阅读环境：为了吸引和留住儿童读者，图书馆应提供安全、舒适的阅读环境。例如，设置专门的儿童阅读区域，配备适合儿童使用的家具和设施，保证他们有良好的阅读体验。

家长引导和亲子活动：图书馆可以开展家长引导和亲子活动，提供家长与孩子一起阅读的机会。这样可以促进亲子关系，同时培养儿童的阅读习惯和兴趣。

通过满足儿童读者的特点和需求，图书馆能够成为他们阅读的天地，并在他们的成长中扮演重要的角色。提供丰富多样的阅读资源、有趣互动的活动和舒适安全的阅读环境，能够激发儿童对阅读的热爱，培养他们良好的阅读习惯和知识素养。

二、青少年（13～18岁）

不同年龄段的读者有着不同的阅读需求，青少年（13～18岁）作为一个特殊群体，他们正处在身心发展的关键阶段，对图书馆提供的资源和服务有着特定的期待和需求。

（一）青少年读者的特点

自我认知和探索：青少年正在建立自己的身份和价值观念，他们对自我认知和人生意义有着强烈的需求。通过阅读，他们希望能够深入了解自己和世界，探索个人兴趣和志向。

想象力与创造力：青少年拥有丰富的想象力和创造力，对文学作品和艺术表达有着浓厚的兴趣。他们渴望阅读启发他们的想象力，并提供创造性的思考和表达方式。

情感共鸣和成长经历：青少年经历着身心上的变化和情感上的波动，他们希望通过阅读与书中的角色建立情感共鸣，从中获得成长和启示。

社交与归属感：青少年渴望与同龄人进行社交和交流，希望找到志同道合的伙伴。图书馆可以提供机会让他们参与阅读俱乐部、文学讨论和其他社交活动，培养他们的社交能力和归属感。

多样化的阅读兴趣：青少年的阅读兴趣广泛，包括小说、科幻、奇幻、历史、社会问题、心理学等。图书馆应提供多样化的阅读材料，以满足青少年在不同领域的好奇心和需求。

（二）青少年读者的需求

丰富多彩的小说和文学作品：图书馆应该提供丰富多样的小说和文学作品，包括经典名著、当代文学、青春文学等。这些作品应该有深度的主题，能够引发青少年的思考和共鸣。

科普知识和实用手册：青少年对科学、技术和生活技巧有着浓厚的兴趣，图书馆可以提供科普知识书籍和实用手册，满足他们对知识的渴求和实践的需求。

心理发展和自我成长：青少年正处在身心发展的关键阶段，图书馆可以提供心理学、自助成长等方面的书籍，帮助他们了解自己、管理情绪，发展积极的心态和自信。

当代社会问题和全球议题：青少年对社会问题和全球议题有着强烈的关注，图书馆可以提供相关的书籍和杂志，帮助他们了解和思考当今社会的挑战和变化。

艺术和创造性表达：青少年对艺术和创造性表达有着浓厚的兴趣，图书馆可以提供绘画、音乐、写作等方面的书籍和资源，帮助他们发展艺术才能和创造力。

数字资源和新媒体素养：随着科技的不断进步，图书馆可以提供数字资源和新媒体素养培训，帮助青少年获取和利用在线文献、电子书籍、学术数据库等信息资源，并提高他们的信息素养和批判思维能力。

职业规划和大学准备：青少年正逐渐进入职业规划和大学准备的阶段，图书馆可以提供职业规划指导书籍、大学申请指南、考试准备资料等资源，帮助他们作出正确的选择和规划自己的未来。

主题活动和讲座：图书馆可以定期组织面向青少年的主题活动和讲座，包括作家见面会、文学讨论、科学实验等。这样的活动能够激发青少年的兴趣和参与度，并提供交流和学习的机会。

通过满足青少年读者的特点和需求，图书馆能够成为他们阅读和成长的重要支持者。提供丰富多样的阅读资源、有趣互动的活动和专业的指导，能够激发青少年的思考能力、创造力和社交能力，帮助他们成为全面发展的个体。

三、成人（19~40岁）

不同年龄段的读者在阅读需求上会有一定的差异，成人（19~40岁）阅读群体也不例外。下面是成人读者在阅读需求方面可能表现出的特点和偏好。

知识获取与自我提升：成人读者通常对获取新知识和自我提升感兴趣。他们可能倾向于阅读非小说类书籍，如科普、历史、心理学等领域的著作。这些读者可能希望通过阅读来扩大知识储备，了解世界各个领域的重要概念和发展动态。

职业发展与技能提升：在职场中，成人读者可能对职业发展和技能提升感兴趣。他们可能倾向于阅读与职业相关的书籍，如管理学、领导力、创业等方面的作品。这些读者可能希望从书籍中获得实用的职业建议和技能，以提高自己在工作中的竞争力。

情感与心理关怀：成人读者在阅读中也可能寻求情感支持和心理关怀。他们可能倾向于阅读自助与心理成长类书籍，如心理学、人际关系、情感管理等方面的作品。这些读者可能希望通过阅读来寻找心灵上的安慰和指导，提升自我认知和解决个人问题的能力。

文学与娱乐：除了专业领域的书籍，成人读者也可能对文学作品和娱乐阅读感兴趣。他们可能倾向于阅读小说、散文和诗歌等文学类作品，以放松心情和享受阅读的乐趣。这些读者可能希望通过阅读来探索不同的故事和世界，寻找逃离现实的美好体验。

科技与时事：成人读者通常对科技和时事新闻保持关注。他们可能倾向于阅读科技、社会政治和经济等方面的书籍，以了解最新的技术发展和社会动态。这些读者可能希望通过阅读来跟上时代的步伐，增强对当前社会议题的理解和分析能力。

四、中老年（40岁以上）

对于不同年龄段的读者，中老年（40岁以上）的阅读需求也会有一些独特的特点和偏好。以下是中老年读者在阅读需求方面可能呈现出的一些特点。

人生经验与智慧：中老年读者通常具有丰富的人生经验和知识积累，他们可能对探索更深入、思考更广泛的主题感兴趣。他们倾向于阅读能够传递智慧和引发思考的作品，如哲学、历史、自传等。

健康与养生：随着年龄的增长，中老年读者对健康和养生的关注程度也相应增加。他们可能希望通过阅读获取关于饮食、健身、心理健康等方面的信息和建议，以保持身体和心理的健康。

文学与情感：中老年读者可能对文学作品和情感类书籍有着浓厚的兴趣。他们倾向于阅读小说、散文、诗歌等文学类作品，以解读人生的情感体验，寻找共鸣和情感安慰。

历史与回忆：中老年读者对历史故事、回忆录等与过去相关的文学作品可能感兴趣。他们希望通过阅读了解一段段历史事件，或者通过回忆和回顾来重温自己的人生经历。

退休规划与兴趣培养：随着退休的临近，中老年读者可能对退休规划、兴趣爱好培养等方面的书籍感兴趣。他们希望在退休后能够充实自己的生活，发展新的兴趣爱好，并寻找到有关这方面的指导和建议。

旅行与探索：中老年读者通常有更多的时间和资源来进行旅行和探索。他们可能对旅行指南、地理科普、文化探索等主题的书籍感兴趣，以增加对世界的认知和体验不同的文化风情。

第三节 社会群体的阅读需求分析

一、图书馆用户特点的调查与分析方法

对于图书馆来说，了解和分析用户特点是非常重要的，因为这可以帮助图书馆更好地满足用户需求、提供个性化的服务和资源。下面将介绍一些调查与分析方法，以帮助图书馆获取有关用户特点的信息。

问卷调查：问卷调查是最常见也是最直接的收集用户特点的方法之一。通过设计针对用户的问卷调查，可以获取关于用户的基本信息（如年龄、性别、职业等）、阅读喜好、借书习惯、对图书馆服务的满意度等方面的数据。问卷可以以纸质形式或在线形式进行，根据实际情况选择适合的方式，并确保问题设计合理、简明扼要，以提高回复率。

分析图书馆系统数据：图书馆的借还记录、搜索记录等都是宝贵的数据资源。通过分析这些数据，可以了解用户对哪些类型的图书和资源更感兴趣，借阅的频率和借阅时长等信息。这些数据可以通过图书馆管理系统或其他统计工具进行处理和分析，从而得出关于用户行为和偏好的结论。

观察研究：通过观察用户在图书馆内的行为和互动，可以获取关于用户特点的定性数据。观察用户在图书馆内查阅书籍的主题、借阅时的行为举止、使用设备和工具等方面的行为，可以揭示用户的需求和偏好。此外，还可以通过与用户进行访谈，了解他们对图书馆服务的看法和建议。

用户群体分析：根据已有数据和调查结果，将用户划分成不同的群体，如年龄段、职业、兴趣爱好等维度。然后对每个群体进行深入研究，了解其特点、需求和行为模式。这种针对性的分析有助于图书馆提供更加个性化和精准的服务，满足不同用户群体的需求。

合作调研：与其他相关机构或学术研究团队合作进行调研，可以获得更全面和专业的数据和分析。与教育机构、社区组织、研究机构或大学合作，共同开展用户调查和分析项目，可以获得更深入的洞察和可靠的数据依据。

通过综合运用以上的调查与分析方法，图书馆可以全面了解用户的特点和需求。这将有助于图书馆制定更有效的服务策略、优化资源配置，提供更好的阅读体验，并满足不同用户群体的需求。同时，图书馆还应定期更新调查和分析，以跟踪用户变化和需求的演变，保持与用户的紧密联系和关注。

二、儿童读者的阅读需求和推广策略

儿童读者是图书馆中非常重要的用户群体，他们的阅读需求和推广策略对于图书馆来说至关重要。下面将探讨儿童读者的阅读需求以及针对儿童读者的推广策略。

（一）儿童读者的阅读需求

培养阅读兴趣：儿童读者需要通过阅读养成良好的阅读习惯和培养阅读兴趣。图书馆可以提供各种有趣、互动性强、适合儿童的绘本、图画书和故事书等，激发他们的阅读欲望。

扩展词汇量和语言能力：儿童读者的语言能力处于发展阶段，他们需要通过阅读来扩展词汇量、丰富语言表达能力。图书馆可以提供适合不同年龄段的儿童读者的分级读物，帮助他们逐步提高阅读能力。

启发想象力和创造力：儿童读者的想象力和创造力非常丰富，他们需要通过阅读来拓展思维，激发想象力。图书馆可以提供各类富有想象力的故事书、奇幻小说和绘本，帮助儿童读者开阔视野，培养创造力。

培养价值观和道德感：儿童读者需要通过阅读来接触不同的价值观和道德观念。图书馆可以选择适合儿童的优秀绘本和故事书，传递正能量，培养儿童道德观念和正确的价值观。

学习和认知发展：儿童读者在阅读中也可以获取知识和学习新的事物。图书馆可以提供丰富多样的非虚构类书籍、百科全书以及有趣的科普读物，满足他们对知识的好奇心。

（二）针对儿童读者的推广策略

举办主题活动：图书馆可以定期举办针对儿童的阅读推广活动，如亲子阅读分享会、绘画比赛、故事演讲等。这些活动可以吸引儿童及其家长参与，增加阅读的趣味性和互动性。

设立专区或角落：图书馆可以设置儿童读物专区或者阅读角落，提供舒适的环境和丰富的儿童读物。这样可以吸引儿童读者主动前来借阅，并培养他们的阅读习惯。

加强与学校合作：图书馆可以与学校建立紧密的合作关系，定期开展儿童读者的推广活动。通过与学校合作，将阅读推广融入课堂教学，鼓励儿童读者多去图书馆借阅书籍。

推荐精选书单：图书馆可以为儿童读者推荐精选书单，根据不同年龄段和兴趣爱好进行分类。这样能够帮助儿童读者更快地找到适合自己阅读的图书，并提高他们对图书馆的参与度。

创设互动体验：图书馆可以通过设置互动展示、游戏区或者数字阅读设备，为儿童读者创造更多的互动体验。例如，利用数字技术制作互动绘本和游戏，吸引儿童读者积极参与阅读。

推广阅读活动：图书馆可以定期举办阅读挑战活动、阅读俱乐部等，鼓励儿童读者积极参与阅读。同时，可以通过发放奖励、举办分享会等形式，增加儿童读者的参与度和积极性。

建立家庭阅读氛围：图书馆可以通过向家长提供阅读推荐、阅读指导和家庭阅读活动的支持，帮助家庭建立起良好的阅读氛围。家长的参与和引导对于培养儿童的阅读兴趣和习惯非常重要。

三、青少年读者的阅读需求和推广策略

青少年读者是图书馆中重要的用户群体之一，了解他们的阅读需求并采取相应的推广策略对于图书馆的发展至关重要。下面将探讨青少年读者的阅读需求以及针对他们的推广策略。

（一）青少年读者的阅读需求

自我认知和身份探索：青少年期是个人认知和身份探索的重要阶段，青少年读者希望通过阅读来寻找与自身成长、友情、家庭和身份认同有关的文学作品。图书馆可以提供多样化的青春文学、成长小说和相关主题的非虚构类书籍，满足青少年读者对于自我认知和身份探索的需求。

想象力和创造力培养：青少年读者的想象力和创造力非常丰富，他们渴望通过阅读拓展思维，并激发想象力。图书馆可以提供奇幻小说、科幻小说和悬疑推理等题材的书籍，引导青少年读者进入一个充满想象力的世界，培养他们的创造力。

情感共鸣和心理支持：青少年期常伴随着情绪波动和身心变化，青少年读者需要通过阅读寻找与自身经历和情感共鸣的作品，并获得情感上的支持。图书馆可以提供适合青少年读者的情感题材、现实主义小说和青春文学等作品，帮助他们理解和应对自己的情感困扰。

知识获取和学习兴趣：青少年读者对于知识获取和学习兴趣十分强烈，他们希望通过阅读来拓宽知识面和提升技能。图书馆可以提供丰富多样的非虚构类书籍、科普读物和社科人文类书籍，满足青少年读者对于知识获取和学习兴趣的需求。

社会意识和公民素养：青少年读者对于社会问题和公民素养的关注度逐渐增加，他们希望通过阅读了解社会现象、培养社会责任感和积极参与社会活动。图书馆可以提供

相关的社会议题、文化多样性和全球问题等书籍，引导青少年读者思考和关注社会问题。

（二）针对青少年读者的推广策略

举办读书分享会和讲座：图书馆可以定期邀请作家、知名人士或相关专业人士举办读书分享会和讲座活动。这些活动旨在为青少年读者提供与作者交流、书籍探讨的机会，并激发他们的阅读兴趣。

设置个性化推荐系统：图书馆可以通过建立个性化推荐系统，根据青少年读者的阅读记录和兴趣爱好，推荐适合他们阅读的书籍。这样能够帮助青少年读者更快地找到符合他们兴趣和阅读水平的图书，提高他们对图书馆的参与度。

开展读书俱乐部活动：图书馆可以组织青少年读者参加读书俱乐部活动。通过定期的讨论、交流和分享，激发他们对于阅读的热情，并培养他们的批判性思维和交流能力。

引入数字化阅读资源：针对喜欢使用数字设备的青少年读者，图书馆可以引入数字化阅读资源，提供电子书籍、在线杂志和数据库等。这样不仅满足了他们对于多样化阅读形式的需求，还方便他们随时随地获取图书馆的阅读资源。

举办文学比赛和写作活动：图书馆可以组织青少年读者参加文学比赛和写作活动，鼓励他们发挥创造力和表达能力。通过这些活动，激发他们对于文学创作的兴趣，培养他们的写作技巧和批判性思维。

加强社交媒体推广：考虑到青少年读者普遍使用社交媒体，图书馆可以加强在社交媒体平台上的推广，通过发布关于阅读、书评、推荐等内容，吸引青少年读者的关注和参与。

与学校和家长合作：图书馆可以与学校和家长建立紧密的合作关系，共同关注青少年读者的阅读需求。与学校合作可以开展阅读推广活动和课外阅读辅导，与家长合作可以提供阅读指导和家庭阅读活动的支持，共同培养青少年读者的阅读习惯和兴趣。

四、成人读者的阅读需求和推广策略

成人读者是图书馆中的重要用户群体，了解他们的阅读需求并采取相应的推广策略对于图书馆的发展至关重要。下面将探讨成人读者的阅读需求以及针对他们的推广策略。

（一）成人读者的阅读需求

知识获取和学习兴趣：成人读者希望通过阅读来获取知识、提升技能和拓宽视野。他们对于各种学科领域的书籍、专业知识的深入了解和实用技巧的学习感兴趣。图书馆可以提供丰富多样的非虚构类书籍、学术期刊和专业杂志，满足成人读者对于知识获取和学习兴趣的需求。

文学艺术欣赏和情感寄托：成人读者还希望通过阅读来进行文学艺术欣赏、情感寄托和心灵抒发。他们渴望与优秀的文学作品和艺术创作互动，通过阅读来理解人生、审视自我、感悟人情世故。图书馆可以提供文学小说、诗歌集、艺术评论和心灵成长类书籍，满足成人读者对于文学艺术欣赏和情感寄托的需求。

健康生活和心身调适：成人读者关注健康生活和心身调适，他们希望通过阅读了解健康知识、养生方法和心理调节技巧。图书馆可以提供健康保健类书籍、心理学读物和运动健身指南，帮助成人读者改善生活方式、维护身心健康。

社会科学与人文关怀：成人读者对于社会科学和人文关怀的领域表现出浓厚的兴趣。他们希望通过阅读了解社会问题、历史事件和人文价值。图书馆可以提供社科人文类书籍、时事评论和人文关怀读物，满足成人读者对于社会科学与人文关怀的需求。

职业发展和个人成长：成人读者渴望通过阅读来提升职业技能、实现个人成长和追求人生目标。他们对于职业发展类书籍、创业经验和领导力培养等方面的书籍感兴趣。图书馆可以提供职业发展类书籍、自助成长指南和人生哲学读物，满足成人读者对于职业发展和个人成长的需求。

（二）针对成人读者的推广策略

举办讲座和专题活动：图书馆可以邀请专家学者或相关领域的知名人士举办讲座和专题活动，围绕成人读者的阅读需求提供深入探讨和交流的机会。通过这些活动，激发成人读者的阅读兴趣，拓宽他们的视野。

设置主题展示和推荐：图书馆可以设计主题展示区，根据不同成人读者的阅读需求，定期展示相关主题的书籍和资源。同时，图书馆工作人员可以根据成人读者的兴趣和借阅记录，为他们提供个性化的书籍推荐和阅读指导。

开展读书俱乐部和讨论活动：图书馆可以组织成人读者参加读书俱乐部或者开展讨论活动。通过定期的小组讨论、交流和分享，激发成人读者对于阅读的热情，增进彼此之间的思想碰撞和交流，培养批判性思维和交流能力。

引入数字化阅读资源：针对喜欢使用数字设备的成人读者，图书馆可以引入数字化阅读资源，提供电子书籍、在线杂志和数据库等。这样不仅满足了他们对于多样化阅读形式的需求，还方便他们随时随地获取图书馆的阅读资源。

举办专业培训和讲座：图书馆可以邀请专业机构和从业人员举办职业发展培训和讲座，帮助成人读者提升职业技能、拓宽视野和掌握最新的行业动态。这些培训和讲座可以围绕成人读者关注的领域，提供实用的知识和经验分享。

　　加强社交媒体推广：考虑到成人读者普遍使用社交媒体，图书馆可以加强在社交媒体平台上的推广，通过发布关于阅读、书评、推荐等内容，吸引成人读者的关注和参与。同时，也可以利用社交媒体平台进行读者互动和在线问答，进一步促进成人读者的阅读兴趣和参与度。

　　合作联动推广：图书馆可以与其他机构、组织或社区建立紧密的合作关系，共同关注成人读者的阅读需求。与学校、企事业单位、社区进行合作来开展阅读推广活动、举办讲座和培训；与出版社、书店合作可以提供优惠购书、作家见面会等服务，扩大推广的影响力和受众范围。

五、老年读者的阅读需求和推广策略

　　随着社会的发展和人口老龄化趋势的加剧，图书馆作为一个重要的文化教育机构，不仅需要满足年轻人的阅读需求，也需要重视并研究老年读者的阅读需求。老年读者在阅读上有着特殊的需求和偏好，因此图书馆应该制定相应的推广策略来满足他们的需求。

　　（一）老年读者的阅读需求

　　老年读者在阅读上具有以下几个特点和需求。

　　知识追求和兴趣拓展：许多老年读者退休之后仍然保持了对知识的追求和兴趣的拓展，希望通过阅读获取新的知识和信息，丰富自己的精神生活。

　　心理慰藉和情感共鸣：老年人常常面临离别、孤独等问题，他们更容易通过阅读获得心理慰藉和情感共鸣。

　　思维训练和智力锻炼：阅读是一种良好的思维训练和智力锻炼方式，老年读者希望通过阅读来保持头脑的活跃，并延缓衰老。

　　文化传承和历史回顾：许多老年人对于传统文化和历史有着浓厚的兴趣，他们希望通过阅读了解和传承优秀的文化遗产。

　　（二）推广策略

　　为了满足老年读者的阅读需求，图书馆可以采取以下推广策略。

　　书目丰富多样：图书馆应该增加老年读者关注的书籍类别，包括人文社科、艺术、历史、文学作品等，以满足他们的知识追求和兴趣拓展。

　　组织阅读俱乐部和讲座：图书馆可以组织老年读者阅读俱乐部和讲座活动，提供一个交流和分享的平台，让老年读者能够互相启发、交流心得和体验阅读的乐趣。

　　数字化服务和便捷借阅：随着科技的发展，图书馆应该提供数字化服务，如电子书借阅、在线阅读等，方便老年读者随时随地获取所需的阅读资源。

开展主题展览和文化活动：图书馆可以定期举办针对老年读者的主题展览和文化活动，通过展示特定的历史文物、艺术品或者相关主题的书籍，吸引老年读者参与，并激发他们对于相关主题的兴趣。

提供个性化服务：图书馆应该关注老年读者的个体差异，提供个性化的服务，如增设休息区域、扩大字体大小选择、辅助阅读工具等，让老年读者更加舒适地进行阅读。

建立志愿者队伍：图书馆可以招募并培训一支专门为老年读者服务的志愿者队伍。这些志愿者可以帮助老年读者寻找适合他们阅读需求的书籍，提供技术支持和指导，并与他们进行互动交流。

加强宣传和推广：通过各种渠道增加老年读者对图书馆资源和服务的了解，如在社区报刊、电视台、社交媒体等平台上发布相关信息和活动，提高老年读者对图书馆的关注度。

合作与联动：图书馆可以与养老院、社区中心等机构建立合作关系，共同开展针对老年人的阅读推广活动。通过联动的方式能够更好地覆盖目标群体并提供更广泛的服务。

定期调研和反馈：图书馆应定期开展老年读者需求调研，了解他们的阅读需求和意见反馈，并根据调研结果及时调整推广策略和服务内容，以更好地满足他们的需求。

六、学生群体的阅读需求和推广策略

随着教育的普及和学生群体的不断扩大，图书馆作为一个重要的阅读资源和学习场所，有责任满足学生群体的阅读需求，并制定相应的推广策略来吸引他们积极参与阅读活动。了解学生群体的阅读需求，有针对性地开展推广活动，可以帮助他们培养良好的阅读习惯和提高学术成绩。

（一）学生群体的阅读需求

学生群体在阅读上具有以下几个特点和需求。

学习辅助：学生通过阅读能够获取到更多的知识、学习技巧和经验，从而提升学业成绩和学习能力。

兴趣培养：学生对于自己感兴趣的领域或者题材有着强烈的好奇心和探索欲望，期望通过阅读深入了解、拓展兴趣。

思维发展：阅读是学生进行思维训练和思考的重要方式，帮助他们培养批判性思维、逻辑思维和创造性思维能力。

情感抒发：学生在阅读中寻找情感共鸣，通过文学作品等渠道来反思自身、理解他人，并获得情感上的满足。

自我成长：阅读能够帮助学生进行自我反思和个人成长，提高他们的素养和综合能力。

（二）推广策略

为了满足学生群体的阅读需求，图书馆可以采取以下推广策略。

丰富多样的图书馆藏书：图书馆应根据学生的年龄和学科需求，提供丰富多样的图书馆藏书，包括教材、参考书、经典文学作品、科普读物、儿童文学等，以满足学生的学习和兴趣需求。

开展主题阅读活动：图书馆可以定期组织主题阅读活动，如暑期阅读俱乐部、作家见面会、阅读分享会等。通过这些活动，激发学生的阅读热情，增强他们的兴趣和参与度。

数字资源和科技支持：图书馆应提供数字资源和科技支持，如电子书、在线数据库、学术期刊等，方便学生随时随地获取所需的阅读材料和资讯。同时，图书馆可以举办线上讲座或培训，教授学生如何利用科技工具进行阅读和研究。

开放合作空间：图书馆应提供舒适的学习环境和合作空间，为学生提供自主学习的场所。例如，设置静音区域、讨论室、创客空间等，以满足不同学习需求和学习方式。

推广阅读社交媒体：借助社交媒体的力量，图书馆可以在各大社交媒体平台上推广阅读活动和资源，如建立图书馆的官方微博、微信公众号等，定期发布阅读推荐、书评、学习技巧等内容，与学生群体进行互动交流，引导他们参与到图书馆的阅读活动中。

合作与联动：图书馆可以与学校、教育机构以及相关社区组织建立合作关系，共同开展针对学生的阅读推广活动。通过联动的方式，能够更好地覆盖目标群体并提供更广泛的服务。

个性化服务：图书馆应根据学生的个体差异，提供个性化的阅读服务。例如，增设青少年阅读专区、设置特定主题的图书陈列、开设阅读推荐咨询服务等，让学生能够更容易找到符合自己需求的阅读材料。

定期调研和反馈：图书馆应定期开展学生群体的阅读需求调研，了解他们的阅读兴趣和意见反馈，并根据调研结果及时调整推广策略和服务内容，以更好地满足他们的需求。

七、工作人员群体的阅读需求和推广策略

（一）工作人员群体的阅读需求

职业相关性：工作人员希望能够获取与自身职业相关的专业知识和技能，以提高工作竞争力。

职业发展：工作人员渴望了解行业前沿动态、学习职场软技能和个人成长经验，以促进自己的职业发展。

兴趣爱好：工作繁忙的人也有一定的消遣时间，他们希望通过阅读书籍、小说、杂志等来满足兴趣爱好和放松心情。

（二）推广策略

1.网络推广

创建专业网站或博客：提供职业相关的文章、教程和案例分析，吸引工作人员访问并获取实用知识。

社交媒体营销：通过社交平台（如 Linkedin、微信公众号等）分享行业动态、职场技巧和推荐读物，增加阅读兴趣和传播效果。

在线论坛互动：参与与特定职业或行业相关的在线论坛和社区，提供有价值的阅读资源并与读者互动。

2.合作推广

与企业合作：与具有共同目标或产品定位的企业合作，共同推出优惠活动、文章合集等，互相促进阅读需求和品牌曝光。

与作者合作：与知名专家、作家或行业领袖合作，邀请他们撰写专栏、举办线上讲座或签售会，提高读者对阅读资源的关注度。

3.个性化推广

数据分析应用：通过数据分析工具，了解读者喜好和阅读习惯，精准推送相关内容，提高阅读率和用户满意度。

定制化服务：根据读者的职业需求和兴趣爱好，提供个性化的订阅服务，帮助他们快速找到自己感兴趣的内容。

理解工作人员群体的阅读需求，并采用相应的推广策略，将有效提高阅读率和推广效果。通过网络推广、合作推广和个性化推广等手段，能够满足工作人员对于专业知识、职业发展和个人兴趣的需求，促进他们在工作与生活中的全面提升。

八、社区群体的阅读需求和推广策略

随着社交媒体的兴起和互联网的普及，社区群体的阅读需求已经发生了很大的变化。传统出版物的销售逐渐下滑，而在线阅读和电子书籍的需求不断增加。了解社区群体的阅读需求，并制定相应的推广策略，对于出版商、作家和阅读平台来说至关重要。

（一）社区群体的阅读需求

社区群体的阅读需求可以分为以下几个方面。

便利性和即时性：社区群体希望能够随时随地通过手机、平板电脑等设备进行阅读，无论是在公共交通工具上、工作间隙还是在家中。

多样化的内容：社区群体对于阅读内容的需求非常多样化，包括小说、非虚构作品、自助、心理学、健康、旅行、历史、科学等各个领域。因此，出版商和阅读平台需要为社区群体提供丰富多样的阅读选择。

个性化推荐：社区群体更加注重个性化阅读体验，希望能够根据自己的兴趣爱好和阅读习惯，得到精准的推荐书籍或文章。

社交互动：社区群体喜欢与其他读者分享阅读心得、评论和推荐。他们希望能够参与到一个具有社交功能的阅读平台中，与其他读者互动交流。

（二）推广策略

为了满足社区群体的阅读需求，并吸引更多读者加入阅读社区中，以下是一些推广策略。

建立个性化推荐系统：利用人工智能和大数据技术，建立个性化推荐系统，根据用户的阅读历史、兴趣爱好和行为模式，提供精准的书籍或文章推荐。

提供多样化的内容：与不同领域的作家合作，提供丰富多样的阅读内容，满足社区群体的多种阅读需求。

创建社交互动平台：开发一个具有社交功能的阅读平台，让读者可以在上面与其他读者分享阅读心得、评论和推荐，增强读者之间的互动和交流。

开展线上线下活动：通过组织线上线下的读书俱乐部、作家见面会、阅读分享会等活动，增强读者的参与感和归属感，提高社区群体的忠诚度。

营销和推广合作：与社交平台、媒体和其他相关机构合作，进行联合营销和推广，扩大阅读社区的影响力和知名度。

优化移动阅读体验：确保阅读平台在移动设备上的兼容性和易用性，提供便捷的移动阅读体验，满足社区群体对于便利性和即时性的需求。

定期推出促销活动：定期推出促销活动，包括打折、赠送优惠券或免费试读等，吸引更多社区群体加入阅读，并提高他们的消费意愿。

与知名作家合作：与知名作家或专家进行合作，举办线上线下的讲座、写作工作坊、签售活动等，吸引更多读者的关注和参与。

投放广告和宣传：利用社交媒体、搜索引擎和其他在线渠道，投放广告和宣传推广阅读社区，增加曝光度和用户转化率。

建立阅读品牌形象：通过精心设计的品牌标识、网站和移动应用界面，以及有质量保证的阅读内容，建立起一个独特的阅读品牌形象，提高社区群体的信任和忠诚度。

九、弱势群体的阅读需求和推广策略

（一）弱势群体的阅读需求

弱势群体是指那些由于社会、经济、文化等多种因素所限制，无法获得优质教育和资源的人群。针对这一群体的阅读需求，我们需要考虑以下几个方面。

1.提供易读性高的图书

弱势群体中包括很多初学者、非母语者和认知障碍者等。为了满足他们的阅读需求，图书馆应该提供易读性高的图书，包括简单易懂的文字和大量插图。此外，可以选择一些有声读物或电子书籍来帮助他们更好地理解内容。

2.引导兴趣爱好的阅读材料

每个人都有自己的兴趣爱好，而阅读正是一个培养兴趣和开展探索的好方式。针对弱势群体，图书馆可以提供各种类型的阅读材料，以满足他们的兴趣和需求，比如小说、漫画、科普读物等。此外，还可以定期举办讲座和读书分享会，帮助他们发现自己的兴趣，并深入了解相关领域。

3.提供教育类图书和资料

弱势群体通常面临着教育资源不足的问题。图书馆可以提供教育类图书和资料，包括课本、参考书、学习辅导等，以满足他们学习的需求。此外，利用图书馆的多媒体设备，可以提供在线教育资源，比如视频教程、在线课程等，帮助他们获得更广泛的学习机会。

（二）推广策略

为了让弱势群体能够更好地利用图书馆资源，我们需要采取一些推广策略，增加他们对阅读的兴趣和参与度。

1.社区合作与宣传

通过与社区组织、学校、福利机构等建立合作关系，图书馆可以扩大影响力并提升知名度。可以开展一些宣传活动，如举办读书分享会、文化展览、阅读活动等，吸引弱势群体的参与。同时，在社区内进行定期宣传，如发放宣传册、张贴海报等，让更多的人了解图书馆的资源和服务。

2.提供个性化的服务

针对弱势群体的特殊需求，图书馆可以提供个性化的服务。比如，设置专门的阅读角落或区域，为认知障碍者提供安静的环境；开展有声读物服务，帮助视觉障碍者获取图书信息；设立多语种图书区，方便非母语者阅读。通过这些服务，能够让弱势群体感受到图书馆的关心和关注，增加他们的参与度和满意度。

3.创新科技应用

借助信息技术的发展，图书馆可以提供创新的科技应用，以吸引和服务弱势群体。例如，开发图书馆 APP 或网站，方便用户在线搜索、借阅和预约图书；提供电子书籍和有声读物的下载和访问服务，让用户能够随时随地进行阅读；利用社交媒体平台，传播图书馆的资源和活动信息，吸引更多的关注和参与。

4.建立导读和辅导机制

对于初学者和非母语者等弱势群体，图书馆可以建立导读和辅导机制。通过培训专门的导读员和志愿者，为他们提供个性化的阅读指导和学习辅导，帮助他们更好地理解和利用图书馆的资源。此外，还可定期举办相关培训和工作坊，提升他们的阅读和学习能力。

针对弱势群体的阅读需求，图书馆可以通过提供易读性高的图书、可引发兴趣爱好的阅读材料、提供教育类图书和资料等方式满足他们的需求。同时，采取社区合作与宣传、提供个性化的服务、创新科技应用和建立导读和辅导机制等推广策略，增加他们对阅读的兴趣和参与度。通过这些举措，图书馆可以更好地满足弱势群体的阅读需求，并为他们提供更广泛的学习和发展机会。

第五章　图书馆阅读环境建设

第一节　图书馆空间规划与布局

一、图书馆建筑设计

图书馆建筑设计是根据城市规划、学校或机构的规模、读者群体等因素来确定选址和规模的。选址首先要考虑到方便读者的交通，如靠近公共交通站点或主要道路，以提供便利的访问。此外，也需要考虑周围环境的安静与和谐，避免嘈杂的区域和容易受到干扰的地点。

图书馆的规模应该根据预计读者数量和馆藏量来确定。如果是一个大型城市图书馆，可能需要更多的空间来容纳大量的书籍和读者。而对于学校图书馆或小型社区图书馆，则可以相应减小规模。除了读者数量和馆藏量，还要考虑未来的发展需求，以避免在短期内就面临空间不足的问题。

在建筑风格方面，需要考虑与周围环境和文化氛围的协调。如果图书馆位于历史悠久的地区，可以选择传统的建筑风格，以保持与周围建筑的统一性。如果图书馆位于现代城市中心，可以选择具有现代感的建筑风格，与周围的高楼大厦相得益彰。当然，也可以考虑将传统和现代元素结合起来，创造出独特而具有吸引力的建筑风格。

内部布局是图书馆设计中非常重要的一部分。它应该充分考虑到读者的需求和舒适度。借阅区应该设置在进入图书馆后方便找到的位置，方便读者办理借阅手续。阅读区应提供舒适的座位和宽敞的空间，以供读者长时间阅读和学习。多媒体区可以提供电脑、音频设备等，让读者进行多媒体学习和娱乐。讨论室可以用于小组学习和讨论。此外，还可以设置独立的静音区域，以满足那些需要安静环境的读者需求。

在内部布局上，要注意空间的有效利用和功能的完善。可以采用开放式的设计，使不同功能区域之间流畅连接，同时也要考虑隐私和独立性的需求。灵活的家具和可移动的隔断可以为不同的使用需求提供适应性。

总之，图书馆建筑设计要考虑选址与规模、建筑风格和内部布局等因素。通过合理的规划与设计，可以为读者提供一个舒适、宜人的学习和阅读环境，促进知识传播和文化交流。

二、图书馆室内设计

图书馆室内设计是为了创造一个舒适、温馨的阅读环境，使读者能够愉快地享受阅读和学习的过程。以下是在图书馆室内设计中需要考虑的几个方面。

色彩与光线：合理运用色彩和光线可以对图书馆的氛围产生重要影响。选择柔和、自然的色彩，如浅蓝、淡绿和米白色等，可以给人带来安静、放松的感觉。同时，要注意光线的设计和布置，保证室内采光良好。大窗户和天窗可以引入自然光，提供舒适的阅读环境。

家具与设备：选择舒适、实用的家具是确保读者在图书馆内有良好体验的关键因素之一。阅读区应配备符合人体工学的座椅和桌子，以提供舒适的坐姿和阅读条件。此外，还可以设置一些休闲区域，如沙发和躺椅，让读者有更多的选择和放松的空间。同时，配置先进的设备也很重要，如电脑、打印机、扫描仪等，方便读者进行电子资源的检索和使用。

绿化与装饰：通过绿化和装饰物的运用，可以为图书馆创造宁静、雅致的空间氛围。可以在室内设置一些盆栽植物，以增加自然元素和提供清新的空气。同时，在空间的墙壁上可以挂上一些艺术画作或摄影作品，以增添趣味和美感。此外，选择适当的软装饰，如窗帘、地毯和抱枕等，也能有效提升整体的舒适度。

储藏与展示：为了保持图书馆的整洁和有序，需要合理规划储藏和展示区域。图书馆通常会有大量的书籍和资料需要存放，因此要设计适当的书架和储藏空间。可以根据不同类别和主题进行分类，方便读者查找和借阅。此外，还可以设置一些展示柜或展示墙，用于展示特定的书籍、文物或学生的创作作品，营造更丰富多样的学习氛围。

总之，图书馆室内设计应注重色彩与光线、家具与设备、绿化与装饰以及储藏与展示等方面的考虑。通过合理的设计和布置，可以创造一个舒适、宁静的阅读空间，提供良好的学习环境，满足读者的需求和期望。

第二节 图书馆数字化服务与技术支持

一、图书馆建筑设计

图书馆是一种重要的文化设施，不仅提供了阅读和学习的场所，还承载着社会教育和文化传承的使命。因此，在图书馆的建筑设计中，需要考虑到功能性、美观性和可持续性等多个方面。

（一）功能性

在图书馆的建筑设计中，功能性是最基本的考虑因素之一。图书馆需要提供舒适的阅读环境，便捷的书籍存取方式，以及适合各类读者使用的空间布局。

首先，图书馆应该有充足的自然光线和良好的通风系统，以提供舒适的阅读环境。设计师可以通过大面积的窗户、天窗和庭院等手段，引入自然光线，并合理设置通风设备，确保室内空气流通。

其次，图书的存放和取阅应该方便快捷。设计师可以采用开放式书架，将书籍分类摆放，并提供导航指引，使读者能够快速找到所需图书。此外，应设置自助借还书机、电子搜索系统等设备，提高图书借还的效率。

另外，图书馆的空间布局也需要合理规划。除了提供读者阅读的主要区域，还应设置独立的学习区、讨论区、多媒体区等，以满足不同读者的需求。此外，考虑到残障人士的特殊需求，图书馆应该提供无障碍设施，如坡道、电梯和无障碍卫生间等。

（二）美观性

外观设计：外观设计是图书馆吸引读者的第一印象。设计师应该考虑与周围环境的协调，选择适合的外立面材料和设计元素。根据图书馆所处的地理位置和建筑风格，可以使用现代或传统的设计风格，并注重细节处理，如立面细节、窗户设计等。同时，外部景观的设计也应与建筑整体风格相呼应，如绿化、雕塑等，以创造一个宜人的环境。

内部空间设计：内部空间设计是提供舒适感和良好阅读体验的关键。色彩、材质和灯光的运用可以创造出温馨而具有艺术感的氛围。例如，选择柔和的色调和舒适的家具，利用自然光和合适的照明来营造宜人的环境。此外，对于公共空间的布局，应注重流线和视觉效果，使人们在其中有愉悦的体验。提供舒适的座位、宽敞的阅读区域以及方便的书架布局，可以增加读者的满意度。

细节处理：图书馆建筑设计中的细节处理是体现美观性的关键之一。合理安排座位、桌子和书架的布局，可以提高空间的使用效率和舒适度。选择舒适的家具和装饰品，如柔软的座椅和装饰画，可以增添温馨感。注重细节的装修，如精心设计的地板、天花板和墙壁，可以提升整体的美观程度。

总的来说，图书馆建筑设计中的外观、内部空间及细节处理其美观性都起着至关重要的作用。一个美观的图书馆能够吸引更多读者前来，并提升城市的形象。通过与周围环境协调、创造舒适的内部空间和注重细节处理，可以打造一个令人愉悦的阅读环境。

（三）可持续性

可持续性是现代建筑设计的重要原则之一，也应在图书馆的建筑设计中得到应用。可持续设计可以减少对环境的不良影响，提高能源利用效率，并为读者提供健康的室内环境。

首先，图书馆的建筑设计应考虑节能和环保。设计师可以在建筑外墙采用保温材料，以减少热量的传递和能源的消耗。同时，在室内设置节能照明系统和智能控制系统，以便根据需求自动调整光照和温度。

其次，水资源的合理利用也是可持续设计的一部分。设计师可以采集雨水并加以利用，如冲厕、浇灌等。此外，还应合理安排排水系统，避免浪费和污染水资源。

另外，图书馆的建筑材料应考虑环保性。设计师可以选择低碳排放的建筑材料，如可再生材料、回收材料等。同时，在装修过程中，应尽量避免使用有害物质，以减少对人体健康和环境的影响。

最后，图书馆的室内空气质量也应得到关注。设计师应合理设计通风系统，并确保室内空气流通和过滤。此外，还应选择环保的家具和装饰材料，减少室内有害气体的释放。

综上所述，图书馆建筑设计需要考虑功能性、美观性和可持续性等多个方面。功能性要求图书馆提供舒适的阅读环境和便捷的书籍存取方式；美观性要求图书馆在外观和内部空间设计上具有艺术感和美感；可持续性要求图书馆在节能、环保和室内环境质量上达到可持续发展的目标。这些因素的综合考虑可以创造出一座优秀的图书馆建筑，为读者提供良好的学习和阅读体验，同时也促进城市的文化发展。

二、图书馆室内设计

图书馆是一个重要的文化机构，为读者提供了学习、研究和阅读的场所。在图书馆室内设计中，借助合理的布局、舒适的家具、适宜的照明和吸引人的装饰等手段，可以创造出一个愉悦、高效和多功能的环境。下面将详细介绍图书馆室内设计的各个方面。

首先，空间规划与布局是图书馆室内设计的基础。图书馆通常包含主阅览区、学习区、讨论区、儿童区和多媒体区等不同功能区域。在规划时，需要考虑读者流量、使用需求和空间利用率等因素。主阅览区应该宽敞明亮，提供足够的座位和书架；学习区应该安静舒适，配备适宜的桌椅和电源设施；讨论区应该具有良好的隔音效果，方便读者交流和合作；儿童区应该色彩明快、富有趣味性，并设置适合儿童活动的家具和设备；多媒体区则需要配置适当的电脑、音响和投影设备。通过合理的布局，可以使不同区域相互协调，读者可以根据自己的需求选择适宜的区域。

其次，家具与设备的选择对图书馆室内设计至关重要。家具的舒适性和功能性是主要考虑因素之一。阅读桌应该宽敞稳固，高度和角度适中；座位应该柔软舒适，并提供足够的支撑；书架应该结构稳定，方便读者取书。此外，还可以根据需求设置电脑桌、多媒体设备、会议桌等。在家具的选择上，应注重使用寿命和易清洁性，同时也要考虑美观与环保。

照明设计也是图书馆室内设计的重要组成部分。良好的照明能够提高读者的视觉舒适度和注意力集中程度。图书馆室内设计中，应充分利用自然光线，通过大窗户、天窗等方式引入充足的自然光。此外，人工光源也需要合理配置，以补充自然光。在照明灯具的选择上，应考虑到照明亮度、色温和色彩还原度等因素，以提供舒适和合适的阅读环境。同时，应该设计合理的灯光控制系统，方便调节照明亮度和色温。

色彩和材料选择对图书馆室内设计起着重要的影响。色彩可以创造出不同的氛围和情绪，对读者的心理感受有一定的影响。在图书馆室内设计中，应选择柔和、温暖的色调，如淡蓝、米黄、浅绿等，以营造出轻松、安静的阅读氛围。此外，材料的选择非常关重要。地面材料应具备耐磨、易清洁的特点；家具材料应具备舒适、环保的特点；墙面和天花板材料应具有良好的吸音性能，以减少噪音的传播。在选择材料时，还要考虑到其耐久性和安全性。

艺术品和装饰也是图书馆室内设计的重要组成部分。艺术品和装饰可以为图书馆增添个性和魅力，丰富读者的阅读体验。可以通过展示绘画、摄影作品、雕塑等艺术品，以及挂画、壁纸、装饰灯具等装饰物来实现。同时，还可以通过布置绿植、设置休息区等方式，为图书馆创造出宜人的自然氛围。

最后，可持续性设计是图书馆室内设计中的一个重要考虑因素。图书馆作为公共场所，应积极关注环保和可持续发展。在室内设计中，可以采用节能灯具、智能照明系统、节水设备等，以降低能耗。同时，应使用环保材料，如可回收材料、低 VOC 涂料等，减少对环境的影响。此外，可以设计合理的废物分类系统，鼓励读者参与环保行动。

综上所述，图书馆室内设计是一个综合性的任务，需要考虑空间规划、家具选择、照明设计、色彩和材料选择、艺术品和装饰，以及可持续性等方面。通过科学合理地设计和布置，可以为读者创造一个舒适、高效和多功能的阅读环境，提升图书馆的使用价值和吸引力。同时，也要积极关注环保和可持续发展，为社会和环境作出贡献。

第六章　阅读文化建设

第一节　阅读文化的概念与特征

一、阅读文化的定义

阅读文化是指一个社会或一个群体对阅读的普及、推崇和重视程度，以及与阅读相关的价值观、习惯和行为方式。它不仅包括个人的阅读能力和习惯，也涉及整个社会对阅读的认知和培养。

阅读文化的定义可以从多个角度来考虑。首先，阅读文化是一种价值观。它强调知识的重要性，鼓励人们通过阅读获取信息、扩展思维、提升素养。阅读被视为一种富有启发性、开放性和智慧性的活动，在社会中享有高度的声誉和地位。

其次，阅读文化是一种习惯。它指的是人们通过日常生活中的阅读活动来获取信息、娱乐和自我提升。阅读可以包括阅读书籍、报纸、杂志、网络文章、电子书等多种形式，反映了人们对文字材料的广泛接触和运用。

再次，阅读文化还涉及教育和社会机构的参与。学校、图书馆、出版社等机构在传播和培养阅读文化方面起着重要的作用。学校通过课程设置和阅读活动来培养学生的阅读兴趣和能力；图书馆提供丰富的图书资源和服务，为读者提供良好的阅读环境；出版社通过出版优质的图书和文化产品满足读者的需求。

阅读文化对个人和社会具有多方面的影响。首先，阅读文化可以丰富个人的知识和视野。通过阅读，人们可以了解到各种学科领域的知识，掌握不同的思维方式和观点，拓展自己的认知边界。

其次，阅读文化有助于提升个人的语言表达和沟通能力。阅读可以帮助人们积累词汇量、提高语言理解和运用的能力，使得个体在交流和表达中更加准确、流畅和富有说服力。

再次，阅读文化还培养了人们的批判思维和创造力。通过阅读不同类型的作品，人们可以学习到不同的观点和逻辑，培养自己的思辨能力和鉴赏力。同时，阅读也可以激发人们的创造力和想象力，启发他们的创新思维和艺术表达。

最后，阅读文化还对社会有着重要的影响。一个充满阅读文化的社会，往往具有更高的教育水平和知识产业发展。阅读文化的普及可以推动社会的进步和创新，培养有创造力和竞争力的人才，促进社会的繁荣和稳定。

在个人层面，每个人都应该意识到阅读的重要性，并主动培养自己的阅读习惯。通过选择适合自己兴趣和需求的书籍、参与各种阅读活动，不断提升自己的阅读水平和素养。

二、阅读文化的特征

阅读文化是一个社会或一个群体对阅读的普及、推崇和重视程度，以及与阅读相关的价值观、习惯和行为方式。它具有一些独有的特征，以下将详细介绍阅读文化的特征。

知识获取与传承：阅读文化强调通过阅读来获取知识。它鼓励人们通过各种书籍、杂志、报纸、网络文章等形式来不断学习和积累知识。同时，阅读文化也注重知识的传承，通过阅读经典著作和优秀作品，将知识代代相传，保留和传承人类的智慧和文化。

思辨与批判思维：阅读文化培养了人们的思辨能力和批判思维。通过阅读不同类型和领域的作品，人们学会思考问题、分析观点，提出自己的见解和批评。阅读文化注重培养人们的独立思考能力，使他们能够对信息进行深入理解和评估。

多元性与包容性：阅读文化倡导多元性和包容性。它鼓励人们涉猎不同类型和领域的作品，包括文学、科学、历史、哲学等。同时，阅读文化也提倡对不同观点和意见的包容和尊重，通过阅读来理解和接纳多样性。

创造力与想象力：阅读文化激发和培养了人们的创造力和想象力。通过阅读富有创意和想象力的文学作品、科幻作品等，人们可以扩展自己的思维边界，激发自己的创新思维和艺术表达。

乐趣与娱乐：阅读文化强调阅读的乐趣和娱乐价值。阅读可以带给人们愉悦的体验，让他们陶冶情操、放松心情。无论是享受一本好书的故事情节，还是被精彩的文字表达所打动，阅读文化将阅读视为一种享受和娱乐的方式。

教育与社会参与：阅读文化与教育和社会机构的参与密切相关。学校、图书馆、出版社等机构在传播和培养阅读文化方面起着重要的作用。学校通过课程设置和阅读活动来培养学生的阅读兴趣和能力；图书馆提供丰富的图书资源和服务，为读者提供良好的阅读环境；出版社通过出版优质的图书和文化产品满足读者的需求。

社会发展与进步：阅读文化对社会具有积极的影响。一个充满阅读文化的社会往往具有更高的教育水平和知识产业发展。阅读文化的普及可以推动社会的进步和创新，培养有创造力和竞争力的人才，促进社会的繁荣和稳定。

可持续性与环保意识：阅读文化关注着可持续性与环保意识。它鼓励使用数字化媒体和电子书籍，减少纸张的消耗和浪费，降低对自然资源的压力。同时，阅读文化也倡导使用环保材料制作图书、推动可持续出版，为环境保护作出贡献。

社交与共享：阅读文化不仅是个人的行为，也是社交和共享的方式。通过读书俱乐部、读书会、文学讲座等活动，人们可以与他人分享阅读体验、交流观点，扩大自己的交际圈子，并形成相互支持和互动的社群。

永恒与传承：阅读文化具有永恒性和传承性。尽管在数字时代，阅读方式发生了一些变化，但阅读的重要性和价值依然存在。阅读文化可以传承经典著作和优秀作品，让新一代受益，并与历史文化相连。

第二节　图书馆在阅读文化建设中的作用

一、图书馆应作为阅读文化的推动者

阅读是一种重要的文化活动，它能够丰富人们的知识、提升思维能力、培养情感和审美情趣，对个人的成长和社会的发展都起着至关重要的作用。而图书馆作为阅读文化的推动者，在传播、普及和推广阅读方面发挥着不可或缺的作用。

首先，图书馆是知识的宝库。在图书馆，人们可以找到各种各样的图书、期刊、报纸和其他资料，涵盖了各个领域的知识。无论是学术研究还是个人兴趣爱好，图书馆都能满足读者的需求。通过提供大量的图书资源，图书馆为人们提供了自主学习和知识获取的机会，促进了终身学习的理念。

其次，图书馆是阅读推广的场所。图书馆不仅仅是一个存放图书的地方，更是一个开展文化活动的场所。图书馆举办各种形式的读书分享会、讲座、展览等活动，吸引了大量的读者参与其中。这些活动不仅能够激发读者的阅读兴趣，还提供了交流和互动的机会，促进了读者之间的知识共享和思想碰撞。

再次，图书馆也是培养阅读习惯的重要力量。随着社会的发展，电子媒体的普及使得人们更加依赖手机、电脑等数字设备获取信息，导致阅读习惯的下降。而图书馆通过举办阅读推广活动、开展读书俱乐部等方式，引导人们重新培养阅读的习惯。图书馆还为儿童提供了专门的阅读空间和资源，帮助他们从小就建立起良好的阅读习惯，从而为未来的学习和成长打下坚实的基础。

最后，图书馆在数字化时代也发挥着重要作用。随着信息技术的快速发展，数字图书馆逐渐兴起。数字图书馆以其无时空限制的特点，极大地方便了读者的阅读需求。图书馆可以通过建设数字图书馆，将图书资源数字化并进行网络传播，让更多的人享受阅读的乐趣。此外，数字图书馆还可以通过在线交流平台和社交媒体等方式，促进读者之间的互动与交流。

二、图书馆可作为阅读文化的引导者

图书馆是一个存放着大量书籍和其他资料资源的场所，同时也是文化教育的重要机构。它承担着向社会传播知识、培养读书习惯以及促进阅读文化发展的重要职责。在当今信息爆炸的时代，图书馆作为阅读文化的引导者具有不可替代的地位。

首先，图书馆承载了传播知识的使命。图书馆收藏了各个领域的书籍、期刊、报纸等资源，为读者提供了丰富的知识来源。无论是学生、研究人员还是普通读者，都可以通过图书馆获取到所需的信息。图书馆通过分类整理、目录编制等手段，使得读者可以方便地查找到自己需要的知识。借助图书馆这一平台，人们可以接触到各种类型的书籍，拓宽视野，增长见识。

其次，图书馆在培养读书习惯上起到了重要的作用。阅读是一种良好的学习方式和思考方式，它能够拓展思维、提高阅读理解能力、培养创造力和批判性思维。然而，在当今快节奏的社会中，很多人往往缺乏长时间专注阅读的能力。图书馆提供了安静、舒适的阅读环境，让读者可以远离喧闹的城市生活，专心投入到阅读之中。同时，图书馆还定期组织各类阅读推广活动，如读书分享会、作家讲座等，吸引读者参与其中，激发他们对阅读的兴趣。

最后，图书馆积极促进阅读文化的发展。随着科技的发展，数字化阅读成为现代人获取知识的重要方式之一。图书馆充分利用信息技术手段，建设数字图书馆，提供电子书籍、在线期刊等资源，满足读者多样化的需求。此外，图书馆还开展了各种形式的文化活动，如文化展览、书法展示、文学演讲等，丰富读者的文化生活，推动阅读文化的传承和创新。

第三节　阅读文化建设的策略与实践

一、制定阅读政策

（一）阅读政策的重要性

促进全民阅读：阅读政策能够通过各种手段和措施，鼓励人们积极参与阅读活动，培养良好的阅读习惯。

提高国民素质：阅读能够拓宽视野、增长知识，提高人们的思辨能力和创造力，对于国家的科技创新和社会进步具有重要意义。

促进文化产业发展：阅读政策的制定可以推动图书出版、图书零售等相关产业的发展，促进文化经济的繁荣。

（二）制定阅读政策的策略与实践

调研与分析：政府部门可以通过广泛的调研和数据分析，了解社会阅读现状、存在的问题和现实需求。这样可以为制定有针对性的阅读政策提供科学依据。

多元化的政策手段：阅读政策应该采取多种手段，如经济激励、教育引导、文化活动等，以全方位、全周期地推动阅读文化建设。

建立合作机制：政府部门、图书馆、学校、出版商等相关机构应建立紧密合作的机制，共同推动阅读政策的实施。

优化资源配置：政府可以加大对图书馆、学校图书馆等公共文化机构的投入，扩大图书购买规模，提高图书馆的藏书品质和数量。

鼓励创新与实践：政府可以鼓励出版商开展优秀图书推荐、图书展销等活动，激发读者的阅读兴趣。同时也要鼓励作者写作优秀的作品，推动优秀文学艺术作品的创作和传播。

（三）国际经验与借鉴

英国的"全民阅读"政策：英国政府通过推行"全民阅读"活动，鼓励人们每年选择一本特定图书进行阅读，并举办各种相关活动，营造浓厚的阅读氛围。

新加坡的"识字运动"：新加坡政府通过开展大规模的识字运动，提高国民的识字率和阅读水平，极大地促进了阅读文化的发展。

挪威的图书馆政策：挪威政府制定了一系列的图书馆政策，包括增加图书馆经费、扩大图书馆服务范围等，使得图书馆成为社区文化生活的核心场所。

二、推广阅读品牌

定义品牌定位：准确定义阅读品牌的目标受众、核心价值以及与竞争对手的差异化。这将为品牌打造提供明确的方向，并使其在市场上脱颖而出。

建立品牌视觉形象：设计一个与阅读相关的吸引人的品牌标志、色彩和视觉元素。这些元素应准确地传达品牌的个性和价值观，并与目标受众产生共鸣。

制作优质内容：生产并分享高质量的阅读内容，包括书评、读书心得、文学资讯等。这些内容可以发布在品牌网站、社交媒体平台、博客等渠道上，吸引读者并建立起忠实的粉丝群体。

利用社交媒体：积极利用各种社交媒体平台来扩大品牌影响力。创建品牌专属账号，并通过发布有趣、启发性的内容与读者互动。此外，可以邀请知名作者或文化人士进行在线访谈、直播等活动，吸引更多关注和参与。

合作推广：与相关机构、书店、图书馆等建立合作伙伴关系。共同举办阅读活动、签售会、展览等，通过跨界合作扩大品牌曝光度和影响力。此外，还可以与教育机构合作，将阅读品牌融入教育课程中，提升阅读教育的质量和效果。

举办线下活动：组织各类线下阅读活动，如读书俱乐部、阅读分享会、文学讲座等。这些活动不仅提供了面对面的交流机会，还能够增强读者的参与感和忠诚度，并进一步推广阅读品牌。

建立用户社区：创建一个专属的读者社区平台，鼓励读者分享读书心得、意见和建议。这样的社区可以成为读者之间交流和互助的平台以及某品牌与读者之间的有效沟通渠道。

媒体宣传：与媒体建立良好的合作关系，通过发表专栏、接受采访等形式，提升品牌在媒体上的曝光率。此外，可以考虑投放品牌广告，利用电视、广播、报纸等传统媒体渠道来加以推广。

三、创新阅读服务模式

数字化阅读服务：随着数字技术的发展，数字化阅读服务成为了主流趋势。通过建立数字图书馆、电子书平台以及在线学习资源库等，读者可以随时随地获取电子书籍、期刊、音频书等数字化阅读材料。此外，可以引入虚拟现实（VR）和增强现实（AR）技术，创造出沉浸式的阅读体验。

多元化阅读服务：针对不同年龄段、职业群体和兴趣爱好，提供多元化的阅读服务。例如，设立儿童阅读角落、青少年文学区、专业知识阅览室等，满足不同读者的需求。同时，推出各类特色读物和合集，如经典名著、科普读物、心理学书籍等，丰富读者的选择范围。

个性化阅读服务：通过阅读兴趣问卷、推荐算法等方式，为读者提供个性化的阅读推荐。根据读者的偏好和历史阅读记录，定制个性化的书单，帮助读者更快地找到适合他们的图书。此外，还可以设置读书打卡、阅读挑战等机制，激发读者的阅读动力。

互动式阅读服务：通过举办读书沙龙、讲座、文学分享会等活动，促进读者之间的交流与分享。这些互动形式不仅可以增进读者对书籍的理解和感受，还有助于建立读书社群和读者间的良性互动。同时，可以邀请作家、学者、行业专家等嘉宾参与，为读者提供更深入的阅读体验和启发性的讨论。

在线阅读社区：建立一个在线阅读社区平台，让读者能够分享读书心得、推荐好书以及参与在线读书俱乐部等活动。该平台可以提供论坛、博客、在线讨论组等功能，使读者能够与其他热爱阅读的人交流互动，并获得更多的阅读灵感和推荐。

合作共建阅读空间：与图书馆、教育机构、社区组织等合作，共同打造阅读空间。在这些空间中，可以结合图书馆的藏书资源、教育机构的学习资源和社区组织的活动场地，提供丰富的阅读服务和文化活动。通过合作共建，将阅读融入更多的场景中，为读者创造更多便利和丰富的阅读体验。

四、加强阅读基础设施建设

（一）图书馆建设

1.公共图书馆建设

公共图书馆是面向全社会公众开放的图书馆，承担着为公众提供文献资料和阅读服务的职责。加强公共图书馆建设，可以从以下几个方面入手。

（1）增加馆藏资源：加大经费投入，增加馆藏资源的数量和种类，满足不同读者的阅读需求。

（2）提升服务质量：加强图书馆员队伍建设，提高服务水平，为读者提供优质、专业的阅读指导和服务。

（3）拓展服务领域：积极推进总分馆制，建立覆盖全社会的图书馆服务网络，让更多的人享受到图书馆的阅读服务。

2.学校图书馆建设

学校图书馆是为学生提供阅读资源的重要场所，对于提高学生的综合素质和阅读能力具有重要作用。加强学校图书馆建设，可以从以下几个方面入手。

（1）增加图书资源：根据学校学科建设和人才培养需求，增加图书资源的数量和种类，特别是加强特色学科和专业的图书资源建设。

（2）提高服务质量：加强图书馆员队伍建设，提高服务水平，为师生提供优质的阅读指导和服务。

（3）拓展服务功能：除了传统的借阅服务外，学校图书馆还可以开展信息素养教育、学术交流、科研支持等服务，全面提升学校的教学和科研水平。

（二）社区书屋建设

社区书屋是居民家门口的图书馆，可以为居民提供便捷的阅读服务和借阅图书的机会。加强社区书屋建设，可以从以下几个方面入手。

1.建立社区书屋网络

在社区建立书屋，形成覆盖全社区的图书借阅网络。居民可以在家门口的书屋借阅到自己需要的图书，方便快捷。

2.提供多样化服务

除了传统的借阅服务外，社区书屋还可以提供阅读指导、读书交流、讲座培训等多种服务，满足居民多元化的阅读需求。

3.定期更新图书资源

定期更新图书资源，保持图书的新鲜度和吸引力。同时可以根据社区居民的需求和兴趣，增加相应类型的图书资源，提高服务质量。

（三）特殊群体服务

特殊群体是指由于身体或其他原因需要特殊关照的群体，如老年人、残障人士等。加强特殊群体的阅读服务设施建设，可以从以下几个方面入手。

1.提供便捷服务

为特殊群体提供便捷的阅读服务设施，如增加自助借还书设备、提供送书上门服务等，方便他们借阅图书和获取阅读资源。

2.提供适应性设备

为特殊群体提供适应性设备，例如为视障人士提供语音读书机、为肢体残障人士提供轮椅等设备，让他们能够更好地享受阅读服务。

3.开展针对性活动

为特殊群体开展针对性的阅读活动，如为老年人开展养生保健讲座、为残障人士开展职业技能培训等，让他们在获取阅读资源的同时，也能得到更多的帮助和支持。同时，可以组织志愿者为特殊群体提供有针对性的服务活动。志愿者可以定期去特殊群体家中收集他们的阅读需求，并定期送书上门，同时可以帮助他们解决在阅读过程中遇到的问题，提高他们的阅读质量和效果。通过以上措施，我们可以全面加强阅读基础设施建设，从而更好地满足不同群体的阅读需求，提升国民素质和文化素养，实现全民阅读的宏伟目标。

五、培养公民的阅读素养

（一）提高阅读能力

1.学校教育

学校教育在培养公民的阅读素养中具有基础性作用。通过课堂教学和课外阅读，学生可以掌握基本的阅读技能和方法，如略读、精读、归纳总结等。此外，学校还可以开展各种阅读活动，如朗读比赛、读书俱乐部等，以激发学生的阅读兴趣和提高他们的阅读能力。

2.成人培训

对于已经走上工作岗位的成年人来说，通过培训来提高阅读能力也是非常必要的。成人培训可以针对不同的阅读目的和场合，教授相应的阅读技巧和方法。例如，如何快速获取信息、如何理解复杂的报告或文件等。此外，成人培训还可以通过提供个性化的辅导和指导，帮助个人解决在阅读中遇到的问题。

（二）树立正确的价值观

正确的价值观是阅读素养的重要组成部分。在全社会倡导正确的价值观，可以引导读者积极向上、追求真理，从而提高他们的阅读素养。

1.倡导社会主义核心价值观

社会主义核心价值观是这一价值体系的内核，体现这一价值体系的根本性质和基本特征。倡导社会主义核心价值观，可以引导读者树立正确的世界观、人生观和价值观，从而更好地理解和接受阅读内容。

2.培养批判性思维

批判性思维是一种理性思维方式，能够帮助读者分析、评价和判断阅读内容。培养批判性思维，可以引导读者在阅读中保持独立思考和理性判断，不盲目接收信息或观点。

（三）阅读与思考相结合

1.引导读者思考

在阅读过程中，引导读者思考是非常重要的。通过提出问题、进行讨论或分享读书笔记等方法，可以激发读者的思考兴趣，帮助他们深入理解阅读内容。

2.提供思考空间

为了给读者提供充分的思考空间，可以在阅读场所设置专门的讨论区或交流区。这些区域可以用来分享阅读心得、讨论阅读内容或组织小型讨论会等，为读者提供良好的思考环境。

3.鼓励读者表达观点

鼓励读者表达观点是培养他们阅读与思考相结合的重要方式之一。通过组织读书沙龙、撰写书评或分享读书心得等活动，可以引导读者表达自己的观点和看法，同时也可以帮助他们更好地理解和掌握阅读内容。

（四）营造良好的阅读氛围

良好的阅读氛围是培养公民阅读素养的重要条件。营造良好的阅读氛围，可以促进阅读的普及和深入开展。

1.建设公共阅读空间

建设公共阅读空间可以为公众提供便捷的阅读场所。这些空间可以设在公共图书馆、社区中心或商业区等地方，为读者提供舒适的环境和丰富的阅读资源。

2.举办读书活动

举办读书活动可以激发公众的阅读兴趣和提高他们的阅读能力。这些活动可以包括朗读比赛、读书俱乐部、作家讲座等，为读者提供多样化的阅读体验和交流机会。

3.加强媒体宣传

加强媒体宣传可以扩大阅读的影响力和提高公众的阅读素养。媒体可以通过报道读书活动、推荐优秀图书或评论书籍等方式，引导公众关注阅读并提高他们的阅读能力。

第七章　读者教育与指导

第一节　读者教育的重要性与目标

一、提高读者信息素养

（一）提高读者的信息意识

信息意识是指人们对信息的敏感度和认识程度，是提高信息素养的基础。图书馆可以通过以下措施提高读者的信息意识。

1.加强宣传教育

图书馆可以通过宣传栏、网站、微信公众号等渠道，向读者宣传图书馆的资源和服务，让读者了解图书馆的信息资源和获取方式，从而提高他们对信息的关注度和敏感度。

2.开展信息素养教育

图书馆可以定期开展信息素养培训课程，向读者介绍信息素养的基本知识和技能，如信息检索、信息评价、信息利用等，帮助读者了解信息的重要性和价值。

3.引导读者参与信息交流

图书馆可以组织信息交流活动，让读者分享自己的信息获取和利用经验，促进信息的传播和交流。这不仅可以提高读者的信息意识，还可以扩大图书馆的影响力。

（二）提高读者的信息能力

信息能力是指人们获取、评价、利用信息的能力，是提高信息素养的核心。图书馆可以通过以下措施提高读者的信息能力。

1.提供丰富的信息资源

图书馆应该根据读者的需求和兴趣，收集和整理各种类型的信息资源，例如图书、期刊、论文、数据库等，为读者提供全面的信息获取服务。

2.开展信息检索培训

图书馆可以定期开展信息检索培训课程，向读者介绍常用的检索工具和检索方法，如关键词检索、布尔逻辑运算等，帮助读者掌握基本的检索技能。

3.引导读者进行信息评价

图书馆可以向读者介绍常用的信息评价方法，如引文分析法、内容分析法等，帮助读者评价信息的价值和可信度。同时，图书馆还可以提供相关的评价工具和软件，让读者更好地掌握信息评价的技能。

4.培养读者的创新能力

图书馆可以通过开展科研项目、撰写学术论文等方式，引导读者运用所学的信息知识和技能，进行创新性的信息利用和开发。这不仅可以提高读者的信息能力，还可以为图书馆的发展注入新的活力。

（三）提高读者的信息道德

信息道德是指人们在获取、利用、传播信息时应该遵守的道德规范，是提高信息素养的重要保障。图书馆可以通过以下措施提高读者的信息道德。

1.加强知识产权保护教育

图书馆应该向读者介绍知识产权的基本知识和保护规定，如著作权、专利权、知识产权保护等，让读者了解侵犯知识产权的后果和责任。同时，图书馆还可以开展相关的宣传活动和讲座，让读者更好地了解知识产权保护的重要性和意义。

2.引导读者遵守信息安全规定

图书馆应该向读者介绍信息安全的基本知识和规定，如网络安全、数据保护等，让读者了解信息安全的风险和责任。同时，图书馆还可以提供相关的信息安全软件和服务，保障读者的信息安全权益。

3.鼓励读者参与信息道德建设

图书馆可以组织相关的宣传活动和讲座，让读者了解信息道德建设的重要性和意义。同时，图书馆还可以通过评选优秀读者、推荐优秀图书等方式，鼓励读者积极参与信息道德建设活动。这不仅可以提高读者的信息道德素质，还可以促进全社会的信息道德建设和发展。

二、培养读者阅读兴趣与阅读能力

（一）优化馆藏资源，满足读者阅读需求

图书馆的馆藏资源是吸引读者的重要因素之一。为了满足不同读者的阅读需求，图书馆应丰富馆藏资源，包括各种类型的图书、期刊、报纸、电子资源等。同时，要根据读者的反馈和评价，及时调整和优化馆藏资源结构，确保图书馆的资源能够满足读者的阅读需求。

在采购图书时，图书馆应注重选择具有较高品质和价值的图书，同时要关注读者的阅读兴趣和需求。针对不同类型的读者群体，如儿童、青少年、成年人等，图书馆应制定不同的采购策略，确保所采购的图书能够满足不同年龄段读者的阅读需求。

（二）提供舒适的阅读环境，营造良好的阅读氛围

良好的阅读环境和氛围能够有效地激发读者的阅读兴趣和提高他们的阅读效果。图书馆应注重营造一个安静、整洁、温馨的阅读环境，让读者在舒适的环境中享受阅读的乐趣。此外，图书馆还应设置多样化的阅读空间，满足不同读者的个性化需求，如提供自习室、多媒体阅览室、休闲阅读区等。

（三）开展阅读推广活动，激发读者阅读兴趣

图书馆应通过开展各种类型的阅读推广活动，如读书会、讲座、展览等，吸引读者的参与和关注。这些活动可以帮助读者了解图书馆的资源和服务，同时也能够激发读者的阅读兴趣和参与阅读的积极性。例如，可以定期组织读书会，让读者共同阅读一本好书并展开讨论；还可以邀请知名作家或学者来图书馆举行讲座，向读者介绍他们的新作或分享阅读心得。

（四）加强读者培训和教育，提高阅读能力

为了帮助读者更好地利用图书馆的资源和服务，提高阅读能力，图书馆应定期开展读者培训和教育活动。这些活动可以包括信息检索、文献评价、阅读技巧等方面的知识和技能培训。通过这些培训和教育活动，可以帮助读者掌握正确的阅读方法和技巧，提高阅读效率和质量。同时，也可以向读者介绍图书馆的数字化资源及网络检索工具的使用方法等知识，使读者能够更加方便快捷地获取所需信息。

（五）加强与读者的互动交流，建立良好的反馈机制

图书馆应通过多种渠道和方式，与读者进行互动交流，建立良好的反馈机制。通过了解读者的需求和反馈意见，不断改进和提高图书馆的服务质量。同时，也可以通过互动交流机制，让读者参与到图书馆的决策和发展中来，增强图书馆的民主化和科学化决策水平，更好地体现以读者为中心的服务理念。

（六）创新服务模式，拓展服务范围和渠道

随着信息技术的发展和应用，图书馆应积极创新服务模式，拓展服务范围和渠道，以满足读者的多元化需求。例如，可以利用互联网技术和移动通信技术建立图书馆网站、移动 APP 等服务平台向读者提供更加便捷的数字化服务；可以利用社交媒体平台开展在线咨询、参考咨询等服务；可以利用大数据技术分析读者的借阅行为、阅读偏好等为读者提供更加个性化的阅读推荐服务。

三、帮助读者获取所需知识与信息

（一）优化馆藏资源建设

图书馆的馆藏资源是读者获取知识与信息的重要来源。为了更好地满足读者的需求，图书馆需要不断优化馆藏资源建设。首先，要根据读者的需求和反馈，不断调整和更新馆藏资源结构，增加具有时代性、实用性、学术性和普及性的图书、期刊、报纸等资源。其次，要注重数字资源的建设，建立数字图书馆、电子期刊库等，为读者提供更加便捷的数字化服务。同时，图书馆还可以通过与其他图书馆或信息机构合作，共享资源，提高资源的利用效率和价值。

（二）提供多样化的服务模式

为了满足不同读者的需求，图书馆需要提供多样化的服务模式。除了传统的借阅服务外，图书馆还可以开展多种形式的服务，如参考咨询、定题服务、科技查新、文献传递等。这些服务可以帮助读者更快、更准确地获取所需的知识与信息。此外，图书馆还可以通过开展读书会、讲座、展览等形式的活动，丰富读者的阅读体验和知识结构。

（三）加强信息素养教育

提高读者的信息素养是帮助其获取所需知识与信息的重要途径。图书馆应通过开展信息素养教育，帮助读者掌握信息检索、评价、利用等方面的知识和技能。例如，可以开设信息检索课程、文献评价讲座等，提高读者的信息获取能力和鉴别能力。同时，还可以针对不同读者群体开展个性化、差异化的信息素养教育，如针对学生的信息素养教育、针对研究人员的学术素养教育等。

（四）建立良好的沟通渠道和反馈机制

建立良好的沟通渠道和反馈机制可以帮助图书馆更好地了解读者的需求和意见，从而改进服务质量。图书馆可以通过多种方式与读者进行互动交流，如设置读者意见箱、定期召开读者座谈会、开展满意度调查等。通过这些方式，图书馆可以及时了解读者的需求和反馈意见，从而调整和改进服务策略和方法。同时，图书馆还可以通过建立社交媒体平台、官方网站等渠道，加强与读者的互动交流，提高服务的针对性和有效性。

（五）加强图书馆员的素质和能力培养

图书馆员是图书馆服务的核心力量，其素质和能力直接影响到读者获取所需知识与信息的质量和效率。因此，加强图书馆员的素质和能力培养至关重要。首先，要加强对图书馆员的专业知识和技能的培养，提高其业务水平和服务能力。其次，要注重培养图书馆员的沟通能力和服务意识，提高其与读者的互动交流能力。此外，还应鼓励图书馆员参与学术交流和研究活动，提高其综合素质和创新能力。

（六）推进图书馆数字化建设

随着信息技术的发展和应用，图书馆的数字化建设已成为必然趋势。数字化建设不仅可以提高图书馆的服务效率和质量，还可以为读者提供更加便捷的数字化服务。例如，可以通过建立数字化资源库、电子期刊库等，实现资源的数字化和网络化；可以通过开发移动 APP、建立微信公众号等方式，实现服务的移动化和智能化；可以通过引进智能化管理系统实现服务的自动化和智能化等。这些措施可以帮助图书馆更好地满足读者的需求提高其服务水平和竞争力。

四、提升图书馆资源的利用率

（一）合理布局馆藏资源

图书馆的馆藏资源是吸引读者的关键因素之一。为了提高资源的利用率，图书馆需要合理布局馆藏资源。首先，要根据读者的需求和学科特点，制订合理的采购计划，确保馆藏资源的多样性和实用性。同时，要注重资源的更新和淘汰，及时调整馆藏结构，保持资源的时效性和新颖性。其次，要合理布局阅览区域和书库，营造舒适、便捷的阅读环境，提高读者的阅读兴趣和阅读体验。

（二）加强宣传和推广

加强宣传和推广是提高图书馆资源利用率的必要手段。首先，图书馆可以通过多种渠道宣传馆藏资源和数字资源，如官方网站、微信公众号、宣传栏等，向读者介绍图书馆的资源和服务，提高读者的知晓率和兴趣。其次，可以定期开展读书活动、讲座、展览等形式的活动，吸引读者来到图书馆，了解和利用馆藏资源。此外，图书馆还可以通过与学校、社区、企业等机构合作，共同开展资源推广活动，扩大图书馆的影响力和知名度。

（三）提高服务质量

提高服务质量是提升图书馆资源利用率的核心措施。首先，要加强图书馆员的专业素质和服务意识培养，提高其业务水平和沟通能力，为读者提供优质、专业的服务。其次，要注重读者需求分析和反馈意见收集，了解读者的需求和意见，及时调整和改进服务策略和方法。再次，要建立良好的沟通渠道和反馈机制，加强与读者的互动交流，提高服务的针对性和有效性。最后，图书馆还可以通过提供个性化、差异化的服务方式，满足不同读者的需求和提高其阅读体验。例如，针对学生读者的学术论文指导服务、针对社会读者的阅读疗法服务等。这些服务不仅可以满足读者的个性化需求，还可以提高其利用资源的积极性和满意度。

（四）数字化建设

数字化建设是提升图书馆资源利用率的重要途径之一。通过数字化建设，图书馆可以将传统的纸质资源转化为数字资源，实现资源的数字化和网络化。这不仅可以提高资源的可获取性和便捷性，还可以满足读者对数字资源的需求。同时，数字化建设还可以实现资源的共享和合作利用，提高资源的利用效率和价值。例如，图书馆可以与其他图书馆或信息机构合作建立数字图书馆联盟或数字资源共享平台等。这些平台可以实现资源的共享和互操作利用，提高了资源的可获取性和利用效率，也为读者提供了更加全面和多样化的知识服务。数字资源的建设还要注重资源的更新和优化，要定期对数字资源进行更新和优化，保持其时效性和新颖性。同时，还要注重数字资源的版权管理和保护，避免出现版权纠纷等问题。数字化建设还要注重提高读者的数字素养培养，通过开展数字素养教育活动，帮助读者掌握数字资源的检索评价利用等方面的知识和技能，提高其数字阅读能力和信息素养水平，进而促进图书馆数字资源的利用率的提升。

第二节　图书馆的读者教育工作内容

一、开展读者入馆教育

（一）制订入馆教育计划

制订入馆教育计划是开展读者入馆教育的基础和前提。图书馆应根据读者的需求和实际情况，制订科学、合理的入馆教育计划。计划应包括教育目标、内容、方法、时间、人员等方面的内容，确保教育的针对性和有效性。同时，应根据不同读者的需求和特点，如学生、教师、社会读者等，分别制订相应的教育计划，提高教育的针对性和效果。

（二）编写入馆教育教材

编写入馆教育教材是开展读者入馆教育的关键环节之一。教材应包括图书馆的基本情况、资源分布、借阅流程、规章制度等方面的内容，同时还应提供一些阅读技巧和方法，帮助读者更好地利用图书馆资源。教材应以图文并茂、生动形象的方式呈现，以提高读者的阅读兴趣和理解能力。

（三）开展入馆教育活动

开展入馆教育活动是实现读者入馆教育的有效途径。图书馆可以通过开展各种形式的教育活动，如讲座、展览、体验活动等，吸引读者来到图书馆，了解和熟悉图书馆的资源和服务。例如，可以邀请专家学者开展图书馆资源利用的讲座，介绍图书馆的资源和服务；可以设置展览区展示图书馆的特色资源和最新服务项目；可以设置体验区让读者亲自体验图书馆的借阅流程和服务等。这些活动不仅可以提高读者的入馆教育效果，还可以增强其对图书馆的认知和信任度。

（四）加强入馆教育宣传

加强入馆教育宣传是提高读者入馆教育知晓率和参与率的重要手段。图书馆可以通过多种渠道宣传入馆教育的内容和意义，如官方网站、微信公众号、宣传栏等，向读者介绍入馆教育的重要性、计划安排和参与方式等。同时，还可以通过开展一些宣传活动如发放宣传册、设置宣传栏等，吸引更多的读者参与入馆教育。加强宣传不仅可以提高读者的知晓率和参与率，还可以增强图书馆与读者之间的互动交流。

二、信息素养教育

（一）制订信息素养教育计划

制订信息素养教育计划是开展信息素养教育的基础和关键环节。图书馆应根据读者的需求和实际情况，制订科学、合理的信息素养教育计划。计划应包括教育目标、内容、方法、时间、人员等方面的内容，确保教育的针对性和有效性。同时，应根据不同读者的需求和特点，如学生、教师、社会读者等，分别制订相应的教育计划，提高教育的针对性和效果。

（二）编写信息素养教育教材

编写信息素养教育教材是开展信息素养教育的关键环节之一。教材应包括信息素养的基本概念、信息检索技巧、信息评价方法、学术诚信等方面的内容。同时，教材应以图文并茂、生动形象的方式呈现，以提高读者的阅读兴趣和理解能力。

（三）开展信息素养教育活动

开展信息素养教育活动是实现信息素养教育的有效途径。图书馆可以通过开展各种形式的教育活动，如讲座、培训、实践课程等，吸引读者来到图书馆，了解和掌握信息素养的相关知识和技能。例如，可以邀请专家学者开展信息素养的讲座，介绍信息素养的基本概念和技能；可以设置培训课程，教授读者如何进行信息检索和评价；可以设置实践课程，让读者亲自体验信息素养的相关技能和方法。这些活动不仅可以提高读者的信息素养水平，还可以增强其对图书馆的认知和信任度。

（四）加强信息素养教育宣传

加强信息素养教育宣传是提高读者信息素养教育知晓率和参与率的重要手段。图书馆可以通过多种渠道宣传信息素养的重要性和相关技能和方法，如官方网站、微信公众号、宣传栏等，向读者介绍信息素养的概念、作用和参与方式等。同时，还可以通过开展一些宣传活动如发放宣传册、设置宣传栏等，吸引更多的读者参与信息素养教育。加强宣传不仅可以提高读者的知晓率和参与率，还可以增强图书馆与读者之间的互动交流。

三、阅读推广活动

（一）确定阅读推广的主题和目标

图书馆开展阅读推广活动时，首先需要确定推广的主题和目标。主题的确定应根据图书馆的实际情况和读者的需求，选择具有代表性和可行性的主题；目标的确定应根据读者的阅读水平和需求，制定具体、可行的目标。例如，图书馆可以针对某一类书籍或某一类读者开展主题阅读推广活动，如"经典名著阅读月""儿童绘本阅读季"等，吸引更多的读者参与阅读，提高他们的阅读兴趣和阅读能力。

（二）策划阅读推广活动方案

策划阅读推广活动方案是开展阅读推广活动的关键环节。方案应包括活动的具体内容、形式、时间、地点、参与人员等，确保活动的针对性和有效性。例如，图书馆可以组织作家讲座、读书分享会、书籍推荐会、阅读征文比赛等形式多样的活动，吸引不同年龄、不同职业的读者参与其中。同时，还可以通过设置奖项、赠送礼品等方式激励读者参与活动，提高他们的参与度和积极性。

（三）宣传阅读推广活动

宣传阅读推广活动是提高读者参与度和活动效果的重要手段。图书馆可以通过多种渠道宣传活动，如官方网站、微信公众号、宣传栏、社交媒体等，向读者介绍活动的主题、内容、形式和参与方式等。同时，还可以通过与相关机构合作以及共同的宣传活动，扩大活动的影响力和覆盖面。例如，图书馆可以与当地媒体合作，进行活动的宣传报道；可以与学校合作，组织学生参与活动；可以与社区合作，邀请居民参加读书分享会等。

（四）组织与实施阅读推广活动

组织与实施阅读推广活动是实现活动效果的关键环节。图书馆应按照策划的方案，认真组织活动的开展。例如，对于作家讲座，图书馆应邀请合适的作家进行演讲，同时安排工作人员进行现场管理和秩序维护；对于读书分享会，图书馆应选择合适的场地和时间，安排工作人员进行现场指导和秩序维护等。此外，图书馆还应积极收集读者的反馈意见和建议，及时调整和改进活动方案，提高活动的质量和效果。

（五）评估阅读推广活动效果

评估阅读推广活动效果是检验活动成果和提升服务质量的重要环节。图书馆可以通过多种方式评估活动效果，如统计参与人数、收集读者反馈意见、进行问卷调查等。例如，图书馆可以统计参与活动的总人数以及各类型活动的参与人数，了解读者的参与程度和兴趣点；可以收集读者的反馈意见和建议，了解读者的需求和意见，为今后的活动提供参考和依据；可以进行问卷调查，了解读者对活动的满意度和评价等。通过对活动效果的评估和分析，图书馆可以及时总结经验教训，为今后的阅读推广活动提供参考和借鉴。

开展阅读推广活动是提升图书馆服务质量的重要措施之一。为了实现良好的活动效果，图书馆需要从确定主题和目标、策划方案、宣传推广、组织与实施、评估效果等方面入手，不断提升阅读推广活动的质量和水平。同时，图书馆还可以通过创新活动形式、拓展活动内容等方式不断优化和完善阅读推广活动体系，为读者提供更加优质、便捷的阅读服务体验，为社会的文化发展和进步作出积极的贡献。

四、咨询服务与指导

（一）提供参考咨询服务

图书馆的参考咨询服务是图书馆最基本的服务之一，也是读者最常用的服务之一。参考咨询的目的是帮助读者获取所需的信息或答案，指导读者如何获取和利用图书馆的资源。图书馆可以通过在线表单、电子邮件、电话等方式接受读者的咨询请求，也可以提供面对面的咨询服务。参考咨询的问题范围广泛，包括文献检索、数据库使用、电子资源获取、学科领域的问题等。

（二）学科导航服务

学科导航服务是图书馆为读者提供的针对特定学科领域的咨询服务。它可以帮助读者快速了解该学科的基本知识、研究动态、发展趋势等。学科导航服务可以通过学科指南、学科数据库、学科期刊等多种形式提供。图书馆可以根据自身的资源和读者需求，制订相应的学科导航计划和内容，为读者提供高质量的学科咨询服务。

（三）信息素养教育

信息素养教育是图书馆读者教育的重要内容之一。图书馆可以通过开展各种形式的信息素养课程、讲座、培训等活动，提高读者的信息素养和获取信息的能力。例如，图书馆可以组织信息检索课程，教授读者如何使用检索工具、如何制定检索策略、如何评估和筛选检索结果等。此外，图书馆还可以提供电子资源使用培训、数据库使用指南等，帮助读者更好地利用图书馆的资源。

（四）阅读指导服务

阅读指导服务是图书馆为读者提供的针对阅读需求的咨询服务。它可以帮助读者选择合适的阅读材料、提高阅读效率、解决阅读困难等。图书馆可以通过开展读书推荐、读书分享会、阅读俱乐部等活动，为读者提供阅读指导服务。此外，图书馆还可以通过建立阅读档案、提供阅读建议等方式，为读者提供个性化的阅读指导服务。

（五）技术支持服务

技术支持服务是图书馆为读者提供的针对信息技术问题的咨询服务。它可以帮助读者解决使用图书馆网站、数据库和其他电子资源时遇到的技术问题。技术支持服务可以通过在线表单、电子邮件、电话等方式提供，也可以提供面对面的技术支持服务。图书馆的技术支持服务人员通常具备相关的技术知识和技能，能够为读者提供及时、有效的技术支持。

图书馆的咨询服务与指导工作是图书馆读者教育工作的重要组成部分。通过提供参考咨询服务、学科导航服务、信息素养教育、阅读指导服务和技术支持服务等，图书馆能够帮助读者解决各种问题和需求，提高读者的信息素养和获取信息的能力。为了提高服务质量，图书馆需要建立完善的咨询服务与指导体系，包括服务流程、服务质量标准、评价机制等，同时还需要不断提升服务人员的专业素质和技术能力，以满足读者的需求和期望。

第三节　读者教育的策略与方法

一、了解读者需求与兴趣

（一）读者调查

读者调查是了解读者需求和兴趣的最基本方法之一。图书馆可以通过在线问卷、纸质问卷、面对面访谈等方式，向读者收集关于图书馆资源、服务、设施等方面的意见和建议。通过分析调查数据，图书馆可以了解读者的阅读需求和兴趣，为读者提供更加个性化和精准的服务。同时，读者调查也可以帮助图书馆改进服务和管理，提高图书馆的读者满意度和忠诚度。

（二）阅读推广活动

阅读推广活动是图书馆吸引读者的一种有效方法。通过组织各种形式的阅读推广活动，如读书俱乐部、阅读节、作家讲座等，图书馆可以激发读者的阅读兴趣，提高读者的阅读素养和获取信息的能力。同时，阅读推广活动也可以帮助图书馆了解读者的阅读需求和兴趣，为读者提供更加符合其需求的服务。

（三）学科服务

学科服务是图书馆为特定学科领域的读者提供的一种专业化服务。学科服务的目的是帮助读者更好地了解和掌握学科知识，为读者的学习和研究提供支持。学科服务可以通过建立学科导航、提供学科数据库、开展学科培训等方式提供。通过学科服务，图书馆可以深入了解读者的学科需求和兴趣，为读者提供更加精准和专业的服务。

（四）数据分析

数据分析是了解读者需求和兴趣的一种有效方法。图书馆可以通过收集和分析读者的借阅数据、检索数据、网站访问数据等，了解读者的阅读偏好、学科兴趣等信息。通过数据分析，图书馆可以更好地了解读者的需求和兴趣，为读者提供更加个性化和精准的服务。同时，数据分析也可以帮助图书馆优化资源配置和管理，提高图书馆的效率和服务质量。

（五）社交媒体营销

社交媒体营销是图书馆利用社交媒体平台吸引读者的一种方法。通过在社交媒体平台上发布相关内容，如新书推荐、活动信息、阅读技巧等，图书馆可以吸引更多的读者关注和使用图书馆的资源和服务。同时，社交媒体营销也可以帮助图书馆了解读者的需求和兴趣，为读者提供更加个性化和精准的服务。

了解读者的需求和兴趣是图书馆读者教育的重要基础。通过读者调查、阅读推广活动、学科服务、数据分析和社交媒体营销等策略和方法，图书馆可以深入了解读者的需求和兴趣，为读者提供更加个性化和精准的服务。同时，这些策略和方法也可以帮助图书馆改进服务和管理，提高图书馆的读者满意度和忠诚度。为了更好地了解读者的需求和兴趣，图书馆需要不断优化和创新这些策略和方法，不断提高服务质量和管理效率。

二、设计多样化的教育活动

（一）开设多元化的课程和讲座

图书馆应该针对不同年龄段、不同兴趣爱好的读者，开设多元化的课程和讲座。例如，为儿童开设绘本阅读课程，为青少年开设计算机编程、人工智能等科技类课程，为成年人开设文化、历史、艺术等人文类课程。同时，图书馆还可以邀请专家学者开展讲座，让读者了解最新的学术动态和社会热点问题。通过这些课程和讲座，图书馆不仅可以满足读者的学习需求，还可以激发读者的学习兴趣和热情。

（二）组织读书俱乐部和阅读节

读书俱乐部和阅读节是图书馆组织读者交流和分享阅读体验的重要平台。图书馆可以定期组织读书俱乐部活动，让读者在轻松愉快的氛围中交流阅读心得和感悟。同时，图书馆还可以在阅读节期间开展一系列活动，如新书发布会、作家见面会、阅读知识竞赛等，吸引更多的读者参与阅读活动。通过这些活动，图书馆可以增强读者的阅读兴趣和阅读能力，提高读者的阅读素养和水平。

（三）提供实践性和互动性的学习体验

实践性和互动性的学习体验可以帮助读者更好地掌握知识和技能。图书馆可以通过提供实践性的学习体验，如写作工作坊、手工制作等，让读者在实践中学习和成长。同时，图书馆还可以通过提供互动性的学习体验，如开展亲子阅读活动、组织文化交流活动等，让读者在互动中交流思想和体验。通过这些实践性和互动性的学习体验，图书馆可以提高读者的学习效果和综合素质。

（四）开展数字化教育活动

随着数字化时代的到来，图书馆应该积极开展数字化教育活动，提高读者的数字化素养和信息素养。图书馆可以通过开设数字化课程、提供数字化资源和服务等方式，帮助读者更好地掌握数字化技能和信息获取能力。例如，图书馆可以开设数字化阅读课程，让读者了解数字化资源的检索、阅读和利用方法；图书馆还可以提供数字化制作工具和平台，让读者能够进行数字化创作和学习。通过这些数字化教育活动，图书馆可以提高读者的数字化素养和信息素养，为读者提供更加便捷和高效的学习方式。

（五）建立合作伙伴关系

图书馆可以通过建立合作伙伴关系来拓展教育资源和活动。例如，图书馆可以与学校、社区、企事业单位等建立合作关系，共同开展教育活动；图书馆还可以与文化机构、科研机构等建立合作关系，共享文化资源和研究成果。通过建立合作伙伴关系，图书馆可以丰富教育活动的形式和内容，提高读者的参与度和学习效果。

设计多样化的教育活动是图书馆读者教育的重要手段。通过开设多元化的课程和讲座、组织读书俱乐部和阅读节、提供实践性和互动性的学习体验、开展数字化教育活动以及建立合作伙伴关系等策略和方法，图书馆可以满足不同读者的需求和学习偏好，提高读者的学习效果和综合素质。为了更好地设计多样化的教育活动，图书馆需要不断关注读者的需求和学习趋势，不断创新活动形式和内容，提高服务质量和管理效率。

三、提供个性化的指导与服务

（一）了解读者的需求和偏好

提供个性化的指导与服务的前提是了解读者的需求和偏好。图书馆可以通过开展读者调查、分析借阅数据、设置意见箱等方式，了解读者的阅读兴趣、学习需求以及对图书馆服务的评价和建议。通过这些信息，图书馆可以更好地了解读者的需求和偏好，为读者提供更加精准的个性化指导与服务。

（二）提供定制化的阅读推荐服务

基于对读者需求和偏好的了解，图书馆可以提供定制化的阅读推荐服务。通过分析读者的借阅记录、浏览历史等信息，图书馆可以向读者推荐与其兴趣相关的图书、期刊、报纸等读物。同时，图书馆还可以根据读者的阅读偏好和评价，定期向读者推荐新书、好书，并提供相关的评论和摘要等信息。通过这些定制化的阅读推荐服务，图书馆可以提高读者的阅读质量和阅读效果。

（三）提供个性化的学习指导和咨询

针对读者的不同学习需求和学习阶段，图书馆可以提供个性化的学习指导和咨询。例如，对于初学者，图书馆可以提供学习计划、课程推荐、学习方法等方面的指导；对于有一定基础的学习者，图书馆可以提供学科领域的前沿动态、研究热点、发展趋势等方面的咨询；对于高级学习者，图书馆可以提供学术论文写作、科研项目申报等方面的指导和建议。通过这些个性化的学习指导和咨询，图书馆可以帮助读者更好地完成学习任务、提高学习效果和实现个人发展目标。

（四）开展个性化的信息素养培训

信息素养是当代读者必备的素质之一，但不同读者在信息素养方面的基础和能力存在差异。因此，图书馆可以开展个性化的信息素养培训，帮助读者提高信息获取、评价和应用的能力。例如，针对一些读者在搜索引擎使用、学术数据库检索等方面的问题，图书馆可以开展相关的培训课程、工作坊或在线教程等，帮助读者掌握相关的技能和方法。同时，图书馆还可以针对不同学科领域的读者，提供学科化的信息素养培训，帮助读者更好地利用专业数据库和学术资源。

（五）建立个性化的读者档案和学习记录

为了更好地了解读者的学习情况和需求，图书馆可以建立个性化的读者档案和学习记录。通过收集读者的个人信息、学习经历、借阅记录、咨询记录等数据，形成读者的个性化档案。同时，图书馆还可以通过记录读者的学习过程和成果，形成读者的个性化学习记录。通过这些个性化的读者档案和学习记录，图书馆可以更好地了解读者的学习情况和需求，为读者提供更加精准的个性化指导与服务。

（六）建立反馈机制和评估体系

为了不断提高个性化指导与服务的水平，图书馆需要建立反馈机制和评估体系。通过设置反馈渠道、开展读者调查等方式，收集读者对个性化指导与服务的评价和建议。同时，图书馆还可以建立评估指标和体系，对个性化指导与服务的实施效果进行评估和分析。通过这些反馈机制和评估体系，图书馆可以及时发现问题和不足之处，不断完善和优化个性化指导与服务。

（七）加强馆员队伍建设和管理

提供高质量的个性化指导与服务需要有一支专业素养高、服务意识强的馆员队伍。因此，图书馆需要加强馆员队伍建设和管理。通过招聘具有相关背景和专业知识的馆员、开展专业培训和继续教育等方式提高馆员的专业素养和服务能力。同时，还需要注重对馆员的评价和管理，建立完善的激励和管理制度，帮助馆员提高工作效率和工作质量，从而为读者提供更好的个性化指导与服务。

四、加强馆读互动与沟通

（一）建立多渠道的沟通方式

为了方便读者与图书馆进行互动和沟通，图书馆应该建立多种渠道的沟通方式。除了传统的面对面咨询、电话咨询和在线客服之外，图书馆还可以利用社交媒体、在线论坛、电子邮件等方式，与读者进行实时互动和沟通。这些多渠道的沟通方式可以满足不同读者的需求，提高读者对图书馆的满意度和忠诚度。

（二）加强读者参与和反馈机制

在加强馆读互动与沟通的过程中，图书馆应该积极鼓励读者参与，并建立完善的反馈机制。通过开展读者调查、组织读者座谈会等方式，收集读者对图书馆的意见和建议。同时，图书馆还可以利用社交媒体和在线论坛等渠道，引导读者发表对图书馆服务的评价和建议。对于读者的反馈和评价，图书馆应该及时回应并采取措施进行改进，以提高服务质量。

（三）提高馆员素质和服务意识

馆员是图书馆与读者之间的重要桥梁，他们的素质和服务意识直接影响到馆读互动与沟通的效果。因此，提高馆员素质和服务意识是至关重要的。图书馆应该加强对馆员的培训和教育，帮助他们树立以读者为中心的服务理念，提高他们的专业素养和服务能力。同时，图书馆还可以通过奖励机制和评价机制，激励馆员提高工作效率和服务质量。

（四）优化图书馆网站和服务流程

在数字化时代，图书馆网站和服务流程也是加强馆读互动与沟通的重要途径。图书馆应该根据读者的需求和偏好，优化网站设计和功能布局。例如，可以在网站上提供在线咨询、文献传递、预约借书等服务，方便读者获取信息。同时，还可以设立在线社区、博客等板块增加与读者的互动性。此外，针对不同需求的读者提供个性化的推送服务和定制服务也能提高读者体验与满意度，进而促进他们积极使用图书馆资源。

（五）实施"走出去"战略，提升宣传力度，促进阅读推广

"走出去"是当前全民阅读推广的重要方式之一，也是促进高校图书馆提升宣传力度的重要手段。具体而言就是要多进社区、进村镇、进家庭，把阅读宣传送到读者身边。例如，在高校内可以利用读书月活动大力宣传读书的重要意义，用正面的舆论引导人；也可以组织读书沙龙活动通过分享读书的乐趣激发人；还可以开展读书知识竞赛用竞争的方式激励人；更可以开展读书征文活动用文章的形式留住人。此外，针对不同的学科领域开展主题讲座用专业的方式培养人以及发挥数据库网络资源传播优势用更新颖的形式吸引人等一系列丰富多彩的"走出去"方式，最大限度地实现阅读推广工作的成效最大化。

（六）加强与其他社会组织的合作

阅读推广工作不是一项短期的工作，而是一项长期的系统工程，需要投入大量的人力物力和财力；而高校图书馆本身资源有限，因此必须走合作之路实现资源共享，达到合作共赢的目的，进而提升阅读推广的社会影响力，扩大社会效益。首先，高校图书馆可以与当地公共图书馆以及中小学进行合作实现资源共享，在丰富广大读者的阅读材料的同时又可以帮助他们形成正确的人生观和价值观；其次，与社会团体合作能增加图书的采购量以丰富馆藏，满足不同层次读者的需求；最后，与当地政府和企业合作能获得资金支持，和谐的读书环境，以及更多的实践机会等。通过这些合作方式既能提高图书的利用率，又能扩大社会影响力实现资源共享，合作共赢。

（七）创新服务模式，提升服务质量

创新服务模式是高校图书馆提升服务质量的重要手段之一。首先，服务理念要创新，从被动服务转变为主动服务，变"人找信息"为"信息找人"；其次，服务模式要创新，要将传统的以纸质文献为主的服务模式转变为以数字化信息化为主的服务模式，开发移动图书馆，实现零距离服务；最后，服务内容要创新，要将单一的借阅服务转变为深层次多元化的服务内容，开展诸如信息检索、知识推送、数据挖掘、网络导航等一系列个性化定制服务。通过这些创新服务模式，提升服务质量进而提高读者的满意度和忠诚度。

第八章　图书馆阅读推广的策略与方法

第一节　阅读推广活动设计与组织

一、活动目标的设定

（一）提升阅读意识和兴趣

图书馆阅读推广活动的首要目标是提升读者的阅读意识和阅读兴趣。图书馆可以通过各种形式的宣传和活动，让读者了解阅读的重要性和好处，激发他们的阅读兴趣和热情。例如，图书馆可以组织读书分享会、读书竞赛、作家讲座等活动，吸引读者参与，培养他们的阅读习惯和兴趣。

（二）提高阅读技能和方法

图书馆阅读推广活动还应该注重提高读者的阅读技能和方法。通过教授读者如何选择合适的阅读材料、如何进行有效的阅读、如何做读书笔记等技能和方法，帮助读者提高阅读效率和质量。例如，图书馆可以开设阅读指导课程、读书俱乐部等，为读者提供阅读技能和方法的培训。

（三）丰富阅读体验和文化素养

图书馆阅读推广活动还应该注重丰富读者的阅读体验和文化素养。通过组织各种形式的阅读活动，让读者了解不同领域的知识和信息，拓宽他们的视野，提高他们的文化素养。例如，图书馆可以设立不同主题的读书角、文化讲座、展览等活动，为读者提供多样化的阅读体验和文化盛宴。

（四）培养批判性思维和信息素养

在信息爆炸的时代，培养读者的批判性思维和信息素养变得尤为重要。图书馆阅读推广活动应该注重培养读者的批判性思维和信息素养，让读者学会判断信息的真伪和价值，提高他们的独立思考能力。例如，图书馆可以开展信息素养课程、研讨会等活动，为读者提供信息素养和批判性思维的培训。

（五）加强图书馆与读者之间的互动与沟通

图书馆阅读推广活动还应该注重加强图书馆与读者之间的互动与沟通。通过活动的设计和组织，让读者更加了解图书馆的资源和服务，也让图书馆更加了解读者的需求和反馈。例如，图书馆可以设立读者意见箱、读者座谈会等活动，加强与读者的互动和沟通，提高服务质量。

（六）推动全民阅读和社会文化进步

图书馆作为公共文化服务体系的重要组成部分，应该将推动全民阅读和社会文化进步作为自身的使命和责任。通过设计和组织各种形式的阅读推广活动，引导公众参与到阅读的行列中来，营造良好的社会阅读氛围和文化环境。例如，图书馆可以联合其他机构开展全民阅读、举办文化节等活动，推动社会文化的进步和发展。

（七）增加图书馆的知名度和影响力

提高图书馆的知名度和影响力也是图书馆阅读推广活动的重要目标之一。通过设计和组织具有特色的阅读推广活动，吸引更多的读者来到图书馆，了解图书馆的资源和服务，提高图书馆在社会中的知名度和影响力。例如，图书馆可以通过媒体宣传、网络推广等方式扩大自身的影响力，吸引更多的读者参与其中。

总之，图书馆阅读推广活动目标的设定应该全面考虑读者的需求和期望，结合图书馆自身的特点和优势进行设定。通过明确的目标设定，可以更好地指导活动的策划和实施，提高活动的针对性和有效性，从而实现图书馆阅读推广活动的可持续发展。

二、活动主题的选择

图书馆阅读推广活动的主题选择是整个活动设计的重要环节。一个合适的主题不仅可以吸引读者的关注，激发他们的阅读兴趣，还可以帮助图书馆更好地实现阅读推广的目标。以下是关于图书馆阅读推广活动主题选择的几点思考。

（一）主题要符合读者的需求和兴趣

在选择阅读推广活动的主题时，图书馆首先要考虑读者的需求和兴趣。针对不同的读者群体，如儿童、青少年、成年人等，选择符合他们阅读兴趣和需求的主题。例如，针对儿童的阅读推广活动，可以选择以绘本、童话、科普知识等为主题；针对成年人的阅读推广活动，可以选择以健康、职业、文学等为主题。

（二）主题要具有时代性和热点性

图书馆还要关注时代的发展和社会的热点问题。选择具有时代性和热点性的主题，可以更好地吸引读者的关注，提高活动的参与度和影响力。例如，当前的环境保护、健康生活、科技创新等都是人们关注的热点问题，图书馆可以以此为主题开展相关的阅读推广活动。

（三）主题要具有文化性和教育性

图书馆作为公共文化服务体系的重要组成部分，应该注重文化的传承和教育功能的发挥。因此，在选择阅读推广活动的主题时，图书馆应该注重选择具有文化性和教育性的主题。例如，以传统文化、经典名著、历史知识等为主题的阅读推广活动，可以帮助读者了解和传承中华民族的优秀传统文化，同时提高他们的文化素养和阅读能力。

（四）主题要具有多样性和创新性

图书馆还要注重主题的多样性和创新性。多样化的主题可以让读者接触到不同类型的书籍和文化，满足他们不同的阅读需求；创新性的主题则可以吸引读者的眼球，提高活动的吸引力和趣味性。例如，图书馆可以以"科幻小说""推理小说""美食文化"等为主题，开展不同类型的阅读推广活动。

（五）主题要具有延续性和系统性

图书馆阅读推广活动的主题选择还应该具有延续性和系统性。也就是说，图书馆应该根据读者的需求和反馈，不断调整和完善活动的主题和内容，形成一个系列化的阅读推广活动。例如，图书馆可以以"读书月""阅读节""读书会"等形式，开展一系列的阅读推广活动，形成一个完整的阅读推广计划。

（六）主题要具有参与性和互动性

图书馆还要注重主题的参与性和互动性。参与性的主题可以让更多的读者参与到活动中来，提高活动的覆盖面和影响力；互动性的主题则可以让读者与图书馆之间建立更加紧密的联系，提高活动的趣味性和吸引力。例如，图书馆可以开展读者投票、读书分享会、作家见面会等活动，提高读者的参与度和互动性。

总之，图书馆阅读推广活动的主题选择应该从多方面考虑，既要符合读者的需求和兴趣，又要具有时代性和热点性；既要具有文化性和教育性，又要具有多样性和创新性；既要具有延续性和系统性，又要具有参与性和互动性。通过精心策划和组织，实现图书馆阅读推广活动的目标，推动全民阅读的发展。

三、活动形式的策划

（一）读书会

读书会是图书馆阅读推广活动中常见的一种形式，它可以让读者在轻松愉快的氛围中分享阅读体验、交流阅读心得。图书馆可以定期组织读书会，邀请读者参加，同时提供一些阅读材料和背景知识，引导读者进行深入的阅读和交流。在策划读书会时，要注意选择合适的主题和时间，同时要确保参与读者的数量和活跃度。

（二）讲座/研讨会

讲座/研讨会是一种较为正式的图书馆阅读推广活动形式，它可以为读者提供更为深入的阅读指导和书籍内容的解读。图书馆可以邀请专家学者、作家等嘉宾，针对某一本书或某一类书籍进行讲解和解读。在策划讲座/研讨会时，要注意确定主题和嘉宾，同时要提前宣传和组织，确保参与的读者数量和质量。

（三）阅读比赛

阅读比赛是一种具有趣味性和竞争性的图书馆阅读推广活动形式，它可以激发读者的阅读兴趣和热情。图书馆可以组织不同年龄段、不同主题的阅读比赛，吸引更多的读者参与。在策划阅读比赛时，要注意制定合理的比赛规则和奖励机制，同时要确保比赛的公平性和公正性。

（四）亲子阅读

亲子阅读是一种特别适合家庭阅读的图书馆阅读推广活动形式，它可以让家长和孩子一起分享阅读的快乐和成长。图书馆可以组织亲子阅读活动，提供一些适合家长与孩子一起阅读的书籍和材料，同时邀请一些儿童文学家或教育专家进行现场指导。在策划亲子阅读活动时，要注意选择合适的书籍和活动内容，同时要确保参与的家庭数量和质量。

（五）主题展览

主题展览是一种以展示为主的图书馆阅读推广活动形式，它可以展示图书馆的特色馆藏、展示某一类书籍的发展历程等。图书馆可以定期举办主题展览，吸引更多的读者前来参观和学习。在策划主题展览时，要注意确定展览的主题和内容，同时要合理安排展览的时间和地点。

（六）文化体验活动

文化体验活动是一种将阅读与实际生活相结合的图书馆阅读推广活动形式，它可以让读者更好地了解和体验不同地域、不同文化的风情。图书馆可以组织一些文化体验活动，如传统手工艺制作、地方特色美食制作等，同时提供相关的书籍和资料供读者参考和学习。在策划文化体验活动时，要注意选择与活动内容相关的书籍和资料，同时要确保活动的安全性和趣味性。

（七）移动图书馆

移动图书馆是一种将图书馆服务延伸到社区、学校等场所的图书馆阅读推广活动形式，它可以扩大图书馆的服务范围和服务对象。图书馆可以组织移动图书馆服务，将图书借阅、阅读推广等服务带到社区、学校等场所，方便读者随时随地获取阅读资源和服务。在策划移动图书馆服务时，要注意选择合适的服务地点和服务对象，同时要确保服务的便利性和实用性。

总之，图书馆阅读推广活动的形式多种多样，每种形式都有其优缺点和适用范围。在策划活动时，要根据实际情况选择合适的活动形式，同时要结合读者的需求和反馈进行调整和完善。通过精心策划和组织，实现图书馆阅读推广活动的目标，推动全民阅读的发展。

四、活动宣传与推广

（一）确定宣传目标和受众群体

在制定宣传方案之前，需要明确宣传的目标和受众群体。根据活动的主题和目标，可以确定宣传的目标是提高活动的知名度、吸引更多读者参与、推广图书馆的特色服务等。受众群体可能包括学生、教师、家长、社区居民等，需要根据不同的受众群体制定不同的宣传方案。

（二）选择合适的宣传渠道和方式

宣传渠道和方式的选择是宣传的关键。以下是一些常见的宣传渠道和方式。

社交媒体宣传：利用图书馆的官方社交媒体账号（如微博、微信公众号等）发布活动信息和海报，与读者进行互动和交流。

宣传单页：制作宣传单页，将活动信息、时间、地点等详细信息印制在单页上，在学校、社区、图书馆等地方张贴。

宣传册：制作宣传册，将图书馆的特色服务、活动信息等印制在册子上，向读者发放。

网络广告：在相关网站或 APP 上发布活动广告，吸引更多的人关注和参与。

新闻媒体报道：邀请新闻媒体对活动进行报道，提高活动的知名度和影响力。

（三）精心设计宣传内容和形式

宣传内容和形式的设计是吸引读者注意力的关键。

创意海报：设计具有创意的海报，突出活动的主题和亮点，吸引读者的眼球。

活动详情介绍：撰写活动详情介绍，让读者了解活动的目的、内容、时间、地点等信息。

互动式宣传：设计互动式宣传方案，如问答、抽奖等环节，让读者参与其中，提高活动的趣味性和互动性。

多媒体资源运用：利用多媒体资源，如视频、音频等，将活动的相关信息以更直观、生动的方式呈现给读者。

利用故事性元素：将故事性元素融入宣传内容中，让读者更容易产生情感共鸣，增强宣传效果。

（四）加强口碑营销和推荐

口碑营销和推荐是一种非常有效的宣传方式。

提供优质的服务和体验：为读者提供优质的服务和体验，让读者对活动产生良好的印象和评价，从而自发地进行口碑传播。

鼓励读者分享体验：鼓励读者在活动结束后分享他们的体验和感受，可以通过社交媒体、评价网站等渠道进行传播。

提供优惠推荐：为推荐新读者参加活动的读者提供一定的优惠或奖励，鼓励读者推荐更多的朋友参与。

与其他机构合作：与其他机构或团体合作，如学校、社区组织等，共同推广活动，扩大活动的覆盖面和影响力。

（五）进行效果评估和总结

活动结束后，需要对宣传效果进行评估和总结。

统计参与人数：统计参与活动的读者数量，了解活动的吸引力和影响力。

分析宣传效果：分析各种宣传渠道和方式的效果，找出最有效的宣传途径和方法。

收集反馈意见：收集读者的反馈意见和建议，了解活动存在的问题和改进方向。

进行效果评估：根据活动目标、参与人数、反馈意见等因素对宣传效果进行评估，以便更好地总结经验和教训，为今后的活动提供参考。

总之，图书馆阅读推广活动的宣传与推广需要精心策划和实施。通过明确宣传目标和受众群体、选择合适的宣传渠道和方式、精心设计宣传内容和形式、加强口碑营销和推荐以及进行效果评估和总结等方法可以提高活动的知名度和影响力，吸引更多的读者参与阅读推广活动。

五、活动组织与实施

（一）制订详细的实施计划

在活动策划阶段，需要制订详细的实施计划。实施计划应包括以下内容：活动的具体流程、各环节的责任人及任务、时间安排、物资准备、场地布置、参与人员等。在制订实施计划时，需要考虑周全，确保每个环节都有明确的责任人和任务，避免出现疏漏。

（二）确定活动主题和形式

活动主题和形式是活动组织与实施的基础。在确定活动主题和形式时，需要考虑读者的需求和兴趣，选择具有吸引力和独特性的主题和形式。例如，可以组织读书分享会、讲座、展览、读书竞赛等形式多样的活动，让读者有更多的选择和参与机会。

（三）招募合适的参与人员

招募合适的参与人员是活动组织与实施的重要环节。参与人员包括志愿者、工作人员、嘉宾等。招募时需要考虑人员的专业背景、技能特长、责任心等因素，确保参与人员能够胜任各自的任务，为活动的成功提供保障。

（四）准备必要的物资和场地

准备必要的物资和场地是活动组织与实施的必要条件。物资包括宣传资料、奖品、音响设备、座椅等；场地包括图书馆、阅览室、会议室等。在准备物资和场地时，需要考虑活动的规模和需求，确保物资和场地的充足和质量。

（五）组织有效的宣传推广

组织有效的宣传推广是活动组织与实施的重要保障。宣传推广可以通过各种渠道进行，如社交媒体、宣传单页、宣传册等。在宣传推广时，需要注重创意和针对性，突出活动的亮点和特色，吸引更多的读者参与。

（六）制定应急预案

制定应急预案是活动组织与实施中不可忽视的一环。应急预案应包括应对突发情况的人员、物资、场地等方面的安排。在制定应急预案时，需要考虑各种可能出现的突发情况，制定相应的应对措施，确保活动的顺利进行。

（七）注重活动的细节和服务质量

活动的细节和服务质量是影响读者参与度和满意度的重要因素。因此，在组织与实施活动时，需要注重活动的细节和服务质量。例如，在活动现场设置指示牌、安排志愿者引导读者入场、提供茶水和小吃等，为读者提供更加贴心的服务。同时，需要注意场地的安全和卫生问题，确保读者能够在舒适的环境中参与活动。

（八）合理安排时间和节奏

活动的组织和实施需要合理安排时间和节奏。在安排时间时，需要考虑读者的时间和工作安排，选择适宜的时间段进行活动。同时，需要注意活动的节奏和进度，避免出现过于紧张或过于松散的情况。在活动中可以设置适当的休息时间和交流环节，让读者有更多的参与感和互动性。

（九）做好后续的总结和评估工作

做好后续的总结和评估工作是活动组织与实施的必要环节。在活动结束后，需要对活动的组织过程、实施效果等方面进行总结和评估。总结和评估可以帮助我们发现不足和问题，为今后的活动提供借鉴。同时，也可以通过评估结果来调整和优化活动的主题和形式等要素，提高活动的质量和效果。

总之，图书馆阅读推广活动的组织与实施需要注重细节和服务质量、合理安排时间和节奏、做好后续的总结和评估工作等方面。只有通过精心策划和组织实施，才能确保活动的成功和质量，为读者提供更好的阅读推广服务。

第二节　图书推荐与阅读指导

一、图书推荐原则与方法

面对图书馆丰富的藏书资源，很多读者往往感到无从下手，不知道如何选择适合自己的图书。因此，图书馆图书推荐成为了解决这一问题的关键。

（一）图书馆图书推荐原则

针对性原则：针对不同的读者群体，推荐适合的图书。例如，对于学生群体，可以推荐与学科相关的参考书、工具书、学术期刊等；对于教师群体，可以推荐与教学相关的教育类图书、学术著作等。

多样性原则：在推荐图书时，应考虑不同类型、不同领域的书籍。除了传统的纸质书籍，还可以推荐电子书、有声读物等多元化的阅读方式。同时，要涵盖不同的学科领域，满足读者多样化的阅读需求。

趣味性原则：推荐的图书应具有趣味性，能够吸引读者的兴趣。通过推荐有趣的故事、科普知识、漫画等类型的图书，可以激发读者的阅读热情，培养他们的阅读习惯。

实用性原则：推荐的图书应具有一定的实用性，能够为读者的学习、工作和研究提供帮助。例如，可以推荐一些实用的工具书、参考书，或者与职业发展相关的书籍等。

互动性原则：推荐图书时，应考虑读者的反馈和意见。可以通过问卷调查、读者评价等方式收集读者的阅读需求和喜好，根据读者的反馈进行有针对性的推荐。

（二）图书馆图书推荐方法

专家推荐法：图书馆可以邀请专家、学者根据他们的专业知识和经验，为读者推荐相关领域的优秀图书。这些专家可以包括学科教授、研究人员、作家等。他们的推荐可以为读者提供更权威、更有深度的阅读建议。

排行榜单法：图书馆可以参考各类图书排行榜单，如亚马逊、当当网等电商平台的排行榜，或者美国《纽约时报》的畅销书排行榜等，为读者推荐热门的、高质量的图书。

这种方法可以帮助读者了解当前社会的阅读趋势和热点。

主题展览法：图书馆可以定期举办各类主题展览活动，如"世界读书日""儿童节读书活动"等。在展览活动中，可以展示与主题相关的优秀图书，并邀请作者、专家进行现场交流和分享，提高读者的阅读兴趣和参与度。

个性化推荐法：图书馆可以利用大数据和人工智能技术，对读者的借阅历史、搜索记录、阅读习惯等进行深入分析，根据读者的兴趣和需求进行个性化的图书推荐。这种方法可以帮助读者更精准地找到适合自己的图书。

联合推荐法：图书馆可以与其他机构或团体进行合作，如学校、社区、企事业单位等，共同开展图书推荐活动。通过资源共享和信息交流，可以为读者提供更广泛、更多元的阅读选择。

读者互动法：图书馆可以通过问卷调查、读者评价、读书分享会等形式，鼓励读者参与到图书推荐中来。通过了解读者的阅读需求和喜好，可以为他们提供更贴近实际、更具有针对性的阅读建议。

新书通报法：图书馆可以定期发布新书通报，向读者介绍新入库的图书资源。通过介绍图书的内容、作者、出版信息等，激发读者的阅读兴趣和好奇心，促进新书的流通和传播。

媒体宣传法：图书馆可以利用媒体资源，如报纸、电视、广播、网络等，进行图书宣传和推广活动。通过介绍图书的特点和价值，提高读者的阅读意识和参与度。

二、经典图书推荐

在浩瀚的书海中，经典图书是人类智慧的结晶，是文化传承的重要载体。图书馆作为知识宝库，应该为读者提供经典图书的推荐服务，帮助读者领略人类文明的精髓，提高综合素质。笔者将介绍一些图书馆经典图书推荐，以供读者参考。

（一）文学经典

《红楼梦》：清代作家曹雪芹的代表作，中国古典小说的巅峰之作，展现了封建社会的衰败和人性的复杂。

《哈姆雷特》：莎士比亚的经典悲剧，描写了主人公为父复仇的心路历程，揭示了人性的矛盾和挣扎。

《围城》：钱钟书的代表作，一部讽刺幽默的小说，描绘了中国知识分子的生活和思想。

《百年孤独》：哥伦比亚作家马尔克斯的代表作，通过一个家族的兴衰变迁，表现了拉丁美洲历史文化的内涵。

《骆驼祥子》：老舍的代表作，描写了北京人力车夫的生活和命运，反映了中国社会的变迁。

（二）哲学经典

《论语》：中国古代儒家经典，记录了孔子及其弟子言行，对后世影响深远。

《形而上学》：亚里士多德的代表作，探讨了宇宙的本质和人类知识的来源。

《纯粹理性批判》：康德的代表作，对人类的认知能力和理性的界限进行了深入探讨。

《存在与时间》：海德格尔的代表作，探讨了人类存在的意义和时间的问题，对后世影响深远。

（三）历史经典

《史记》：中国古代史书的巅峰之作，记录了从上古时代到汉武帝时期的历史事件，具有极高的史料价值和文学性。

《罗马帝国兴衰史》：讲述了罗马帝国的崛起、辉煌和衰落，揭示了罗马文明的历史脉络。

《世界历史》：讲述了人类历史的发展进程，从古代到现代，涵盖了各个时期的重要事件和文化。

《中国通史》：记录了中国历史的发展进程，从上古时代到近代，涵盖了政治、经济、文化等方面的重要事件。

（四）科学经典

《物种起源》：达尔文的代表作，揭示了生物进化的规律和人类起源的奥秘。

《广义相对论基础》：爱因斯坦的代表作，阐述了相对论的理论基础和应用范围，改变了人们对时间和空间的认识。

《人类简史》：尤瓦尔·赫拉利的代表作，讲述了人类历史的发展进程，从早期人类到现代社会的演变过程。

《化学原理》：波义耳的代表作，阐述了化学的基本原理和化学反应的本质，为现代化学奠定了基础。

《医学典籍》：古代医学经典的代表之一，包括了中医、中药、针灸等方面的内容，对后世医学发展产生了深远影响。

以上推荐的每本书都蕴含着人类智慧的结晶和文化的精髓。读者在阅读这些经典图书时，不仅可以领略人类文明的精髓，提高自身的素质和修养，还可以从中汲取智慧和力量，为自己的成长和发展提供有益的借鉴。同时，图书馆应该为读者提供更加优质的服务，包括图书推荐、阅读指导、文献检索等，帮助读者更好地利用图书馆资源，实现知识的传播和共享。

三、热门图书推荐

在图书馆的浩瀚书海中，热门图书往往是吸引读者目光的焦点。这些图书不仅具有高度的娱乐性，还蕴含着丰富的知识和智慧。笔者将介绍一些图书馆热门图书推荐，以供读者参考。

（一）社科类热门图书

《人类简史》：尤瓦尔·赫拉利的代表作，讲述了人类历史的发展进程，从早期人类到现代社会的演变过程。该书语言生动，深入浅出，深受读者喜爱。

《论语》：中国古代儒家经典，记录了孔子及其弟子言行，对后世影响深远。该书富含人生哲理和道德规范，是中华文化的重要组成部分。

《小王子》：安托万的代表作，以一个孩子的视角探讨了友情、爱情和人生意义等问题。该书富有哲理，文字优美，深受读者喜爱。

《三体》：刘慈欣的代表作，是一部科幻类的小说。它讲述了地球文明与外星文明之间的交锋和对抗。该书想象力丰富，科技含量高，具有很强的可读性。

（二）文学类热门图书

《百年孤独》：哥伦比亚作家马尔克斯的代表作，通过一个家族的兴衰变迁，表现了拉丁美洲历史文化的内涵。该书被誉为"魔幻现实主义"的代表作，文字优美，情节曲折，深受读者喜爱。

《追风筝的人》：卡勒德·胡赛尼的代表作，讲述了一个阿富汗男孩对童年时期的回忆及其成长经历。该书情感真挚，文字细腻，深刻揭示了人性的善恶和矛盾。

《茶馆》：老舍的代表作，描写了北京一家茶馆的兴衰变迁和主人公王利发的一生经历。该书具有浓厚的生活气息，语言幽默，人物形象生动，深受读者喜爱。

《解忧杂货店》：东野圭吾的代表作，讲述了在一家解决人们烦恼的杂货店里发生的一系列故事。该书情节曲折，构思巧妙，既有趣味性又具有深度。

《无声告白》：伍绮诗的代表作，讲述了一对华裔移民夫妇在面对家庭悲剧时的心路历程。该书文字优美，情感真挚，深刻揭示了人性的复杂和文化的冲突。

（四）自助类热门图书

《精力管理》：提供了一种全面、实用的精力管理方法，帮助读者提高工作效率和生活品质。

《学会提问》：通过提问的方式引导读者思考和探索问题，培养批判性思维和解决问题的能力。

《刻意练习》：介绍了通过反复练习来提高技能和能力的理论和方法，鼓励读者突破自己的极限。

《情绪管理》：帮助读者认识和管理自己的情绪，提高情商和应对压力的能力。

《时间管理》：提供了一系列有效的时间管理技巧和方法，帮助读者提高效率和实现目标。

（五）科技类热门图书

《未来简史》：尤瓦尔·赫拉利的代表作之一，探讨了未来可能出现的科技和社会现象，以及它们对人类的影响。

《基因传》：悉达多·穆克吉的代表作之一，介绍了基因科学的发展历程和应用领域。

《人工智能：一种现代方法》：介绍了人工智能的基本原理和方法，以及它在各个领域的应用。

《区块链革命》：探讨了区块链技术的基本原理和应用领域，以及它对金融、供应链管理等领域的革命性影响。

《无人驾驶》：介绍了无人驾驶技术的发展和应用前景，以及它对交通出行和社会生活的影响。

以上推荐的热门图书涵盖了社科、文学、自助、科技等多个领域，它们都具有很高的阅读价值和实用性。读者可以根据自己的兴趣爱好和需求选择适合自己的图书进行阅读和学习。同时，图书馆也应该为读者提供更加全面和优质的阅读服务，包括图书推荐、阅读指导、文献检索等，帮助读者更好地利用图书馆资源进行学习和阅读。

四、读者个性化阅读推荐

在数字化信息时代，图书馆作为重要的知识库和信息中心，扮演着越来越重要的角色。为了满足读者的多样化需求，图书馆需要提供更加个性化、精准的阅读推荐服务。

（一）图书馆读者个性化阅读推荐的重要性

1.提高阅读满意度

通过分析读者的阅读兴趣、习惯和行为，图书馆可以向读者推荐与其喜好相符的图书，提高读者的阅读满意度。

2.降低拒借率

根据读者的借阅历史和图书借阅排行榜，图书馆可以将热门图书优先推荐给读者，降低拒借率，提高图书的利用率。

3.引导阅读推广

通过个性化推荐，图书馆可以引导读者关注一些冷门但有价值的图书，推动阅读推广，扩大读者的阅读视野。

4.提升图书馆形象

通过提供精准、个性化的阅读推荐服务，图书馆可以增强与读者的互动，提升读者对图书馆的信任度和好感度。

（二）图书馆读者个性化阅读推荐的相关技术

1.数据挖掘技术：

通过分析读者的借阅历史、搜索记录和阅读行为等数据，挖掘读者的阅读兴趣和需求，为个性化推荐提供依据。

2.机器学习算法

利用机器学习算法对读者数据进行训练和预测，自动发现读者的阅读偏好和趋势，提高推荐准确性。

3.自然语言处理技术

通过自然语言处理技术对图书摘要、标题等信息进行分析，提取关键特征，便于匹配读者的阅读需求。

4.移动终端技术

利用移动终端设备的特性，开发适用于手机、平板等设备的阅读推荐应用，提供便捷的个性化推荐服务。

（三）图书馆读者个性化阅读推荐实践案例

1.某高校图书馆的个性化推荐系统

该系统通过分析读者的借阅历史、搜索记录等数据，采用协同过滤和基于内容的推荐算法，为读者提供个性化的图书推荐服务。同时，还通过移动终端设备向读者推送推荐结果，提高读者的阅读体验。

2.某公共图书馆的智能推荐平台

该平台利用大数据技术和机器学习算法，对读者的借阅数据进行分析和挖掘。通过自然语言处理技术对图书元数据进行处理，提取关键特征，为读者提供精准的个性化阅读推荐。此外，还设置了人工推荐模块，由专业馆员根据读者的特殊需求进行人工推荐。

3.某数字图书馆的个性化推荐模块

该模块针对数字资源的特点，采用了基于内容的推荐算法和深度学习技术。通过对数字图书的内容进行分析和匹配，为读者推荐相关领域的优质资源。同时，还提供了可视化分析和反馈机制，方便读者对推荐结果进行评价和调整。

图书馆读者个性化阅读推荐对于提高阅读满意度、降低拒借率、引导阅读推广和提升图书馆形象具有重要意义。相关技术包括数据挖掘、机器学习算法、自然语言处理和移动终端技术等。实践案例表明，个性化推荐系统可以提高图书利用率和读者阅读体验。未来展望中，图书馆可以进一步拓展个性化推荐服务的领域和应用范围；同时需要不断跟进新技术的发展；并注重保护读者的隐私和数据安全。

五、阅读指导策略

图书馆作为知识资源的宝库，对于培养读者的阅读习惯、提高阅读能力和素养起着至关重要的作用。然而，面对海量的图书资源，许多读者往往感到迷茫，不知如何选择合适的读物。因此，图书馆需要制定有效的阅读指导策略，帮助读者发现并选择适合自己的图书，提高阅读效果和满意度。

（一）图书馆阅读指导策略的重要性

1.提高读者阅读效果

通过提供针对性的阅读指导，图书馆可以帮助读者选择适合自己水平和兴趣的读物，避免盲目阅读，从而提高阅读效果。

2.培养读者阅读习惯

图书馆通过开展阅读推广活动、设立阅读角、举办读书会等形式，可以激发读者的阅读兴趣，培养良好的阅读习惯。

3.提升图书馆资源利用率

通过有效的阅读指导策略，图书馆可以将馆藏资源更好地推荐给读者，提高图书的利用率，实现资源优化配置。

4.促进社会文化发展

图书馆作为社会文化的重要载体，通过提供阅读指导服务，可以推动社会文化的发展和传承，提高全民文化素质。

（二）图书馆阅读指导策略的制定

1.了解读者需求

图书馆应通过调查、统计等方式获取读者的阅读需求和喜好，以便为不同读者群体提供个性化的阅读指导服务。

2.建立专业指导团队

图书馆应组建由专业馆员、学科专家、阅读推广人等组成的指导团队，为读者提供专业的阅读指导和咨询服务。

3.制定分类指导方案

针对不同年龄、职业、兴趣的读者群体，图书馆应制定分类指导方案，包括推荐书单、设立专题书架、举办读书活动等。

4.创新指导方式

图书馆应积极探索创新型的阅读指导方式，如开展线上阅读指导、举办读书交流活动、实施阅读积分制度等，以满足不同读者的需求。

5.建立反馈机制

图书馆应建立有效的反馈机制，收集读者的评价和建议，及时调整和优化阅读指导策略，提高服务质量。

（四）图书馆阅读指导策略的实施

1.开展入馆教育

图书馆应通过入馆教育向新读者介绍图书馆的资源和服务，引导读者了解图书分类、检索等方法，为后续的阅读指导打下基础。

2.个性化推荐服务

根据读者的借阅历史、搜索记录等信息，采用数据挖掘、机器学习等技术为读者提供个性化的图书推荐服务。

3.定期举办读书活动

图书馆应定期举办各类读书活动，如读书分享会、作家讲座、主题沙龙等，鼓励读者参与交流，提高阅读兴趣和能力。

4.设立专题书架和推荐书单

针对不同读者群体和阅读需求，图书馆应在阅览室设立专题书架和推荐书单，方便读者选择合适的读物。

5.实施阅读积分制度

为激励读者积极参与阅读活动，图书馆可实施阅读积分制度，根据读者的借阅次数、读书时长等给予相应的积分奖励。

6.建立线上阅读平台

利用互联网技术建立线上阅读平台，提供电子图书、在线讲座等资源和服务，满足不同读者的远程阅读需求。

7.定期评估与调整

图书馆应定期对阅读指导策略进行评估和调整，根据读者的反馈和实际效果不断完善和优化指导方案。

图书馆阅读指导策略是提高读者阅读效果和满意度的重要手段。通过了解读者需求、建立专业指导团队、制定分类指导方案、创新指导方式以及建立反馈机制等措施的实施。

第三节　阅读推广资源与合作伙伴的开发

一、开发阅读推广资源

（一）阅读推广资源的开发

1.传统文献资源的开发

图书馆应首先对馆藏传统文献资源进行合理配置和优化。在图书采购方面，要根据读者需求和馆藏特色制订采购计划，确保馆藏资源的多样性和全面性。同时，要注重期刊、报纸等时效性较强资源的收藏，为读者提供及时、新颖的信息服务。此外，图书馆还可以开展图书交换活动，与其他图书馆或机构交换图书资源，丰富馆藏内容。

2.数字资源的开发

随着信息技术的发展，数字资源已成为图书馆阅读推广的重要组成部分。图书馆应积极收集、整理数字资源，如电子图书、电子期刊、网络数据库等，建立完善的数字资源库，为读者提供便捷的在线阅读服务。此外，图书馆还可以开发移动阅读资源，如手机应用程序、电子书等，满足读者在移动设备上的阅读需求。

3.网络资源的整合

互联网上存在着大量的优质阅读资源，图书馆应积极整合这些资源，为读者提供更加全面的阅读服务。例如，可以建立专题网站，收集各类阅读素材，推荐优秀阅读作品，引导读者进行深入阅读。此外，图书馆还可以利用社交媒体平台推广阅读资源，如微博、微信等，向读者推荐优秀图书、文章或视频。

（二）合作伙伴的开发

1.校内合作伙伴的开发

图书馆应积极与学校内的教学机构、科研机构、学生团体等建立合作关系。通过与教学机构合作，可以了解各专业的阅读需求，为师生提供针对性的阅读服务；与科研机构合作，可以获取最新的科研动态和学术成果，促进学术交流和知识传播；与学生团体合作，可以了解学生的兴趣爱好和需求，开展丰富多彩的读书活动。例如，可以与学校的教学部门合作，共同开设阅读课程或举办读书活动；可以与科研机构合作，共同开展学术交流活动或研究项目；可以与学生团体合作，共同组织读书俱乐部或文化沙龙等。

2.校外合作伙伴的开发

图书馆还应积极与校外机构建立合作关系。例如，可以与当地公共图书馆、博物馆、文化馆等文化机构合作，共同开展阅读推广活动；可以与出版社、书店等出版机构合作，获取最新的出版信息和图书资源；可以与社区、企业等合作，开展社区读书活动和企业员工培训等。此外，还可以与媒体机构合作，共同宣传图书馆的阅读推广活动或推荐优秀图书作品等。通过与校外合作伙伴的合作交流，图书馆可以拓宽自身的服务范围和影响力，提高阅读推广的效果和质量。

二、建立合作伙伴关系

（一）合作伙伴关系的建立

1.确定合作伙伴的需求和目标

在建立合作伙伴关系之前，图书馆需要明确自身的需求和目标，并了解潜在合作伙伴的需求和目标。只有当双方的需求和目标相契合时，才能建立起稳定、可持续的合作伙伴关系。例如，图书馆可以与当地公共图书馆、博物馆等文化机构建立合作关系，共同开展阅读推广活动，以满足不同读者的需求。

2.寻找合适的合作伙伴

在确定需求和目标后，图书馆需要积极寻找合适的合作伙伴。校内合作伙伴方面，可以与学校的教学部门、科研机构、学生团体等建立合作关系；校外合作伙伴方面，可以与当地公共图书馆、博物馆、文化馆等文化机构，以及出版社、书店等出版机构建立合作关系。此外，图书馆还可以与社区、企业等机构合作，开展社区读书活动、企业员工培训等活动。

3.建立合作伙伴关系

在找到合适的合作伙伴后，图书馆需要采取一系列措施来建立合作伙伴关系。这包括：与合作伙伴进行深入的沟通和交流，了解彼此的需求和目标；签订合作协议或备忘录，明确双方的权利和义务；建立有效的沟通渠道和协作机制，确保合作伙伴之间的顺畅沟通和高效协作；对合作伙伴进行必要的培训和支持，以提高其能力和水平。

4.评估和持续改进

建立合作伙伴关系后，图书馆需要对合作关系进行定期评估和持续改进。这包括：

对合作项目的进展情况进行评估，确保项目按照计划进行；对合作伙伴的表现进行评估，及时发现并解决问题；对合作关系的效果进行评估，总结经验教训并持续改进。通过评估和持续改进，图书馆可以不断完善合作关系，提高合作效果和质量。

（二）合作伙伴关系对于图书馆发展的意义

1.共享资源，提高效率

通过建立合作伙伴关系，图书馆可以共享资源，提高效率。例如，图书馆可以与出版社、书店等机构合作，获取最新的出版信息和图书资源；可以与当地公共图书馆、博物馆等文化机构合作，共同开展阅读推广活动；可以与学生团体合作，共同组织读书俱乐部或文化沙龙等。这些合作伙伴可以为图书馆提供丰富的资源支持，提高服务效率和质量。

2.拓展服务范围，满足读者需求

通过建立合作伙伴关系，图书馆可以拓展服务范围，满足更多读者的需求。例如，图书馆可以与当地社区和企业合作，开展社区读书活动和企业员工培训等活动；可以与学校的教学部门和科研机构合作，共同开设阅读课程或举办读书活动等。这些合作伙伴可以帮助图书馆拓展服务范围，满足不同读者的需求。

3.增强影响力，推动文化事业发展

通过建立合作伙伴关系，图书馆可以增强自身的影响力，推动文化事业的发展。例如，图书馆可以与当地政府、媒体等机构合作，共同推动全民阅读和文化事业的发展；可以与行业内的其他图书馆或机构联合起来开展合作项目；可以与国际上的相关机构开展合作交流活动等。

三、与出版机构合作

（一）图书馆与出版机构的合作关系

图书馆与出版机构之间的合作关系可以包括以下几个方面。

1.图书采购与推广

图书馆是出版机构的重要客户之一，出版机构可以向图书馆提供图书采购服务，并根据图书馆的需求和读者反馈，推荐优秀的图书品种。同时，图书馆可以利用自身的宣传渠道和资源，帮助出版机构推广新书和重点图书，提高市场知名度和品牌影响力。

2.数字资源建设与共享

图书馆和出版机构可以共同开展数字资源建设与共享工作。出版机构可以提供数字图书资源，为图书馆的数字图书馆建设提供支持；而图书馆则可以为出版机构提供读者反馈和市场信息，帮助出版机构了解市场需求和趋势。

3.学术出版与推广

图书馆可以与出版机构合作，开展学术出版与推广工作。图书馆可以利用自身的学术资源优势，为出版机构提供学术选题和策划建议；而出版机构则可以为图书馆提供学术出版服务，以及举办学术会议和论坛等推广活动。

4.培训与咨询服务

图书馆可以与出版机构合作，提供培训和咨询服务。出版机构可以向图书馆提供出版行业的相关培训，帮助图书馆了解出版流程和规范；而图书馆则可以利用自身的专业优势，为出版机构提供市场调研、读者分析和营销策略等方面的咨询服务。

（二）图书馆与出版机构合作的意义

1.提高图书质量和多样性

通过与出版机构合作，图书馆可以获得更多、更全面的图书资源，包括一些小众和专业的图书品种。这有助于提高图书馆的藏书质量和多样性，满足不同读者的需求。同时，与出版机构合作还可以帮助图书馆及时更新和扩充藏书资源。

2.拓展服务范围和增强品牌影响力

通过与出版机构的合作，图书馆可以拓展服务范围，为读者提供更多元化的服务。例如，图书馆可以举办新书发布会、作家见面会等文化活动，吸引更多的读者参与；可以开展学术交流和科研合作等活动，提高图书馆在学术界的地位和影响力。同时，与出版机构的合作也可以帮助图书馆增强品牌影响力，提高社会认知度和美誉度。

3.促进文化事业的发展

图书馆和出版机构都是文化事业的重要组成部分，它们在传承文化、促进社会进步方面发挥着重要作用。通过建立合作伙伴关系，图书馆和出版机构可以相互支持、相互促进，共同推动文化事业的发展。这种合作关系不仅有助于提高双方的经济效益和社会效益，还有助于增强国家的文化软实力和国际竞争力。

四、与社区机构合作

（一）图书馆与社区机构的合作关系

1.资源共享与优势互补

图书馆和社区机构都有各自的资源优势和特点，通过建立合作关系，可以相互补充和利用对方的资源优势，实现资源共享和优势互补。例如，图书馆可以提供图书、文献和数字化资源等知识服务，而社区机构则可以提供人力资源、场地和社会服务等资源，共同为社区居民提供更全面、更优质的服务。

2.文化活动与宣传推广

图书馆可以与社区机构合作举办各种文化活动，如读书会、讲座、展览和文艺演出等，丰富社区居民的文化生活，提高他们的文化素质和审美水平。同时，通过合作，双方还可以相互宣传和推广各自的服务和活动，扩大影响力和知名度。例如，图书馆可以在社区机构的网站或宣传栏上发布图书信息、活动预告等宣传内容，而社区机构则可以在图书馆的读者群中进行宣传和推广。

3.信息反馈与决策支持

图书馆可以通过与社区机构的合作，获取更多的信息和反馈意见，了解社区居民的需求和意见，为图书馆的改进和发展提供参考和支持。同时，社区机构也可以利用图书馆的资源优势，为自身的决策和发展提供信息和智力支持。例如，社区机构可以借助图书馆的文献资源和专家力量，进行社会调查、政策研究和制定等工作。

4.志愿者服务与社会责任

图书馆可以与社区机构合作开展志愿者服务和社会责任实践。图书馆可以利用自身的志愿者力量和专业知识，为社区机构的公益事业提供支持和帮助；而社区机构则可以为图书馆提供人力资源和场地等支持，帮助图书馆开展各项公益活动。这种合作可以实现双方的社会责任和公益价值的最大化。

（二）图书馆与社区机构合作的意义

1.提升服务质量和效率

通过与社区机构的合作，图书馆可以借助对方的资源和服务优势，提升自身的服务质量和效率。例如，通过与社区机构的合作，图书馆可以更快地获取社区居民的需求和反馈意见，及时调整自身的服务和活动安排；同时，社区机构也可以利用图书馆的场地和资源优势，更好地为社区居民提供服务和支持。

2.增强品牌影响力和社会认可度

通过与社区机构的合作，图书馆可以增强自身的品牌影响力和社会认可度。这种合作可以让更多的人了解图书馆的作用和价值，提高图书馆在社会中的地位和影响力；同时也可以帮助社区机构拓展服务范围和增强品牌影响力，实现双方共同发展。

3.促进社区和谐与发展

图书馆与社区机构的合作可以促进社区和谐与发展。这种合作可以为社区居民提供更多、更优质的文化服务和公益支持；可以帮助社区机构更好地为社区居民提供服务和支持；可以促进社区的文明进步和发展；可以增强社区居民的凝聚力和归属感。

五、与学校和培训机构合作。

（一）与学校和培训机构合作的意义

1.提高教育质量

通过与培训机构合作，学校可以引入先进的教育理念、方法和资源，提高教育质量。培训机构往往具有专业的师资力量和独特的教学资源，能够为学校提供有益的补充。

2.满足学生多样化需求

学校与培训机构的合作可以满足学生的多样化需求，为他们提供更加个性化的教育服务。培训机构可以针对学生的不同兴趣和需求，提供多样化的课程和培训项目，帮助学生发展特长和潜力。

3.增强学校竞争力

通过与培训机构合作，学校可以增强自身的竞争力。培训机构往往具有市场化的运作模式和丰富的客户经验，能够为学校提供有益的参考和借鉴。同时，学校还可以借助培训机构的品牌和资源优势，提高自身的社会影响力。

4.实现教育资源共享

学校与培训机构的合作可以实现教育资源的共享，提高资源利用效率。培训机构可以提供丰富的课程资源和教学设备，帮助学校完善教学设施；同时，学校也可以为培训机构提供稳定的生源和良好的教学环境。

（二）与学校和培训机构合作的策略

1.建立长期稳定的合作关系

学校与培训机构之间应当建立长期稳定的合作关系，共同制订合作计划和方案，确保合作的持续性和稳定性。双方应当明确各自的职责和权利，建立有效的沟通机制和协作流程。

2.寻找共同利益点

学校与培训机构之间应当寻找共同利益点，确保合作的互利性和共赢性。双方应当深入了解对方的需求和优势，共同探索合作领域和项目，制定可行的合作方案。

3.加强师资培训和管理

学校与培训机构之间应当加强师资培训和管理，确保教学质量和效果。双方应当共同制订培训计划和管理制度，对教师进行定期培训和考核，提高教师的教学水平和专业素养。

4.创新合作模式和项目

学校与培训机构之间应当创新合作模式和项目，以满足学生的多样化需求。双方应当积极探索新的合作领域和项目，如在线教育、实践课程、职业规划等，为学生提供更加全面的教育服务。

（三）与学校和培训机构合作的实践案例

1.职业规划课程合作

某职业学校与当地一家培训机构合作，共同开设职业规划课程。培训机构为学校提供专业的职业规划师和课程资源，帮助学生了解职业发展路径和技能要求；学校则为学生提供稳定的生源和教学设施。通过合作，学生得到了更加全面的职业发展指导和机会。

2.在线教育资源共享

某高校与一家在线教育平台合作，共同开展在线教育资源共享项目。在线教育平台为高校提供优质的在线课程和教学资源，帮助学校完善数字化教育设施；高校则为学生提供稳定的生源和教学环境。通过合作，学生得到了更加多样化的学习方式和资源选择。

3.实践课程共建

某中学与一家实践培训机构合作，共同开设实践课程。实践培训机构为学校提供专业的实践导师和实践基地，帮助学生体验实际工作环境和实践技能；学校则为学生提供稳定的学习环境和导师指导。通过合作，学生得到了更加全面的实践经验和职业发展机会。

与学校和培训机构合作具有重要的意义和价值。这种合作可以提高教育质量、满足学生多样化需求、增强学校竞争力、实现教育资源共享等。在实践中，学校与培训机构应当建立长期稳定的合作关系、寻找共同利益点、加强师资培训和管理、创新合作模式和项目等。通过深入合作和实践创新，我们可以为学生提供更加优质的教育服务和发展机会，推动教育的不断进步和发展。

第九章 图书馆阅读推广与学校合作

第一节 图书馆与学校的合作模式与机制

一、合作目标的确定

图书馆与学校的合作是一种非常重要的合作关系，它有助于提高教育质量、促进学术研究、增强学生综合素质和拓展教师专业能力。在确定合作目标时，学校和图书馆应该共同制订合作计划和方案，明确各自的责任和义务，确保合作的顺利实施。

（一）合作背景

学校和图书馆之间有着密切的联系。学校是图书馆的重要用户之一，而图书馆则是学校教育的重要组成部分。学校需要图书馆提供丰富的文献资源和阅读环境，以帮助学生获取知识和提高综合素质；而图书馆则需要学校的支持和引导，以便更好地服务于师生和社会。因此，学校和图书馆之间的合作具有天然的优势和必要性。

（二）合作目标

1.提高教育质量

学校和图书馆的合作可以提高教育质量，帮助学生更好地掌握知识和技能。图书馆可以为学生提供丰富的文献资源和阅读环境，帮助学生拓展知识面、提高阅读和写作能力；同时，学校可以借助图书馆的资源和服务，完善课程设置、改进教学方法和提高教学质量。

2.促进学术研究

学校和图书馆的合作可以促进学术研究，推动教师和学生开展更高水平的学术研究。图书馆可以提供最新的文献资料和研究成果，帮助教师和学生了解学术前沿、开展科研工作；同时，学校可以组织学术活动和研讨会，促进学术交流和合作。

3.增强学生综合素质

学校和图书馆的合作可以增强学生的综合素质，帮助学生全面发展。图书馆可以提供丰富的课外读物和阅读环境，帮助学生培养阅读习惯、提高阅读和写作能力；同时，学校可以组织各种社会实践活动和文化活动，帮助学生拓宽视野、增强社会责任感和团队合作精神。

4.拓展教师专业能力

学校和图书馆的合作可以拓展教师的专业能力，帮助教师提高教学水平和学术研究能力。图书馆可以提供专业的文献资料和研究资源，帮助教师了解学术前沿、开展科研工作；同时，学校可以组织各种培训和研讨会，帮助教师提高教学方法和技能。

（三）合作计划的制订

为了实现上述合作目标，学校和图书馆应该共同制订合作计划和方案。具体措施包括：

（1）共同制定课程设置和教学方案，将图书馆的资源和服务融入教学中；

（2）建立信息共享平台和资源数据库，方便师生查询和使用；

（3）开展文化活动和社会实践活动，增强学生的综合素质和社会责任感；

（4）组织各种培训和研讨会，提高教师的教学水平和学术研究能力；

（5）加强沟通和协作，及时解决合作中出现的问题和矛盾。

（四）合作模式的探讨

1.资源共享模式

学校和图书馆可以建立资源共享模式，实现资源优化配置。图书馆可以将自身的文献资源和阅读环境与学校共享，学校则可以为图书馆提供稳定的生源和教学环境。这种模式可以实现资源共享、提高资源利用效率、降低成本的效果。

2.共建模式

学校和图书馆可以共同建设学术研究平台、文化活动中心等机构，为学生提供更加全面的教育服务。这种模式可以促进学术交流和合作、增强学生综合素质和社会责任感。

3.互惠模式

学校和图书馆可以建立互惠模式，实现互利共赢。图书馆可以为学校提供专业的文献资料和研究资源，帮助学校开展科研工作；同时，学校可以为图书馆提供教学资源和培训机会，帮助图书馆提高服务水平和管理能力。这种模式可以实现互利共赢的效果。

学校与图书馆的合作是一项重要的教育合作工程，它可以提高教育质量、促进学术研究、增强学生综合素质和拓展教师专业能力。在确定合作目标时，双方应该共同制订计划和方案，明确各自的责任和义务；在实施合作时，双方应该加强沟通和协作，及时解决合作中出现的问题和矛盾。通过深入合作和实践创新，我们可以为学生提供更加优质的教育服务和发展机会，推动教育的不断进步和发展。

二、合作方式的选择

图书馆与学校的合作是一种非常重要的合作关系，它有助于提高教育质量、促进学术研究、增强学生综合素质和拓展教师专业能力。在选择合作方式时，学校和图书馆应该根据自身的特点和需求，选择适合自己的合作方式，以确保合作的顺利实施。

（一）合作方式的种类

1.资源共享式合作

资源共享式合作是一种常见的合作方式，它是指学校和图书馆之间互相提供资源，以实现资源的优化配置和共享。这种合作方式主要包括文献资源的共享和信息技术的共享。文献资源共享可以包括图书馆向学校提供图书、期刊、数据库等资源，以及学校向图书馆提供课程资料、研究成果等资源。信息技术共享可以包括图书馆向学校提供信息技术支持和培训，以及学校向图书馆提供教学资源和培训机会等。

2.共建式合作

共建式合作是指学校和图书馆共同建设某种机构或项目，以实现共同的目标和利益。这种合作方式可以包括共同建设图书馆、共同开展文化活动和社会实践活动等。通过共建式合作，学校和图书馆可以互相协作、互相促进，实现共同发展。

3.互惠式合作

互惠式合作是指学校和图书馆之间互相提供服务和支持，以实现互利共赢。这种合作方式可以包括图书馆向学校提供专业文献资料和研究资源，帮助学校开展科研工作；学校向图书馆提供教学资源和培训机会，帮助图书馆提高服务水平和管理能力。通过互惠式合作，学校和图书馆可以互相补充、互相促进，实现共同进步。

（二）合作方式的选择

1.根据实际情况选择合作方式

学校和图书馆在选择合作方式时，应该根据自身的实际情况和需求进行选择。例如，如果学校和图书馆的资源比较丰富，可以选择资源共享式合作；如果双方有共同的目标和兴趣，可以选择共建式合作；如果双方有互相需求和支持，可以选择互惠式合作。

2.考虑合作目标和效果

在选择合作方式时，应该考虑合作的目标和效果。例如，如果合作的目标是提高教育质量，可以选择资源共享式合作或共建式合作，以提供更加全面的教育服务；如果合作的目标是促进学术研究，可以选择共建式合作或互惠式合作，以提供更加专业的学术支持。

3.考虑合作的可行性和可持续性

在选择合作方式时，应该考虑合作的可行性和可持续性。例如，如果合作的资源和技术条件不够成熟，或者合作的成本过高，那么这种合作方式就不可行；如果合作的收益不足以支撑合作的成本，或者合作的效果不够持久，那么这种合作方式就不可持续。因此，在选择合作方式时，应该进行全面的考虑和分析。

图书馆与学校的合作是一项重要的教育合作工程，它可以提高教育质量、促进学术研究、增强学生综合素质和拓展教师专业能力。在选择合作方式时，双方应该根据实际情况进行选择，并考虑合作目标和效果以及可行性和可持续性等因素。通过选择合适的合作方式，可以促进双方的共同发展，提高教育的质量和水平。

三、合作机制的建立

图书馆与学校的合作是一种教育合作工程，需要建立有效的合作机制，以确保合作的顺利实施和取得良好的效果。下面将从合作机制的建立、合作机制的运作和管理以及合作机制的评估和完善三个方面进行阐述。

（一）合作机制的建立

1.建立合作机构

为了确保图书馆与学校之间的合作顺利实施，需要建立专门的合作机构，负责合作的规划和实施。这个合作机构可以由学校和图书馆的相关部门组成，也可以是独立的第三方机构。合作机构的职责包括制订合作计划、协调资源共享、组织活动和监督合作进展等。

2.制定合作制度

制定明确的合作制度是建立合作机制的重要环节。合作制度应该包括合作的宗旨、原则、范围、方式、责任和义务等内容，同时应该明确双方的权利和义务，以及合作的具体流程和规范。通过制定合作制度，可以保障合作的规范性和可持续性。

3.建立沟通渠道

良好的沟通是合作成功的关键。合作机构应该建立多种沟通渠道，包括会议、电话、邮件等方式，以便双方及时了解合作进展和存在的问题。同时，沟通渠道应该保持畅通和开放，以便双方能够随时进行沟通和协商。

（二）合作机制的运作和管理

1.资源共享的管理

资源共享是图书馆与学校之间的重要合作方式之一。为了确保资源共享的顺利进行，需要建立资源共享的管理机制。这个机制应该包括资源的分类、编码、存储和检索等方面，同时应该建立资源共享的规范和流程，并对资源共享的过程进行监督和管理。

2.活动组织的管理

图书馆与学校之间可以共同组织各种活动，以促进教育质量的提高和学术研究的开展。为了确保活动的顺利进行，需要建立活动组织的管理机制。这个机制应该包括活动的策划、宣传、实施和评估等方面，同时应该明确双方在活动组织中的职责和分工，并对活动的实施过程进行监督和管理。

3.风险管理

在合作过程中，难免会遇到各种风险和挑战。为了确保合作的顺利进行，需要建立风险管理机制。这个机制应该包括风险的识别、评估、预防和应对等方面，同时应该明确双方在风险管理中的职责和分工，并对风险管理的实施过程进行监督和管理。

（三）合作机制的评估和完善

1.评估指标的制定

为了评估合作的效果和质量，需要制定科学的评估指标。评估指标应该包括合作的效益、效果、可持续性等方面，同时应该明确评估指标的具体内容和标准，以便对合作进行全面、客观和科学的评估。

2.定期评估和反馈

定期进行评估和反馈是完善合作机制的重要环节。评估和反馈应该包括对合作的效果、问题和发展趋势进行全面的分析和总结，同时应该提出改进的建议和措施，以便对合作进行优化和完善。评估和反馈可以由双方共同进行，也可以由第三方机构进行。

3.调整和完善

根据评估和反馈的结果，需要对合作机制进行调整和完善。调整和完善可以包括对合作制度、合作方式、风险管理等方面的改进和完善，同时应该根据实际情况对合作计划进行调整和优化。通过调整和完善，可以不断提高合作的质量和效果，促进双方的共同发展。

图书馆与学校的合作是一种重要的教育合作工程，需要建立有效的合作机制，以确保合作的顺利实施和取得良好的效果。在建立合作机制时，需要建立合作机构、制定合作制度并建立沟通渠道；在运作和管理过程中，需要加强资源共享的管理、活动组织的管理和风险管理；在评估和完善机制时，需要制定科学的评估指标并定期进行评估和反馈，根据评估结果对合作机制进行调整和完善。通过建立科学、有效的合作机制可以提高教育质量、促进学术研究、增强学生综合素质和拓展教师专业能力。

四、合作计划的制订

图书馆与学校的合作是一种教育合作工程，需要制订科学、合理的合作计划，以确保合作的顺利实施和取得良好的效果。下面将从合作计划的制订、合作计划的实施和管理以及合作计划的评估和完善三个方面进行阐述。

（一）合作计划的制订

1.确定合作目标

制订合作计划的第一步是确定合作目标。合作目标是指图书馆与学校之间希望通过合作实现的具体目标和成果。在确定合作目标时，双方需要充分沟通和协商，明确合作的目的和意义，并考虑如何将目标转化为具体的计划和行动。

2.分析合作资源

在制订合作计划时，需要对现有的合作资源进行分析和评估。合作资源包括双方的人力、物力、财力等资源，也包括双方的优势和劣势。通过对合作资源的分析和评估，可以更好地把握合作的重点和难点，制订更加切实可行的合作计划。

3.制订合作计划

在确定合作目标和分析了合作资源后，需要制订具体的合作计划。合作计划应该包括具体的项目、任务、时间表、预算等内容，同时应该明确双方的责任和义务，并考虑如何落实计划和确保计划的顺利实施。在制订合作计划时，需要充分考虑可能出现的风险和挑战，并制定相应的应对措施。

（二）合作计划的实施和管理

1.实施计划的监督和跟进

制订好合作计划后，需要实施和管理好合作计划。监督和跟进是实施和管理好合作计划的重要环节。监督和跟进应该包括对计划的执行情况进行监督、对计划的进度进行跟进、对计划的实施效果进行评估等方面，同时应该及时发现和解决问题，确保计划的顺利实施。

2.调整计划的管理

在实施和管理合作计划的过程中，可能会遇到各种不可预见的情况，需要对计划进行调整和管理。调整计划的管理应该包括对原计划进行调整、对新的情况进行应对、对可能出现的问题进行解决等方面，同时应该及时与对方协商和沟通，确保合作的顺利进行。

3.风险管理

在实施和管理合作计划的过程中，可能会遇到各种风险和挑战，需要建立风险管理机制。风险管理机制应该包括风险的识别、评估、预防和应对等方面，同时应该明确双方在风险管理中的职责和分工，并对风险管理的实施过程进行监督和管理。通过建立风险管理机制，可以降低合作的风险和不确定性，保障合作的顺利实施。

（三）合作计划的评估和完善

1.评估指标的制定

为了评估合作计划的效果和质量，需要制定科学的评估指标。评估指标应该包括合作的效益、效果、可持续性等方面，同时应该明确评估指标的具体内容和标准，以便对合作进行全面、客观和科学的评估。在制定评估指标时，需要充分考虑合作目标和合作资源的实际情况，以确保评估指标的合理性和可行性。

2.定期评估和反馈

定期进行评估和反馈是完善合作计划的重要环节。评估和反馈应该包括对合作计划的实施效果、问题和发展趋势进行全面的分析和总结，同时应该提出改进的建议和措施，以便对合作计划进行优化和完善。评估和反馈可以由双方共同进行，也可以由第三方机构进行。通过定期评估和反馈，可以及时发现和解决问题，推动合作的持续改进和发展。

3.调整和完善

根据评估和反馈的结果，需要对合作计划进行调整和完善。调整和完善可以包括对原计划进行调整、对新的情况进行应对、对可能出现的问题进行解决等方面，同时应该及时与对方协商和沟通，确保合作的顺利进行。通过调整和完善合作计划可以不断提高合作的质量和效果，推动双方的共同发展。

五、合作效果的评估

图书馆与学校的合作是一种教育合作工程，其效果评估是合作计划中的重要环节。通过评估，可以全面了解合作的成效和不足，为进一步优化合作提供参考。下面将从评估原则、评估指标和评估方法三个方面进行阐述。

（一）评估原则

1.客观公正原则

评估是图书馆与学校合作中的重要环节，必须遵循客观公正的原则。评估结果应该基于实际情况，如实反映合作的成效和问题，避免主观臆断和偏见。

2.定量与定性相结合原则

评估需要将定量评价和定性评价相结合。定量评价可以通过数据和指标来衡量合作的规模、质量和效益等方面，而定性评价则可以通过对合作过程的描述和分析来评估其综合效果。

3.全面系统原则

评估应该全面系统地考虑各种因素，包括合作目标、资源投入、实施过程、成果质量等。同时，还需要考虑合作的社会效益和长远影响，而不仅仅局限于短期的经济收益。

（二）评估指标

1.合作目标达成度

合作目标达成度是指图书馆与学校通过合作实现的具体目标和成果与原定计划目标的符合程度。评估目标达成度可以包括合作期间开展的活动数量、参与人数、资源投入等方面的数据以及目标实现的效果。

2.资源投入与效益比

资源投入与效益比是指合作过程中资源投入与产出的比例。评估资源投入与效益比可以包括对人力、物力、财力等资源的投入以及合作带来的经济效益、社会效益等方面的考量。

3.实施过程规范性

实施过程规范性是指图书馆与学校在合作过程中各项工作的规范程度。评估实施过程规范性可以包括合作计划的制订和执行情况、项目管理情况、风险控制情况等方面的考量。

4.成果质量与创新性

成果质量与创新性是指图书馆与学校合作所取得成果的质量和创新程度。评估成果质量与创新性可以包括对研究成果的创新性、实用性、推广价值等方面的评价，以及在解决问题和创造价值方面所取得的成效。

5.社会效益与长远影响

社会效益与长远影响是指图书馆与学校合作所产生的社会效益和长远影响。评估社会效益与长远影响可以包括对合作所带来的社会形象提升、人才培养、学科建设等方面的评估。

（三）评估方法

1.定量评价方法

定量评价方法主要是通过数据和指标来衡量合作的规模、质量和效益等方面。例如，可以采用统计报表法对图书馆与学校合作期间开展的活动数量、参与人数等数据进行收集和分析；采用问卷调查法对合作的效果和质量进行调查等。

2.定性评价方法

定性评价方法主要是通过对合作过程的描述和分析来评估其综合效果。例如，可以采用文献资料法对图书馆与学校合作的背景、目的、实施过程进行详细了解；采用专家评审法邀请相关领域的专家对合作的成果进行评审和鉴定等。

3.综合评价方法

综合评价方法是将定量评价和定性评价相结合的一种评价方法。例如，可以采用综合指数法将各项指标按照一定权重合成一个综合指数，以全面反映图书馆与学校合作的综合效果；可以采用层次分析法将各项指标进行分解和比较，以确定不同指标的权重等。

总之，对图书馆与学校的合作进行评估需要遵循客观公正、定量与定性相结合、全面系统等原则，并采用科学合理的评估指标和方法。通过评估可以全面了解合作的成效和不足，为进一步优化合作提供参考依据。同时还可以促进图书馆与学校之间的沟通和交流，增强双方的互信和合作意识，为未来的合作奠定坚实的基础。

第二节 学校阅读推广活动的开展与协作

一、学校阅读推广组织与协调

阅读是获取知识、提高素质、培养思维的重要途径，也是个人成长和发展的重要因素。在学校教育中，阅读推广对于提高学生的阅读兴趣和能力，促进学校的教育教学工作具有重要意义。

（一）阅读推广组织的建立

1.建立阅读推广委员会

学校应成立由校长牵头，各科室负责人、教师代表、学生代表参与的阅读推广委员会，负责制订阅读推广计划、组织与协调工作，监督并评估阅读推广活动的实施效果。

2.设立阅读推广小组

在各班级设立阅读推广小组，由班主任或指定教师担任组长，负责组织本班的阅读推广活动，并及时向学校阅读推广委员会反馈活动进展情况。

（二）阅读推广活动的协调

1.活动策划与宣传

学校阅读推广委员会应提前策划阅读推广活动，包括活动的主题、形式、时间、地点等，并制定详细的实施方案。同时，通过校园网站、宣传栏、微信群等方式进行广泛宣传，吸引更多的师生参与。

2.资源整合与调配

阅读推广活动需要各种资源，如图书、场地、人员等。学校应合理调配资源，确保活动的顺利进行。同时，学校还可以通过与社区、企事业单位合作，共同开展阅读推广活动。

3.活动组织与实施

在活动组织与实施过程中，应注重细节，如场地布置、图书摆放、活动流程等。同时，还要加强安全管理，确保师生的安全。在活动过程中，要及时收集师生的反馈意见，对活动进行总结和改进。

4.效果评估与总结

活动结束后，要对活动的实施效果进行评估，包括参与人数、反馈意见、阅读效果等方面。根据评估结果，对今后的活动进行改进和完善，形成良性循环。同时，还要对活动的经验教训进行总结，为今后的活动提供参考。

（三）阅读推广的保障措施

1.制订阅读推广计划和政策

学校应制订长期的阅读推广计划和政策，明确阅读推广的目标、任务和措施。同时，还要建立健全的阅读推广制度，确保阅读推广工作的有序开展。

2.加强教师培训和指导

教师是阅读推广的重要力量，学校应加强对教师的培训和指导，提高教师的阅读推广能力和素质。同时，还可以邀请专家学者为教师进行阅读指导培训，提高教师的专业素养。

3.建立阅读资源共享平台

学校可以建立阅读资源共享平台，整合全校的图书资源，方便师生借阅和查询。同时，还可以通过平台开展线上线下的读书交流活动，增强师生的阅读体验和互动性。

4.提供多元化的阅读方式

为了满足不同师生的阅读需求，学校应提供多元化的阅读方式，如纸质图书、电子图书、音频图书等。同时，还可以通过开展朗读比赛、演讲比赛等活动，激发师生的阅读热情和积极性。

二、阅读活动的策划与实施

图书馆作为知识资源的宝库，对于培养读者的阅读习惯、提高阅读兴趣和拓展知识面具有不可替代的作用。在当今社会，传统的图书馆服务模式已经不能满足读者的多元化需求，因此，策划与实施图书馆阅读活动显得尤为重要。笔者下文将探讨如何策划与实施有效的图书馆阅读活动，以吸引更多的读者参与其中以发挥图书馆的最大价值。

（一）策划阶段

1.确定活动目标

首先，要明确活动的目标，包括提高读者的阅读兴趣、培养阅读习惯、传播知识等。在制订目标时，要充分考虑读者的需求和兴趣，确保目标具有针对性和可操作性。

2.选择活动主题

针对不同的读者群体，要选择具有吸引力的活动主题。例如，针对儿童和青少年可以策划亲子阅读、绘本阅读、科普讲座等活动；针对成年人可以组织职业发展、健康养生、科技创新等主题的讲座或研讨会。

3.制订活动计划

根据选定的主题，制订详细的活动计划，包括活动时间、地点、内容、参与人员等。同时，要充分考虑活动的可行性和安全性，确保活动能够顺利进行。

4.宣传推广

在活动策划中，宣传推广是至关重要的一环。可以通过图书馆网站、微信公众号、海报宣传等方式，提前发布活动信息，吸引更多的读者参与。同时，可以利用社交媒体等渠道进行广泛传播，提高活动的知名度。

（二）实施阶段

1.活动准备

在活动实施前，需要进行充分的准备工作。包括场地布置、宣传物料准备、嘉宾邀请及确认、物资采购等。同时，要对参与活动的志愿者进行培训，确保活动的顺利进行。

2.活动组织与协调

在活动当天，图书馆工作人员要分工明确，组织好活动的各个环节。对于到场的读者要热情接待，提供必要的服务和指导。同时，要协调好各个环节之间的衔接，确保活动按时进行。

3.活动实施

在活动实施过程中，要注重与读者的互动，鼓励读者参与讨论和交流。同时，要合理安排时间，避免活动过于紧凑或拖沓。在活动结束时，要对活动进行总结和评价，收集读者的反馈意见和建议。

（三）评估与改进

1.活动效果评估

活动结束后，要对活动的实施效果进行评估。可以通过问卷调查、访谈等方式收集读者的反馈意见，了解读者对活动的满意度、参与感受等情况。根据评估结果，可以对今后的活动进行改进和完善。

2.总结经验教训

在评估活动中，不仅要总结成功的经验，还要发现存在的问题和不足之处。针对这些问题，要提出具体的改进措施和方法，为今后的活动提供参考和借鉴。

三、图书馆与学校的活动协作

图书馆和学校都是重要的教育机构，它们各自拥有独特的资源和优势。将图书馆与学校进行活动协作，可以最大限度地发挥两者的教育功能，提高学生的学习效果和综合素质。

（一）图书馆与学校活动协作的必要性

1.资源共享

图书馆和学校各有其独特的资源，包括图书、设备、场地等。通过活动协作，可以实现对这些资源的共享和优化配置，提高资源利用效率。

2.教育协同

图书馆和学校的教育目标具有高度的一致性，都是为了培养学生的知识、技能和素养。通过活动协作，可以促进两者的教育协同，实现教育效果的叠加。

3.社会化学习

随着信息技术的快速发展，社会化学习越来越受到重视。图书馆与学校的活动协作可以为学生提供更广阔的学习平台，促进他们在社会化的学习环境中成长。

（二）图书馆与学校活动协作的可能性

1.信息技术支持

随着信息技术的发展，远程协作、在线会议、虚拟课堂等新型教育形式不断涌现，为图书馆与学校的活动协作提供了技术支持和便利条件。

2.实践经验借鉴

国内外已经有很多图书馆与学校成功协作的案例和经验，为两者之间的活动协作提供了实践经验借鉴和参考。

3.政策推动

许多国家和地区的教育政策都强调图书馆与学校的合作和交流，为两者的活动协作提供了政策支持和保障。

（三）图书馆与学校活动协作的实践策略

1.建立协作机制

图书馆与学校应建立长期稳定的协作机制，明确双方的职责和权利，确保活动协作的顺利进行。

2.共享资源

通过共享图书、设备、场地等资源，提高资源利用效率，降低活动成本。同时，可以利用信息技术实现远程协作和资源共享，扩大活动的影响力。

3.联合策划活动

图书馆与学校可以联合策划各种形式的教育活动，如讲座、研讨会、展览等。这些活动可以围绕学校的教学内容展开，也可以涉及更广泛的主题，如文化传承、科技创新等。通过联合策划活动，可以促进双方的交流与合作，提高活动的质量和效果。

4.开展阅读推广活动

阅读是提高学生综合素质的重要途径之一。图书馆可以与学校合作开展各种形式的阅读推广活动，如读书俱乐部、阅读比赛、作家讲座等。这些活动可以激发学生的阅读兴趣和热情，培养他们的阅读习惯和能力。

5.共建数字化平台

通过共建数字化平台，如数字化图书馆、在线学习平台等，可以为学生提供更便捷、多样化的学习方式。同时，可以利用大数据等技术对学生的学习行为进行分析和挖掘，为教学活动提供更有针对性的支持和帮助。

6.加强教师培训

教师是教学活动的主要实施者。图书馆与学校可以合作加强教师培训，提高教师的信息素养和教育能力。通过培训，教师可以更好地利用图书馆的资源和平台进行教学，提高教学效果和质量。

7.制订合作计划

为了确保图书馆与学校的活动协作取得实效，需要制订具体的合作计划和实施方案。合作计划应明确双方的职责和任务分工、时间节点和预期成果等关键要素。同时，要定期对合作计划进行评估和调整，以确保活动的顺利进行并取得预期效果。

8.沟通与反馈

图书馆与学校在活动协作过程中应及时沟通交流，分享经验和意见。同时要重视反馈意见的收集和分析工作，根据反馈情况对活动进行调整和完善，从而不断提高协作水平和效果。

四、阅读推广活动的宣传与推广

在当今社会，阅读的重要性不言而喻。然而，随着科技的进步。人们的阅读习惯和方式发生了显著变化。因此，图书馆与学校等教育机构需要积极推广阅读活动，引导学生回归阅读，培养良好的阅读习惯。

（一）宣传推广的重要性

1.提高学生参与度

有效的宣传推广可以使学生了解阅读活动的目的、内容和参与方式，激发他们的兴趣和热情，提高参与度。

2.扩大活动影响力

通过多种渠道和形式的宣传推广，可以使阅读活动的影响力扩大，引起更多人的关注和参与。

3.提高图书馆利用率

宣传推广不仅可以提高学生对图书馆的认知和利用率，还可以吸引更多的读者来到图书馆，丰富他们的阅读体验。

（二）宣传推广的策略

1.制订宣传计划

在推广阅读活动之前，需要制订详细的宣传计划，包括宣传目标、渠道、内容、时间和预算等。

2.多渠道宣传

利用多种渠道进行宣传，如校园广播、海报、微信、微博、网站等。同时，可以与学校合作，通过教师向学生传达活动信息。

3.创新宣传内容

宣传内容应具有创意和吸引力，能够引起学生的兴趣和好奇心。例如，可以通过介绍有趣的书、作者或故事情节来吸引学生参与。

4.建立品牌形象

建立阅读活动的品牌形象，如"校园读书节""阅读之星"等，通过品牌效应强化宣传效果。

5.调动学生参与

鼓励学生积极参与宣传活动，如邀请学生参与活动策划、组织和管理等。通过学生的参与，可以提高活动的针对性和实效性。

6.利用社交媒体

社交媒体已成为现代人获取信息的重要渠道之一。可以利用社交媒体平台如微信、微博等发布活动信息，与学生进行互动交流，强化宣传效果。

7.开展合作推广

与学校、其他图书馆或相关机构合作推广阅读活动。通过合作，可以扩大活动的影响力和覆盖范围，强化宣传效果。

8.合理利用时间节点

在重要的时间节点发布活动信息，如开学、期末考试前等，可以提高学生的参与度和关注度。

9.数据分析与优化

对宣传推广活动进行数据分析和评估，了解宣传效果和学生的反馈意见。根据分析结果对宣传策略进行调整和优化，强化宣传效果和活动效果。

（三）实践案例分析

以某高校图书馆开展的"读书月"活动为例，该活动旨在引导学生回归阅读，培养良好的阅读习惯。该图书馆在宣传推广方面采取了以下措施。

（1）制订详细的宣传计划，包括活动目的、内容、时间、预算等。

（2）利用校园广播、海报、微信、微博等多种渠道进行宣传。其中，微信和微博平台发布活动信息 30 余篇，吸引了大量学生关注和参与讨论。

（3）与学校合作，通过教师向学生传达活动信息，提高学生对活动的认知度和参与度。

（4）调动学生参与，邀请学生参与活动的策划、组织和管理工作。学生的积极参与为活动的成功举办提供了有力保障。

（5）利用社交媒体平台与学生进行互动交流，及时了解学生的反馈意见和建议，对活动进行调整和完善。

（6）在重要的时间节点发布活动信息，如开学、期末考试前等，吸引了大量学生参与。

（7）对宣传推广活动进行数据分析和评估，根据分析结果对宣传策略进行调整和优化。

该"读书月"活动的宣传推广取得了显著成效：活动参与人数达到 2000 余人次，微信和微博平台的关注人数增加了 3000 余人次。同时，学生对活动的评价也较为积极和正面。该案例的成功之处在于：宣传渠道广泛、内容有创意、学生参与度高、社交媒体互动效果好以及时间节点选择恰当等。这些因素共同促进了活动的成功举办和良好效果。

第三节　图书馆阅读资源与学校课程的融合

一、课程阅读资源的整合

图书馆和学校课程阅读资源在学生的阅读和学习过程中都扮演着重要的角色。然而，目前这两种资源往往各自为政，缺乏有效的整合。这不仅浪费了资源，也给学生带来了一定的困扰。因此，如何有效地整合图书馆阅读资源和学校课程阅读资源，提高阅读效果和学习效率，成了我们需要思考和解决的问题。

（一）图书馆阅读资源和学校课程阅读资源的现状

图书馆阅读资源现状：图书馆作为学校的信息资源中心，拥有丰富的图书、期刊、报纸等纸质和电子资源。然而，由于管理方式、借阅流程等原因，这些资源往往没有被充分地利用。同时，图书馆的开放时间和借阅方式也可能不太方便，导致学生难以获取所需的阅读资源。

学校课程阅读资源现状：学校课程阅读资源主要是指与课程内容相关的教材、参考书籍、电子资源等。这些资源通常与课程紧密相关，具有一定的针对性和系统性。但是，由于教材的更新速度较慢，以及教师对资源的筛选和整合能力不同，可能会出现课程阅读资源不足或质量不高的情况。

（二）图书馆阅读资源和学校课程阅读资源的整合策略

建立合作机制：图书馆和学校课程阅读资源的管理部门应该建立长期有效的合作机制。通过定期沟通和协商，共同制定资源整合方案，确保资源的合理配置和有效利用。

优化资源配置：根据学生的阅读需求和课程设置，对图书馆和学校课程阅读资源进行优化配置。例如，可以增加图书馆的借阅时间和延长开放时间，以满足学生的不同需求。同时，也可以将课程所需的重要阅读材料纳入图书馆的借阅系统中，方便学生获取。

数字化整合：通过数字化技术将图书馆的资源和学校的课程资源进行整合。例如，可以利用数字化平台实现图书馆资源的远程查询和借阅，以及实现课程资源的共享和互动学习。这样不仅可以提高资源的利用率，还可以促进学生的学习效果。

开展阅读推广活动：通过开展各种形式的阅读推广活动，如读书节、读书俱乐部等，引导学生走进图书馆，了解和利用图书馆的资源。同时，也可以通过这些活动鼓励学生参与课程的阅读讨论和分享，提高阅读兴趣和能力。

教师引导：教师应该积极引导学生利用图书馆阅读资源和学校课程阅读资源。通过在课堂上介绍相关资源的获取方式和利用技巧，帮助学生掌握获取和利用这些资源的方法。同时，教师还可以通过布置相关的阅读作业或研究任务，促使学生主动利用这些资源进行学习和研究。

培训与教育：针对学生开展培训和教育活动，提高他们对图书馆阅读资源和学校课程阅读资源的认识和利用能力。例如，可以开设信息素养课程或举办专题讲座，介绍如何查找、评估和利用各种信息资源。

反馈与评估：定期收集学生、教师和图书馆员的反馈意见和建议，对图书馆阅读资源和学校课程阅读资源的整合效果进行评估。根据评估结果对整合方案进行调整和完善，以更好地满足师生的需求和提高资源的利用效果。

（三）实践案例分析

以某高校为例，该校图书馆与教务处合作开展了"读书育人"活动。该活动旨在整合图书馆阅读资源和学校课程阅读资源，提高学生的阅读能力和综合素质。具体措施包括：

合作机制：图书馆与教务处共同制定活动方案，并设立专门的工作小组负责具体实施。

资源配置：图书馆精选了 50 本优秀图书作为推荐书目，并纳入学校的课程体系中作为必读书目。同时，图书馆还针对这些图书提供了延伸服务，如图书导读、专题讲座等。

二、图书馆阅读资源的选择与推荐

图书馆作为学校的信息资源中心，为学生提供了丰富的阅读资源。然而，面对海量的图书资源，如何选择和推荐合适的阅读材料成了一个重要的问题。笔者将探讨图书馆阅读资源的选择与推荐策略，以帮助学生更好地利用图书馆的资源，提高阅读兴趣和学习效果。

（一）图书馆阅读资源的选择

学生的需求和兴趣：图书馆的阅读资源应该满足学生的需求和兴趣。通过了解学生的阅读偏好和需求，图书馆可以采购相应的图书和期刊，提供个性化的阅读服务。同时，鼓励学生参与图书馆的阅读推广活动，提出自己的阅读建议和需求，以便图书馆及时调整采购计划。

课程设置和教学目标：图书馆的阅读资源应该与学校的课程设置和教学目标相匹配。了解不同年级、不同专业的课程设置和教学目标，有助于图书馆采购符合教学需求的图书资料。通过与教师合作，图书馆可以提供与课程内容紧密相关的阅读材料，帮助学生加深对课程内容的理解。

图书的质量和价值：图书馆在选择阅读资源时，应该注重图书的质量和价值。选择具有权威性、时效性和实用性的图书资料，能够确保学生从中获取正确的知识和信息。同时，关注图书的出版日期和馆藏情况，确保所采购的图书具有收藏价值和长期使用价值。

多元化的阅读资源：为了满足不同学生的阅读需求，图书馆应该提供多元化的阅读资源。除了传统的纸质图书和期刊，还应包括电子书、音频书、数字化期刊等多元化的信息资源。这样不仅能够丰富图书馆的馆藏，还能为学生提供更加便捷的阅读方式。

（二）图书馆阅读资源的推荐

定期推荐活动：图书馆可以定期开展阅读推荐活动，如每月推荐、季度推荐等。根据不同的主题或热点话题，挑选相关的图书和期刊，向学生推荐。同时，鼓励学生参与推荐活动，提出自己的阅读心得和建议，形成良好的阅读氛围。

个性化推荐：通过了解学生的阅读偏好和需求，图书馆可以提供个性化的阅读推荐服务。利用大数据和人工智能技术分析学生的借阅记录和阅读行为，为他们推荐合适的阅读资源。这样可以提高学生对图书馆的满意度，也能帮助他们发现更多符合自己兴趣的阅读材料。

专家推荐：邀请学科专家或知名学者参与图书馆的阅读推荐活动。他们可以根据自己的专业知识和经验，为学生推荐高质量的阅读资源。通过与专家的交流和学习，学生可以接触到前沿的知识领域，拓宽视野。

结合课程推荐：结合学校的课程设置和教学目标，图书馆可以与教师合作，为学生推荐相关的阅读资源。根据课程内容，挑选适合的图书资料，作为课堂学习的延伸。这样可以帮助学生加深对课程内容的理解，提高学习效果。

阅读分享会：定期举办阅读分享会，邀请学生分享自己的阅读经历和感悟。通过交流和分享，学生可以了解其他同学的阅读喜好和推荐书目，从而发现更多的阅读资源。同时，鼓励学生在分享会上进行讨论和交流，激发他们对阅读的热情和兴趣。

阅读俱乐部：成立读书俱乐部或阅读小组，定期组织成员进行阅读交流和讨论。通过参与俱乐部活动，学生可以接触到更多的阅读资源，也能与其他读者分享自己的阅读心得。同时，鼓励成员之间互相推荐图书资料，形成良好的阅读氛围。

社交媒体推广：利用社交媒体平台如微信、微博等，进行图书馆阅读资源的推广和宣传。通过发布相关的图书推荐信息和活动通知，吸引更多的学生参与阅读活动。同时，鼓励学生通过社交媒体平台分享自己的阅读体验和心得，形成良好的口碑传播效应。

三、阅读资源的利用与开发

图书馆作为学校的信息资源中心，为学生提供了丰富的阅读资源。然而，如何有效地利用和开发这些资源，以提高学生的学习效果和阅读兴趣，是图书馆面临的重要问题。笔者将探讨图书馆阅读资源的利用与开发策略，以期为图书馆更好地服务学生提供参考。

（一）图书馆阅读资源的利用

优化资源布局：图书馆的阅读资源布局应该合理、有序，方便学生查找和借阅。根据学科分类和主题分类，设置明确的图书分类体系，使学生在借阅图书时能够快速找到所需资源。同时，根据学生的阅读偏好和需求，合理调整图书的摆放顺序，将热门图书放在显眼的位置，以吸引学生的注意力。

提供数字化资源：随着信息技术的发展，数字化资源在图书馆的阅读资源中占据了越来越重要的地位。图书馆应该提供多样化的数字化阅读资源，如电子书、期刊论文、数据库等，以满足学生对于信息获取的需求。同时，图书馆还应提供数字化的辅助阅读工具，如在线字典、百科全书等，以帮助学生更好地理解和掌握知识。

开展阅读推广活动：图书馆应该积极开展阅读推广活动，如读书节、读书俱乐部、作家讲座等，以吸引更多的学生参与阅读。通过这些活动，图书馆可以向学生宣传和推荐优质的阅读资源，提高学生的阅读兴趣和参与度。同时，图书馆还可以通过这些活动了解学生的阅读需求和偏好，以便更好地调整和优化馆藏资源。

提供个性化服务：针对学生的不同需求，图书馆应该提供个性化的阅读服务。通过了解学生的专业需求、兴趣爱好等信息，图书馆可以为学生提供定制化的图书推荐服务。同时，图书馆还可以为学生提供个性化的阅读指导服务，如学习方法建议、阅读技巧培训等，以帮助学生更好地利用馆藏资源。

（二）图书馆阅读资源的开发

深入挖掘资源价值：除了提供多样化的阅读资源外，图书馆还应该深入挖掘资源的价值。通过对馆藏资源的整理和分析，发现和挖掘隐藏在图书内容中的知识信息，形成新的知识体系和价值体系。这不仅可以提高图书馆的学术价值和社会影响力，还可以为学生提供更加深入和全面的阅读服务。

开发特色资源库：根据学校的学科特色和地方文化特点，图书馆可以开发具有特色的资源库。通过收集、整理和加工具有特定主题或领域的图书、期刊、报纸等资源，形成具有特色的馆藏资源库。这不仅可以满足学生的个性化需求，还可以为学术研究和社会发展提供支持和帮助。

建立学科导航系统：针对不同学科的需求，图书馆可以建立学科导航系统。通过梳理和整合不同学科的图书资源，形成学科分类体系和知识地图，使学生在借阅图书时能够更加便捷地查找和获取所需资源。同时，图书馆还可以为学科导航系统提供相应的检索和查询工具，以帮助学生更好地利用学科资源。

加强与教师的合作：图书馆在开发阅读资源时，应该加强与教师的合作。教师具有丰富的学科知识和教学经验，可以为图书馆提供宝贵的图书推荐和建议。同时，图书馆还可以为教师提供课程所需的图书资料和数字化资源，以支持教师的教学工作。这种合作模式不仅可以提高教学质量和效果，还可以丰富图书馆的馆藏资源和服务功能。

建立反馈机制：为了更好地开发和利用阅读资源，图书馆应该建立有效的反馈机制。通过收集学生对馆藏资源的意见和建议，及时调整和优化资源的采购、分类和管理。同时，图书馆还可以通过反馈机制了解学生对阅读服务的满意度和需求，以便提供更加个性化和优质的服务。

四、阅读辅导与支持

阅读是获取知识、提高自我素养的重要途径。然而，人们在阅读过程中会遇到各种问题，如阅读理解困难、阅读速度慢、阅读兴趣不高等等。因此，提供阅读辅导与支持对于帮助读者提高阅读效果和阅读兴趣具有重要意义。

（一）阅读辅导的策略

提供明确的阅读目标：在开始阅读之前，读者应该明确自己的阅读目标。这可以是了解某个领域的知识、提高某项技能，或者是仅仅为了消遣和娱乐。明确的阅读目标可以帮助读者更好地选择阅读材料，并提高阅读的针对性和效果。

培养良好的阅读习惯：良好的阅读习惯包括提前预习、积极思考、注重笔记和复习等。通过培养良好的阅读习惯，读者可以更好地理解和掌握阅读材料，并提高阅读效率。

提供阅读指导和建议：图书馆员应该为读者提供阅读指导和建议，包括如何选择适合自己的阅读材料、如何理解文章的结构和逻辑、如何做笔记和总结等等。这些指导和建议可以帮助读者更好地利用图书馆的资源，提高阅读效果。

组织讨论和分享会：图书馆可以组织读者开展讨论和分享会，让读者分享自己的阅读心得和体会，并邀请专家和学者组织讲座和交流。这不仅可以激发读者的阅读兴趣，还可以提高读者的阅读能力和思维能力。

（二）阅读支持的策略

提供多样化的阅读资源：图书馆应该提供多样化的阅读资源，包括纸质书籍、电子书籍、期刊论文、报纸等等。同时，图书馆还可以提供相应的辅助阅读工具，如在线字典、百科全书等，以帮助读者更好地理解和掌握知识。

建立数字化资源平台：随着信息技术的发展，数字化资源在图书馆的阅读资源中占据了越来越重要的地位。图书馆应该建立数字化资源平台，提供电子书籍、期刊论文、数据库等数字化资源，以满足读者对于信息获取的需求。同时，数字化资源平台还可以提供个性化的服务，如定制化的图书推荐服务、个性化的阅读指导服务等。

提供阅读空间和设施：图书馆应该为读者提供安静、舒适的阅读空间和设施，包括独立的阅读桌椅、电脑、网络设施等等。良好的阅读环境和设施可以提高读者的阅读舒适度和效率。

提供心理支持和鼓励：许多读者在阅读过程中会遇到挫折感和困难，感到焦虑和无助。图书馆员应该关注读者的情绪和心理状态，提供心理支持和鼓励，帮助读者克服困难和挫折感，提高阅读的自信心和兴趣。

建立反馈机制：图书馆应该建立有效的反馈机制，收集读者的意见和建议，了解读者的需求和偏好。根据反馈信息及时调整和优化阅读资源的采购、分类和管理，以及改进阅读服务的质量和提高个性化服务水平。同时还可以通过反馈机制为读者提供更加个性化和优质的服务，例如通过分析读者的借阅历史和反馈意见为他们推荐更加符合其兴趣和需求的图书资料化和数字化资源从而提高他们的阅读效果和兴趣。

五、阅读成果的评价与展示

如何评价和展示阅读成果，一直是阅读过程中的重要问题。有效的评价和展示不仅可以提高读者的阅读效果，还可以激发读者的阅读兴趣和动力。

（一）阅读成果的评价

1.评价原则

阅读成果的评价应该遵循以下原则。

（1）客观性原则：评价应该基于读者的实际阅读情况和理解能力，避免主观臆断和偏见。

（2）全面性原则：评价应该涵盖读者的阅读过程、阅读理解、阅读应用等多个方面，以便全面了解读者的阅读成果。

（3）激励性原则：评价应该以激励读者的阅读兴趣和动力为主，注重发现读者的优点和进步，鼓励他们发挥潜力。

2.评价方法

阅读成果的评价方法应该多样化，包括：

（1）阅读理解测试：通过测试读者的阅读理解能力，了解他们对阅读材料的理解程度。

（2）读书笔记评价：要求读者在阅读过程中做读书笔记，通过对读书笔记的评价，了解读者的阅读过程、理解和思考情况。

（3）口头表达评价：组织读者进行口头表达，评价他们的语言表达能力和思维逻辑能力。

（4）书面作业评价：根据读者的书面作业情况，评价他们的阅读应用能力。

（二）阅读成果的展示

1.展示原则

阅读成果的展示应该遵循以下原则。

（1）多样性原则：展示应该采用多种形式和渠道，以便让更多的读者参与其中，分享自己的阅读成果。

（2）互动性原则：展示应该注重与观众的互动，让观众参与到展示过程中来，增强展示的效果和影响力。

（3）激励性原则：展示应该以激励读者的阅读兴趣和动力为主，注重发现读者的优点和进步，鼓励他们发挥潜力。

2.展示方式

阅读成果的展示方式可以包括：

（1）读书分享会：组织读者开展读书分享会，让他们分享自己的阅读心得和体会，激发其他读者的阅读兴趣和动力。

（2）读书俱乐部：成立读书俱乐部，让读者在俱乐部内分享自己的阅读成果，交流阅读体验和感悟。

（3）展览展示：将读者的阅读成果进行展览展示，包括读书笔记、读书心得、读书创作等等，让更多的人了解读者的阅读情况和思考。

（4）网络展示：利用互联网平台，如微信公众号、读书 APP 等，展示读者的阅读成果，让更多的人了解读者的阅读体验和感悟。同时可以通过网络评选、点赞等方式增强互动性和参与性。

第十章 图书馆阅读推广与社会教育

第一节 图书馆阅读推广与学校教育的关系

一、学校教育的目标与原则

图书馆作为学校教育的重要组成部分，对于提高学生的阅读能力、知识水平和综合素质具有至关重要的作用。随着信息时代的到来，图书馆的功能也在逐步发生变化，从传统的藏书楼转变为现在的信息中心和知识共享平台。因此，图书馆阅读推广活动成了学校教育的一项重要任务。下面将探讨图书馆阅读推广与学校教育的关系，分析学校教育的目标与原则，为进一步推动图书馆阅读推广工作提供理论支持。

（一）学校教育的目标

学校教育的目标是培养德、智、体、美全面发展的高素质人才。具体来说，学校教育应该注重以下几个方面。

培养学生的道德品质：教育学生树立正确的世界观、人生观和价值观，增强他们的社会责任感和公民意识。

提高学生的知识水平：通过课堂教学、课外阅读等多种形式，传授给学生广泛的知识，包括自然科学、社会科学、人文艺术等方面的内容。

锻炼学生的综合能力：培养学生的创新思维、实践能力、团队协作能力、自我学习能力等综合能力，使他们能够更好地适应社会发展的需要。

促进学生身心健康：教育学生树立健康的生活方式，包括饮食、运动、休息等，培养他们良好的心理素质和抗挫折能力。

（二）学校教育的原则

学校教育在实现教育目标的过程中，应该遵循以下原则。

全面性原则：学校教育应该面向全体学生，关注学生的全面发展，注重培养学生的综合素质。

主体性原则：学校教育应该以学生为主体，尊重学生的个性差异和兴趣爱好，激发他们的学习积极性和主动性。

实践性原则：学校教育应该注重实践操作能力的培养，让学生在实践中学习、成长和提高。

差异性原则：学校教育应该注重学生的个性差异和特长爱好，针对不同类型的学生制定不同的教育方案，做到因材施教。

发展性原则：学校教育应该具有前瞻性和发展性，不仅要关注学生的当前发展，还要考虑他们的未来发展，培养他们的终身学习意识。

（三）图书馆阅读推广在学校教育中的作用

图书馆阅读推广在学校教育中具有重要作用，具体表现在以下几个方面。

辅助课堂教学：图书馆可以提供丰富的阅读资源，帮助学生巩固和扩展课堂知识，提高他们的学习效果。

拓展知识视野：图书馆可以提供各种类型的阅读材料，帮助学生了解课堂以外的知识领域，拓展他们的知识视野。

培养自主学习能力：图书馆可以为学生提供自主学习的平台和资源，培养他们的自主学习能力和自我学习能力。

促进校园文化建设：图书馆可以组织各种形式的阅读推广活动，如读书分享会、读书竞赛等，促进校园文化建设和学生综合素质的提高。

二、图书馆阅读推广在学校教育中的作用

图书馆阅读推广在学校教育中扮演着至关重要的角色。它不仅为学生提供了丰富的学习资源，还是培养学生综合素质、辅助教师教学、促进校园文化建设的重要途径。

（一）提供丰富的学习资源

图书馆作为学校的文献信息中心，收藏了大量的图书、期刊、报纸等各类文献资源，涵盖了文学、艺术、科技、历史、哲学等多个领域。这些资源为学生的学习提供了极大的便利，可以帮助他们了解课堂以外的知识，拓宽视野，提高综合素质。

（二）辅助课堂教学

图书馆阅读推广可以辅助课堂教学。教师可以利用图书馆的资源，帮助学生寻找和获取与课堂教学相关的资料，丰富教学内容，提高教学效果。同时，教师还可以通过图书馆组织的阅读推广活动，引导学生阅读与课程内容相关的书籍，加深对课程内容的理解和掌握。

（三）培养学生的自主学习能力

图书馆是学生自主学习的优质平台。在这里，学生可以根据自己的兴趣和需求，自

主选择阅读材料，制订学习计划，培养自主学习的能力。图书馆还可以为学生提供自主学习所需的设施和环境，如计算机、网络、自习室等，帮助学生更好地进行自主学习。

（四）促进校园文化建设

图书馆阅读推广是促进校园文化建设的重要手段。通过组织各种形式的阅读推广活动，如读书分享会、读书竞赛、作家讲座等，可以营造浓厚的读书氛围，激发学生对阅读的热情和兴趣，培养他们的阅读习惯和审美能力。同时，这些活动还可以增强学生之间的交流和互动，促进校园文化的多元化和包容性。

（五）培养学生的综合素质

图书馆阅读推广对于培养学生的综合素质具有积极作用。通过阅读不同类型的书籍，学生可以拓展自己的知识面，提高思维能力和判断力。同时，阅读还可以培养学生的审美观和价值观，帮助他们树立正确的人生观和世界观。此外，通过参与图书馆组织的各种活动，学生还可以锻炼自己的语言表达能力和组织协调能力，提高综合素质。

（六）帮助学生应对未来的挑战

随着科技的快速发展和社会的不断变化，未来社会对人才的要求也越来越高。为了应对未来的挑战，学生需要具备创新思维、批判性思维、团队合作等能力。图书馆阅读推广可以通过提供丰富的学习资源和平台，培养学生的自主学习能力和综合素质，帮助他们适应未来的社会变革和发展需求。

三、学校教育与图书馆阅读推广的互动关系

学校教育与图书馆阅读推广之间存在着密切的互动关系。这种关系不仅体现在为学生提供丰富的学习资源和良好的学习环境上，还体现在共同培养具备高素质人才的目标上。以下是对于学校教育与图书馆阅读推广互动关系的详细探讨。

（一）学校教育是图书馆阅读推广的基础

学校教育是学生接受正规教育的主要途径，它不仅教授学生基本的知识和技能，还注重培养学生的思维能力和综合素质。学校教育的多样性和灵活性为图书馆阅读推广提供了基础。首先，学校教育能够根据学生的年龄、兴趣、能力等因素，提供符合他们需求的阅读材料和活动。其次，学校教育中的课程设置和教学计划可以为图书馆阅读推广提供指导和支持，使阅读推广活动更加贴近学生的实际需求。

（二）图书馆阅读推广是学校教育的延伸

图书馆作为学校教育的重要组成部分，是学生获取知识和信息的重要场所。它通过提供丰富的文献资源、舒适的学习环境和多样化的阅读推广活动，帮助学生拓宽视野、

提高综合素质。首先，图书馆阅读推广可以弥补课堂教育的不足，为学生提供更加全面和深入的学习资源。其次，图书馆阅读推广可以培养学生的自主学习能力和创新思维，这与学校教育的目标是一致的。最后，图书馆阅读推广还可以促进校园文化建设，营造积极向上的学习氛围。

（三）图书馆阅读推广与学校教育的相互促进

图书馆阅读推广与学校教育之间相互促进、共同发展。一方面，学校教育为图书馆阅读推广提供了平台和资源，使得阅读推广能够更好地服务于学生。另一方面，图书馆阅读推广也为学校教育提供了支持和补充，使学生能够更好地掌握知识和技能。这种互动关系不仅有利于提高教学质量和效果，还有利于培养具备创新思维和综合素质的人才。

（四）阅读推广在学校教育中的具体应用

1.辅助课堂教学

图书馆阅读推广可以辅助课堂教学，提高教学效果。教师可以通过图书馆提供的资源，获取与课程内容相关的文献资料，丰富教学内容。同时，学生可以通过图书馆组织的活动，加深对课程内容的理解和掌握。例如，图书馆可以定期举办读书分享会、读书竞赛等活动，鼓励学生阅读与课程内容相关的书籍，并分享自己的阅读心得和体验。

2.培养学生的自主学习能力

图书馆是学生自主学习的优质平台。在这里，学生可以根据自己的兴趣和需求，自主选择阅读材料，制订学习计划。同时，图书馆还可以为学生提供自主学习所需的设施和环境，如计算机、网络、自习室等，帮助学生更好地进行自主学习。通过参与图书馆组织的活动，学生还可以锻炼自己的语言表达能力和组织协调能力。例如，图书馆可以开设写作指导、信息检索等课程或讲座，帮助学生提高自主学习和自我发展的能力。

3.促进校园文化建设

图书馆阅读推广是促进校园文化建设的重要手段。通过组织各种形式的阅读推广活动，如读书分享会、读书竞赛、作家讲座等，可以营造浓厚的读书氛围，激发学生的学习兴趣和热情，培养他们的阅读习惯和审美能力；同时，这些活动还可以增强学生之间的交流和互动，促进校园文化的多元化和包容性，例如图书馆可以定期举办文化节活动，展示不同国家和地区的文化特色，吸引学生参与其中，感受多元化的文化氛围，从而培养他们的跨文化交流能力，为未来的发展打下坚实的基础。

四、学校教育评价体系对图书馆阅读推广的影响

学校教育评价体系对图书馆阅读推广具有重要影响。评价体系不仅决定了学生和教

师如何被评估，还影响了学校的教育目标和教育方式。因此，教育评价体系对图书馆阅读推广的影响不可忽视。

（一）评价体系对阅读推广的限制

1.功利性评价导向

在许多学校的教育评价体系中，以分数为主要评价标准，这使得学生和教师更加注重应试教育，而忽视了对学生的阅读能力和综合素质的培养。这种功利性评价导向限制了图书馆阅读推广的深度和广度，使得阅读推广更多地服务于提高学生应试能力，而非全面提升学生的综合素质。

2.量化评价的局限性

当前学校教育评价体系中，量化评价占据主导地位，以考试成绩、参与活动数量等量化指标作为评价标准。然而，这种评价方式忽视了阅读的深度和广度，无法全面评价学生的阅读能力和素养。同时，这也导致图书馆阅读推广活动更多地注重数量而非质量，不利于培养学生的阅读兴趣和习惯。

（二）评价体系对阅读推广的促进

1.阅读评价指标的引入

为了更好地促进学生的阅读能力和综合素质的提升，一些学校开始尝试将阅读评价指标引入评价体系中。这些指标包括学生的阅读量、阅读速度、理解能力等，使得对学生的评估更加全面和客观。这种做法在一定程度上推动了图书馆阅读推广的发展，提高了学生对阅读的重视程度。

2.多元化的评价方式

随着教育理念的不断更新，越来越多的学校开始尝试多元化的评价方式，以更好地评估学生的综合素质。这种多元化的评价方式为图书馆阅读推广提供了更多的空间和机会。例如，一些学校将学生在图书馆的借阅量、参与阅读活动的表现等纳入评价体系，鼓励学生积极参与阅读推广活动。这种做法不仅提高了学生的阅读兴趣和积极性，还推动了图书馆阅读推广的创新和发展。

（三）评价体系与阅读推广的协同发展

1.调整评价体系促进阅读推广

为了更好地推动图书馆阅读推广的发展，需要对现有的评价体系进行调整。首先，要降低量化评价的比重，将更多的质性评价引入体系中。这可以更好地评估学生的阅读能力和综合素质，促进学生的全面发展。其次，要增加与阅读相关的评价指标，如学生的阅读量、阅读速度、理解能力等，使得对学生的评估更加全面和客观。同时也可以将学生在图书馆的借阅量、参与阅读活动的表现等纳入评价体系中，以鼓励学生积极参与。阅读推广活动更好地激发学生的阅读兴趣和积极性，从而推动图书馆阅读推广的发展。

2.阅读推广与评价体系的相互促进

评价体系与阅读推广之间是相互促进的关系。一方面，评价体系可以为阅读推广提供指导和支持以使其更加符合学生的实际需求；另一方面，阅读推广也可以为评价体系提供数据支持以使其更加科学和客观。这种相互促进的关系可以推动学校教育的优化和发展，为培养具备高素质的人才做出更大的贡献。

第二节　图书馆阅读推广与公众教育的关系

一、公众教育的目标与原则

公众教育是一个广泛的概念，它涵盖了针对不同年龄段和背景的人群的各种教育目标和原则。以下是一些公众教育的目标和原则。

（一）目标

1.提高公众的素质和知识水平

公众教育的首要目标是提高公众的素质和知识水平，包括文化、科学、技术、道德等方面。通过教育，使公众具备基本的文化素养，掌握一定的知识和技能，以适应社会发展的需要。

2.培养公众的公民意识

公民意识是指公民对自己在国家中的地位和作用的认识，包括权利和义务的认识。公众教育的目标是培养公众的公民意识，使公众了解自己的权利和义务，积极参与社会公共事务，维护社会稳定和和谐。

3.促进社会公平和公正

社会公平和公正是社会发展的重要基石。公众教育的目标是促进社会公平和公正，通过教育使公众了解社会的不平等和不公正现象，提高公众的平等意识和公正意识，推动社会的进步和发展。

4.推动经济发展

经济发展是社会发展的重要方面，而教育在经济发展中扮演着重要的角色。公众教育的目标是推动经济发展，通过教育提高公众的劳动技能和创新能力，为经济发展提供人才支持。

（二）原则

1.平等原则

公众教育应该遵循平等原则，即每个人都应该享有平等的受教育机会和权利。教育不应该因为个人的性别、种族、社会地位等原因而受到歧视或不公正的待遇。

2.多元化原则

公众教育应该遵循多元化原则，即教育内容和方式应该多样化，满足不同人群的需求和特点。教育应该涵盖不同的领域和方面，包括文化、科学、技术、道德等，以促进公众的全面发展和提高。

3.实用性原则

公众教育应该遵循实用性原则，即教育的内容应该与实际生活和工作相关联，具有实用性和应用价值。教育应该帮助公众掌握实际生活中需要的技能和知识，提高公众的生活质量和竞争力。

4.持久性原则

公众教育应该遵循持久性原则，即教育是一个长期的过程，需要持续不断地进行。教育应该贯穿于每个人的生命的全过程，使公众不断学习和进步，适应社会发展的需要。

5.创新性原则

公众教育应该遵循创新性原则，即教育方式和内容应该不断创新和改进。教育应该采用先进的教育理念和技术手段，提高教育的效果和质量，推动社会的进步和发展。

总之，公众教育的目标是提高公众的素质和知识水平，培养公众的公民意识，促进社会公平和公正，推动经济发展。为了实现这些目标，公众教育应该遵循平等、多元化、实用性、持久性和创新性原则。通过不断改进和完善教育方式和内容，使公众不断学习和进步，为社会的进步和发展做出贡献。

二、图书馆阅读推广在公众教育中的作用

图书馆阅读推广在公众教育中扮演着重要的角色。作为一种文化教育和信息服务机构，图书馆不仅是知识和信息的储存和传播者，也是社会教育的核心力量。以下是对图书馆阅读推广在公众教育中的作用的分析。

（一）提供丰富的阅读资源

图书馆是大量书籍和文献的聚集地，为公众提供了广泛的阅读选择。通过图书馆推广阅读，公众可以接触到各种类型的书籍，包括小说、传记、历史、科学、艺术等，从而拓宽视野，增加知识储备。此外，图书馆还收藏了许多珍贵的古籍和地方文献，这些

资源对于保存和传承文化遗产具有重要意义。

（二）促进全民阅读

图书馆阅读推广的目的是激发公众的阅读兴趣，提高全民的阅读素养。通过开展各种形式的阅读活动，如读书会、讲座、展览等，图书馆将不同类型的书籍推荐给不同年龄段和兴趣爱好的读者。这些活动不仅为读者提供了交流和分享的平台，还通过引导读者阅读经典、优秀作品，培养了良好的阅读习惯和审美情趣。

（三）提升社会教育水平

图书馆作为社会教育的重要组成部分，通过阅读推广活动，提高公众的道德素质和文化修养。例如，图书馆可以组织针对特定群体的阅读指导活动，如儿童早期阅读、老年人健康阅读等，帮助他们在阅读中获取知识和智慧。此外，图书馆还可以与学校、社区等机构合作，开展主题阅读活动，如环境保护、科技创新等，推动社会教育的深入发展。

（四）增强社会凝聚力

图书馆阅读推广通过共享知识和信息，为社区和群体之间的交流和互动提供了机会。在推广活动中，不同背景和年龄段的读者可以聚集在一起，分享各自的阅读体验和感悟。这种互动不仅可以增进人与人之间的了解和信任，还有助于形成共同的价值观和文化认同感，增强社会的凝聚力和向心力。

（五）推动文化创新和发展

图书馆不仅收藏了大量的文化遗产和经典作品，还不断更新和引进新的书籍和信息资源。通过阅读推广，公众可以了解最新的文化成果和科技进展，从而拓宽视野，激发创新思维。此外，图书馆还为文化创意产业提供了丰富的素材和灵感来源，推动了文化创新和发展。

（六）提高信息素养

在数字化时代，信息素养成为公众必备的基本素质之一。图书馆作为信息资源的集散地，通过阅读推广活动，帮助公众提高信息获取、评价和应用的能力。例如，图书馆可以开展信息素养培训课程，教授公众如何利用图书馆的资源和服务进行有效的学习和研究。此外，图书馆还可以通过数字阅读推广，让公众了解和掌握如何利用数字技术获取和利用电子资源。

总之，图书馆阅读推广在公众教育中具有重要的作用。通过提供丰富的阅读资源、促进全民阅读、提升社会教育水平、增强社会凝聚力、推动文化创新和发展以及提高信息素养等方面的工作，图书馆为公众提供了良好的学习和成长环境。为了更好地发挥图书馆阅读推广的作用，我们应该加强图书馆的资源建设、创新推广形式、提高服务质量并加强与相关机构的合作，共同推动公众教育的进步和发展。

三、公众教育与图书馆阅读推广的互动关系

公众教育与图书馆阅读推广之间存在着密切的互动关系。公众教育旨在提高公众的知识水平、文化素养和技能，而图书馆阅读推广则是通过推广阅读活动，激发公众的阅读兴趣，提高阅读素养，为公众提供良好的学习环境。以下是对公众教育与图书馆阅读推广互动关系的具体分析。

（一）图书馆阅读推广是公众教育的重要环节

图书馆作为公共文化服务体系的重要组成部分，承担着社会教育的使命。通过阅读推广，图书馆为公众提供了丰富的学习资源和良好的学习环境，使公众能够自主选择适合自己的阅读材料和方式，满足个性化的学习需求。同时，图书馆还通过开展各种形式的阅读活动，如讲座、读书会、展览等，为公众提供了交流和分享的平台，促进了知识的传播和共享。

（二）公众教育对图书馆阅读推广的影响

公众教育对图书馆阅读推广具有积极的推动作用。一方面，公众教育可以提高公众的阅读素养和信息素养，使公众更好地利用图书馆的资源和服务进行学习和研究。另一方面，公众教育可以激发公众的阅读兴趣和热情，提高阅读的自觉性和主动性。这为图书馆阅读推广提供了广阔的空间和强大的动力。

（三）图书馆阅读推广对公众教育的反作用

图书馆阅读推广不仅受到公众教育的影响，同时也对公众教育产生反作用。一方面，图书馆阅读推广通过引导公众阅读经典、优秀作品，培养了良好的阅读习惯和审美情趣，为公众教育提供了重要的补充和拓展。另一方面，图书馆阅读推广通过与学校、社区等机构的合作，将阅读教育融入学校教育中，成为学校教育的重要组成部分。此外，图书馆阅读推广还可以通过与文化创意产业的结合，推动文化产业的发展，为公众教育提供更多的文化产品和服务。

（四）图书馆阅读推广与公众教育的协同发展

图书馆阅读推广与公众教育之间存在着相互促进、协同发展的关系。一方面，图书馆可以通过开展个性化的阅读指导、阅读分享等活动，提高公众的阅读能力和信息素养，为公众教育提供有力的支持。另一方面，公众教育可以通过普及基础知识、弘扬优秀传统文化等方式，增强公众的文化自觉和文化自信，为图书馆阅读推广提供更广阔的空间

和更多的可能性。

为了更好地发挥图书馆阅读推广和公众教育的协同作用，我们可以采取以下措施。

1.加强图书馆的资源建设

图书馆应广泛收集各类书籍、期刊、报纸等文献资源，确保资源的多样性和全面性。同时，图书馆还应加强数字化资源建设，为读者提供更加便捷的阅读服务。

2.创新推广形式

图书馆可以通过开展主题展览、讲座、读书会等形式多样的阅读活动，吸引更多的读者参与阅读。此外，图书馆还可以利用社交媒体等新兴平台进行阅读推广，扩大阅读推广的影响力和覆盖面。

3.提高服务质量

图书馆应不断提高服务质量，为读者提供更加优质、便捷的服务。例如，图书馆可以加强读者服务工作，为读者提供舒适的阅读环境和良好的阅读体验。同时，图书馆还可以加强学科馆员队伍建设，为读者提供更加专业的阅读指导和咨询服务。

4.加强与相关机构的合作

图书馆可以与学校、社区、企业等相关机构加强合作，共同开展阅读推广活动。例如，图书馆可以与学校合作开展青少年阅读指导活动；与社区合作开展老年人健康阅读活动；与企业合作开展员工职业培训等。

总之，公众教育与图书馆阅读推广之间存在着密切的互动关系。通过加强资源建设、创新推广形式、提高服务质量以及加强与相关机构的合作等措施的实施，可以更好地发挥两者的协同作用，推动公众教育的进步和发展。

四、公众教育评价体系对图书馆阅读推广的影响

公众教育评价体系对图书馆阅读推广具有重要影响。评价体系包括评价目标、评价标准、评价方法等方面，能够引导和规范图书馆阅读推广活动，提高阅读推广的效果和质量。

（一）评价目标的影响

公众教育评价体系的评价目标是通过评价阅读推广活动的效果和质量，促进图书馆阅读推广的改进和发展。评价目标可以引导图书馆阅读推广的方向和重点，确保阅读推广符合公众教育的需求和期望。同时，评价目标还可以为图书馆提供明确的目标和方向，使其能够更好地为公众服务。

（二）评价标准的影响

评价标准是评价体系的核心，它决定了评价的公正性和客观性。评价标准应包括阅读推广活动的目标、内容、形式、时间、效果等方面，确保评价的全面性和综合性。同时，评价标准还应考虑不同年龄、性别、职业等群体的差异，确保评价的公正性和平等性。通过制定合理的评价标准，可以规范图书馆阅读推广活动，提高阅读推广的质量和效果。

（三）评价方法的影响

评价方法是评价体系的重要组成部分，它决定了评价的准确性和可信度。评价方法应包括定性和定量两种方法，定性方法可以分析阅读推广活动的内涵和特点，定量方法可以分析阅读推广活动的数量和规模。同时，评价方法还应考虑阅读推广活动的实际情况，如活动规模、时间、地点等，确保评价的准确性和可信度。通过采用科学的评价方法，可以准确评估阅读推广活动的效果和质量，为图书馆改进阅读推广提供依据和支持。

为了更好地发挥公众教育评价体系对图书馆阅读推广的影响作用，我们可以采取以下措施。

1.建立完善的评价体系

评价体系应包括评价目标、评价标准、评价方法等方面，确保评价的全面性、公正性和客观性。同时，评价体系还应考虑不同群体的差异和需求，确保评价的平等性和包容性。

2.采用科学的评价方法

评价方法应包括定性和定量两种方法，确保评价的准确性和可信度。同时，评价方法还应考虑阅读推广活动的实际情况，如活动规模、时间、地点等，确保评价的实用性和可操作性。

3.加强与公众的沟通和互动

评价体系应促进图书馆与公众的沟通和互动，使公众能够更好地了解和参与阅读推广活动。例如，图书馆可以通过调查问卷、在线投票等方式收集公众的反馈和建议，为改进阅读推广活动提供依据和支持。

4.及时反馈和调整

评价体系应能够及时反馈和调整阅读推广活动的效果和质量，使图书馆能够及时发现问题和不足，采取措施加以改进和完善。同时还可以为图书馆提供有益的经验和启示，以优化服务及推广方案提升其针对性和影响力及持续发展能力，从而更好地满足公众需求，促进全民阅读的实现及国民素质的提升。

第三节　图书馆阅读推广对社会文化建设的影响

一、社会文化建设的目标与原则

社会文化建设的目标是促进社会和谐，增强文化自信，推动文化创新，提升社会文明水平，满足人民群众日益增长的精神文化需求，为社会的持续发展提供强大的文化支撑和智力保障。

（一）社会文化建设的目标

1.促进社会和谐

社会文化建设要以社会主义核心价值观为引领，弘扬中华优秀传统文化，推动社会主义精神文明建设，促进社会和谐稳定。通过文化建设，加强人与人之间的沟通与理解，增强社会的凝聚力和向心力，营造良好的社会氛围。

2.增强文化自信

文化建设要注重传承与创新，既要弘扬中华优秀传统文化，又要鼓励文化创新，让传统文化与现代文化相互融合，形成具有时代特色的新文化。通过文化建设，让人民群众更加了解和认同自己的文化传统和文化价值观，增强文化自信。

3.推动文化创新

文化建设要注重创新，通过引导和支持文化创意产业的发展，推动文化产业转型升级，提高文化产业的附加值和竞争力。同时，要鼓励文化创新，推动文艺创作繁荣发展，推出更多具有思想性、艺术性、观赏性的优秀作品。

4.提升社会文明水平

文化建设要注重提升社会文明水平，通过倡导文明礼仪、普及科学知识、推广健康生活方式来，促进社会文明进步。同时，要加强公共文化设施建设，提高公共文化服务水平，让人民群众在享受文化生活的同时，提高自身素质和文化修养。

5.满足人民群众日益增长的精神文化需求

文化建设要以满足人民群众日益增长的精神文化需求为目标，提供更多优质的文化产品和服务，让人民群众在享受文化生活的同时，获得更多的精神滋养和文化满足感。

（二）社会文化建设的原则

1.坚持以人民为中心的原则

社会文化建设要以人民为中心，以满足人民群众的需求为导向，推动文化事业和文化产业的协调发展。同时，要加强公共文化服务体系建设，提高公共文化服务水平，让人民群众共享文化发展成果。

2.坚持社会主义核心价值观为引领的原则

社会文化建设要坚持社会主义核心价值观为引领，弘扬爱国主义、集体主义、社会主义思想，加强社会公德、职业道德、家庭美德和个人品德建设，培育和践行社会主义核心价值观。

3.坚持传承与创新相结合的原则

社会文化建设要坚持传承与创新相结合的原则，既要弘扬中华优秀传统文化，又要鼓励文化创新，让传统文化与现代文化相互融合，形成具有时代特色的新文化。同时，要加强对文化遗产的保护和利用，传承和弘扬中华民族的优秀传统文化。

4.坚持政府主导与社会参与相结合的原则

社会文化建设要坚持政府主导与社会参与相结合的原则，政府要加大对文化事业和文化产业的投入和支持力度，同时要鼓励社会力量积极参与文化建设，形成政府与市场、企业与非营利组织等多方参与的文化建设格局。

5.坚持均衡发展的原则

社会文化建设要坚持均衡发展的原则，推动城乡之间、区域之间的协调发展。同时，要加强文化产业与旅游、体育等产业的融合发展，形成多元化、综合性的文化产业体系。

6.坚持开放包容的原则

社会文化建设要坚持开放包容的原则，吸收世界各国优秀文化成果，推动中国文化走向世界。同时要加强对国外文化企业的引进和合作，促进中外文化的交流与互动。

二、图书馆阅读推广对社会文化建设的作用

图书馆作为社会文化的重要载体和推广机构，对于社会文化建设具有重要的作用。下面将从以下几个方面探讨图书馆阅读推广对社会文化建设的影响。

（一）促进文化传承和弘扬

图书馆是文化传承和弘扬的重要场所。通过阅读推广活动，图书馆可以将优秀的传统文化和现代文明成果传递给广大读者，让读者了解和认识不同地域、不同民族的文化，从而促进文化的传承和弘扬。同时，图书馆还可以通过收藏和保护文化遗产，为后人留下宝贵的精神财富。

（二）提升公民素质和文化素养

图书馆的阅读推广活动不仅可以提供各种类型的文化产品和服务，满足读者的精神

需求，同时还可以通过教育和引导，提高读者的文化素养和公民素质。例如，图书馆可以开展各种形式的阅读推广活动，如读书会、讲座、展览等，引导读者阅读优秀作品，提高读者的阅读能力和鉴赏水平。此外，图书馆还可以通过提供学习资源和课程，帮助读者掌握各种知识和技能，提高其综合素质。

（三）推动文化产业的发展

图书馆通过阅读推广活动，可以促进文化产业的发展。一方面，图书馆可以向读者推荐优秀的文化产品和服务，引导读者的文化消费需求，为文化产业提供更多的市场机会；另一方面，图书馆可以通过与文化产业界的合作，开展各种形式的创意和文化产业活动，促进文化产业的发展和创新。例如，图书馆可以与出版机构合作推出优秀图书的展览和销售活动，与艺术机构合作推出艺术作品展览和演出等。

（四）增强社会凝聚力和向心力

图书馆的阅读推广活动可以促进社会交流和互动，增强社会的凝聚力和向心力。通过开展读书会、讲座、展览等活动，图书馆可以将不同背景、不同年龄层的人们聚集在一起，促进彼此之间的了解和沟通。同时，图书馆还可以通过举办各种形式的主题活动，如庆祝节日、纪念活动等，增强人们对传统文化的认同感和归属感。这些活动不仅可以丰富人们的精神生活，还可以促进社会的和谐稳定发展。

（五）培养创新思维和实践能力

图书馆的阅读推广活动不仅可以提供知识和信息，还可以培养读者的创新思维和实践能力。通过引导读者阅读创新性的书籍和材料，图书馆可以帮助读者拓展思路和视野，激发其创新意识和创造力。同时，图书馆还可以通过举办各种形式的创意竞赛和实践活动，鼓励读者将所学知识运用到实际生活中，提高其实践能力和创新能力。这些活动可以为社会培养更多具有创新精神和实践能力的人才，推动社会的创新和发展。

（六）拓展社会服务功能和文化传承功能

图书馆作为社会公共服务机构的一部分，还具有拓展社会服务功能和文化传承功能的作用。通过向社会公众提供免费或低成本的阅读资源和服务，图书馆可以帮助解决社会问题并提高公众的生活质量。例如，为老年人提供阅读空间和资源，可以丰富他们的晚年生活，并促进社会和谐稳定发展。此外，图书馆作为文化遗产的收藏和传承机构，可以通过数字化和保存珍贵文献为后代留下宝贵的精神财富，并促进文化的传承和发展。

三、社会文化建设与图书馆阅读推广的互动关系

社会文化建设与图书馆阅读推广之间存在着密切的互动关系。这种关系不仅体现在

两者在精神文化传承和发展上的相互促进，还表现在社会文化建设对图书馆阅读推广的需求和推动，以及图书馆阅读推广对社会文化建设的影响和贡献。

（一）社会文化建设对图书馆阅读推广的需求和推动

社会文化建设是一个复杂而多元的过程，它涵盖了社会生活的各个方面，包括政治、经济、教育、科技等。在这个过程中，图书馆阅读推广扮演着重要的角色。

首先，社会文化建设需要图书馆阅读推广来提供精神食粮。图书馆作为社会公共服务机构的一部分，为公众提供了丰富的阅读资源和服务。通过图书馆的阅读推广活动，公众可以接触到各种类型的书籍、文献和信息，从而满足其精神文化需求。同时，图书馆还可以为公众提供阅读指导、阅读培训等服务，帮助其提高阅读能力和鉴赏水平。

其次，社会文化建设需要图书馆阅读推广来推动文化创新和发展。图书馆作为知识和信息的集散地，可以为公众提供最新的学术成果、文化动态和科技创新信息。通过图书馆的阅读推广活动，公众可以了解到最新的文化潮流和发展趋势，从而激发其创新意识和创造力。同时，图书馆还可以通过与文化产业界的合作，推动文化创新和发展。

最后，社会文化建设需要图书馆阅读推广来增强社会凝聚力和向心力。图书馆可以通过举办各种形式的主题活动、文化交流活动等，将不同背景、不同年龄层的人们聚集在一起，促进彼此之间的了解和沟通。同时，图书馆还可以通过收藏和保护文化遗产，为后人留下宝贵的精神财富。这些活动不仅可以丰富人们的精神生活，还可以促进社会的和谐稳定发展。

（二）图书馆阅读推广对社会文化建设的影响和贡献

图书馆阅读推广作为社会文化建设的重要组成部分，对其产生了深远的影响和贡献。

首先，图书馆阅读推广是促进文化传承和弘扬的重要途径。通过开展阅读推广活动，图书馆可以将优秀的传统文化和现代文明成果传递给广大读者，让读者了解和认识不同地域、不同民族的文化，从而促进文化的传承和弘扬。同时，图书馆还可以通过收藏和保护文化遗产，为后人留下宝贵的精神财富。

其次，图书馆阅读推广是提升公民素质和文化素养的重要手段。通过引导读者阅读优秀作品、举办各种形式的阅读活动等，图书馆可以帮助读者提高阅读能力和鉴赏水平，掌握各种知识和技能，提高其综合素质。同时，图书馆还可以通过提供学习资源和课程，帮助读者拓宽知识面、增强自主学习能力等。

再次，图书馆阅读推广还有助于推动文化产业的发展。通过与出版机构、艺术机构等合作推出优秀图书的展览和销售活动、艺术作品展览和演出等，图书馆可以为文化产业提供更多的市场机会和发展空间。同时，图书馆还可以通过与文化产业界的合作，促进文化产业的发展和创新。

最后，图书馆阅读推广还有助于增强社会的凝聚力和向心力。通过开展读书会、讲座、展览等活动以及举办各种形式的主题活动等，图书馆可以将不同背景、不同年龄层的人们聚集在一起，促进彼此之间的了解和沟通。这些活动不仅可以丰富人们的精神生活，还可以促进社会的和谐稳定发展。

四、社会文化建设评价体系对图书馆阅读推广的影响

社会文化建设评价体系对图书馆阅读推广具有重要影响。评价体系包括对文化建设的规划、实施、评估等方面的规定和标准，是推动社会文化建设的重要手段。图书馆阅读推广作为社会文化建设的重要组成部分，受到评价体系的指导和制约。

（一）社会文化建设评价体系的构成和作用

社会文化建设评价体系是指由一系列相互联系、相互制约的评价指标和标准组成的系统，用于评估和指导社会文化建设的过程和成果。评价体系包括对文化建设的目标、计划、实施、效果等方面的规定和标准，涵盖了文化事业、文化产业、文化政策等多个方面。

评价体系的作用主要体现在以下几个方面。

1.指导和推动社会文化建设

评价体系明确了社会文化建设的目标和方向，为各地区、各部门制定具体的文化政策和发展规划提供了指导和依据，推动社会文化建设的全面开展。

2.评估和监测文化建设成果

评价体系通过对文化建设成果的评估和监测，发现问题和不足，提出改进措施和建议，推动文化建设水平的提升。

3.促进文化创新和发展

评价体系鼓励创新思维和创新行为，为文化产业的发展提供了支持和保障，促进文化的创新和发展。

（二）社会文化建设评价体系对图书馆阅读推广的影响

社会文化建设评价体系对图书馆阅读推广产生了多方面的影响。

1.指导图书馆阅读推广的规划和实施

评价体系明确了图书馆阅读推广的目标和方向，为各地区、各部门制订具体的阅读推广计划提供了指导和依据。评价体系还对阅读推广的实施过程提出了具体要求和建议，有助于提高阅读推广的效果和质量。

2.促进图书馆阅读推广的创新和发展

评价体系鼓励创新思维和创新行为，为图书馆阅读推广提供了更多的机遇和支持。评价体系通过对阅读推广成果的评估和监测，发现问题和不足，提出改进措施和建议，推动阅读推广的创新和发展。

3.推动图书馆阅读推广与社会文化建设的融合

评价体系强调社会文化建设中各个领域的融合和发展，图书馆阅读推广作为其中的重要组成部分，需要与其他文化领域进行协调和合作。评价体系为图书馆阅读推广与社会文化建设的融合提供了支持和保障，促进了图书馆阅读推广的多元化发展。

（三）更好地应对社会文化建设评价体系对图书馆阅读推广的影响

为了更好地应对社会文化建设评价体系对图书馆阅读推广的影响，可以采取以下措施。

1.深入理解和掌握评价体系的指标和标准

图书馆阅读推广应该深入理解和掌握评价体系的指标和标准，明确自身的优势和不足，找到需要改进和提高的方面，有针对性地制订阅读推广计划和方案。

2.加强与其他文化领域的交流与合作

图书馆阅读推广应该加强与其他文化领域的交流与合作，促进不同领域之间的融合和发展。通过与其他文化领域的合作，可以共同开展一些有特色的阅读推广活动，提高图书馆阅读推广的影响力和吸引力。

3.注重创新思维和创新行为的培养

图书馆阅读推广应该注重创新思维和创新行为的培养，鼓励员工和读者提出新的想法和建议，不断探索新的推广方式和手段。通过创新思维和创新行为的培养，可以提高图书馆阅读推广的创新能力和竞争力。

4.加强与社会各界的联系和合作

图书馆阅读推广应该加强与社会各界的联系和合作，了解社会各界的需求和期望，积极参与到社会文化建设中去。通过与社会各界的合作，可以共同推动社会文化建设的发展和提高图书馆阅读推广的影响力。

第十一章　图书馆阅读推广的技术支持与创新

第一节　数字化阅读推广的技术手段与应用

一、数字化技术的种类与发展

随着数字技术的不断发展，数字化阅读推广已经成为图书馆阅读推广的重要方向。数字化阅读推广的技术种类不断更新和拓展，为图书馆阅读推广提供了更多的手段和方法。下面将介绍数字化阅读推广的技术种类与发展。

（一）数字化阅读推广的技术种类

1.电子书借阅系统

电子书借阅系统是一种利用数字化技术实现图书借阅的系统。读者可以通过终端设备或者移动设备，在图书馆内或者远程访问图书馆的电子书库，选择自己需要的图书进行在线阅读或者下载。电子书借阅系统具有方便、快捷、高效的特点，可以为读者提供更加便捷的借阅服务。

2.移动阅读推广

移动阅读推广是指利用移动设备进行阅读推广的一种方式。图书馆可以通过移动应用程序、微信公众号、短信等方式，向读者推送图书信息、阅读建议、活动通知等，引导读者利用移动设备进行阅读。移动阅读推广具有广泛性、便捷性和个性化等特点，可以满足读者的个性化需求，提高阅读体验和参与度。

3.社交媒体推广

社交媒体推广是指利用社交媒体平台进行阅读推广的一种方式。图书馆可以通过微博、微信、抖音等社交媒体平台，发布图书信息、阅读建议、活动视频等，与读者进行互动和交流，引导读者参与阅读活动。社交媒体推广具有广泛性、互动性和实时性等特点，可以扩大阅读推广的影响力和覆盖面。

4.数据分析与推荐

数据分析与推荐是指利用数据分析技术对读者的阅读行为进行分析和挖掘，根据读者的兴趣和需求，为其提供个性化的图书推荐服务。图书馆可以通过数据分析和挖掘技术，了解读者的借阅行为、阅读偏好、兴趣爱好等信息，为其提供更加精准的推荐服务，提高读者的满意度和参与度。

（二）数字化阅读推广的发展趋势

1.个性化与智能化发展

随着人工智能和大数据技术的不断发展，数字化阅读推广将更加注重个性化与智能化发展。图书馆可以通过数据分析和挖掘技术，对读者的阅读行为进行分析和预测，为其提供更加精准的推荐服务和个性化的阅读体验。同时，图书馆可以利用人工智能技术，实现智能化的借阅服务和管理，提高服务效率和读者满意度。

2.多元化与交互式发展

数字化阅读推广将更加注重多元化与交互式发展。图书馆可以通过多种渠道和形式，向读者提供多元化的阅读服务和体验，如音频书籍、视频书籍、互动式书籍等。同时，图书馆可以利用社交媒体等平台，加强与读者的互动和交流，了解读者的需求和反馈，及时调整和优化阅读推广服务。

3.移动化与便捷化发展

随着移动设备的普及和移动互联网的发展，数字化阅读推广将更加注重移动化与便捷化发展。图书馆可以通过移动应用程序、微信公众号等方式，为读者提供随时随地借阅图书和参与阅读活动的能力，提高服务的便捷性和实效性。同时，图书馆可以利用移动设备的定位功能，为读者提供基于位置的阅读推广服务，提高读者的参与度和满意度。

数字化阅读推广是图书馆阅读推广的重要发展方向。随着数字技术的不断更新和拓展，数字化阅读推广的技术种类也将不断更新和丰富。未来数字化阅读推广将更加注重个性化与智能化发展、多元化与交互式发展、移动化与便捷化发展等方面的发展趋势。图书馆应该紧跟时代步伐和技术进展，不断更新和完善数字化阅读推广服务，为读者提供更加优质高效的阅读服务和体验。

二、数字化阅读推广的实践与案例

随着互联网和数字技术的快速发展，人们的阅读方式也发生了重大变化。越来越多的人们开始选择数字化阅读，如电子书、网络文学、音频书等。为了满足读者的数字化阅读需求，图书馆、出版社、阅读平台等机构都在积极推进数字化阅读推广工作。笔者将介绍一些数字化阅读推广的实践与案例。

（一）图书馆的数字化阅读推广实践

1.电子书借阅服务

图书馆是提供图书借阅服务的主要机构之一。为了满足读者的数字化阅读需求，许多图书馆都提供了电子书借阅服务。读者可以通过图书馆的网站或移动应用程序，在线浏览和借阅电子书。图书馆通常会与出版社、电子书供应商合作，提供丰富的电子书资源，并定期更新和扩充电子书库。

2.数字阅读空间

数字阅读空间是图书馆为读者提供的数字化阅读场所。在数字阅读空间中，读者可以使用图书馆提供的电子书阅读器、平板电脑、耳机等设备，阅读电子书、网络文学、音频书等。数字阅读空间通常还提供数字资源导航、阅读建议、读者交流等服务，帮助读者更好地享受数字化阅读的乐趣。

3.移动阅读服务

移动阅读服务是图书馆为读者提供的随时随地的数字化阅读服务。读者可以通过图书馆的移动应用程序或微信公众号，在线浏览和借阅电子书、音频书等，还可以接收图书馆的最新消息、活动通知等。移动阅读服务打破了时间和空间的限制，让读者可以在任何时间、任何地点享受阅读的乐趣。

（二）出版社的数字化阅读推广案例

1.电子书出版与推广

许多出版社已经开始大力推广电子书出版业务。他们与作者合作，将传统图书转化为电子书形式，通过数字平台销售和传播。在推广方面，出版社可以通过社交媒体、网络广告、电子邮件等方式，向读者宣传和推荐电子书，提高电子书的知名度和销量。

2.音频书出版与推广

音频书是一种将书籍转化为音频形式的产品，适合于在移动设备上收听。一些出版社看好音频书的潜力，开始推出自己的音频书品牌。他们与专业配音演员合作，将经典文学作品、童书等转化为音频书形式，并通过网络平台销售和传播。出版社还可以通过与相关机构合作，将音频书推广到更多的听众中。

（三）阅读平台的数字化阅读推广案例

1.网易云阅读

网易云阅读是一款流行的数字化阅读平台，提供了大量的电子书、网络文学、报纸杂志等资源。该平台通过个性化推荐算法，为每位用户提供定制化的阅读推荐服务。用户可以通过网易云阅读的网站或移动应用程序在线阅读和下载感兴趣的书籍，还可以参与社区讨论和与其他读者互动。

2.知乎书店

知乎书店是知乎网旗下的数字化阅读平台。该平台以知乎社区用户为受众群体，提供了大量与知乎社区话题相关的书籍和文章。用户可以在知乎书店中浏览和购买电子书、音频书等资源,还可以参与社区讨论和与其他知友互动。知乎书店的推荐算法和社区互动机制吸引了大量用户的关注和使用。

数字化阅读推广已经成为图书馆、出版社、阅读平台等机构的重要业务之一。这些机构通过提供丰富的数字化阅读资源、个性化的推荐服务、便捷的移动阅读等方式,满足读者的数字化阅读需求。在实践过程中,他们还注重利用社交媒体等新兴渠道进行宣传和推广,提高数字化阅读的普及率和影响力。随着数字技术的不断发展和读者需求的变化,数字化阅读推广也将不断创新和发展。

三、数字化技术在阅读推广中的优劣

随着信息技术的迅猛发展和互联网的普及,人们的阅读方式发生了很大的变化。数字化阅读已经成为一种趋势,越来越多的人开始选择通过电子书、网络文学、音频书等数字化形式进行阅读。数字化技术在阅读推广中具有许多优势,同时也存在一些劣势。

(一)优势

1.资源丰富多样

数字化技术可以将各种形式的书籍、文章、音频、视频等资源整合在一起,形成庞大的资源库。读者可以通过数字化平台,轻松地获取到各种类型的阅读资源,包括传统书籍、网络文学、新闻资讯、学术论文等。这为读者提供了更加丰富多样的阅读选择,满足了不同读者的阅读需求。

2.便捷的获取方式

数字化技术使得读者可以随时随地获取所需的阅读资源。无论是在家里、在路上、还是在公共场所,只要有互联网连接,读者就可以通过数字化平台进行阅读。这种便捷的获取方式使得读者可以更加灵活地安排自己的阅读时间和地点,提高了阅读的便利性和效率。

3.个性化推荐服务

数字化技术可以通过数据分析和智能推荐算法,为读者提供个性化的阅读推荐服务。根据读者的阅读历史、兴趣爱好、评价反馈等信息,数字化平台可以向读者推荐相关的书籍和文章,帮助读者发现更多符合自己兴趣的阅读资源。这种个性化推荐服务可以提高读者的阅读满意度和阅读体验。

4.互动交流与社区建设

数字化技术为读者提供了一个互动交流的平台。在数字化阅读社区中,读者可以与其他读者进行交流和讨论，分享自己的阅读心得和感悟。这种互动交流可以激发读者的阅读兴趣和参与度，提高阅读的社交性和趣味性。同时，数字化平台还可以通过社区建设聚集更多的读者，促进阅读文化的传播和推广。

（二）劣势

1.阅读习惯的改变

数字化技术的普及使得一些读者开始倾向于数字化阅读，但同时也带来了一些不良的阅读习惯。例如，一些读者可能会在移动设备上用眼过度，导致视力疲劳和颈椎问题；还有一些读者可能会过于依赖数字化平台的推荐和搜索功能，导致阅读缺乏深度和广度。这些问题需要引起关注和引导，帮助读者建立良好的数字化阅读习惯。

2.信息过载问题

数字化平台提供了海量的阅读资源，但同时也带来了信息过载的问题。读者在面对大量的阅读资源时，可能会感到无从下手，难以选择出适合自己的阅读内容。此外，数字化平台还会根据读者的阅读历史和兴趣进行个性化推荐，容易导致读者陷入信息茧房效应，限制了阅读的多样性和广泛性。

3.版权与信息安全问题

数字化技术也带来了一些版权和信息安全问题。一方面，电子书、网络文学等数字化资源的版权保护需要加强，防止盗版和非法传播；另一方面，读者的个人信息和阅读数据也存在泄露和滥用的风险，需要加强数据保护和管理。这些问题需要相关机构和平台采取措施加以解决，保障版权和信息安全。

数字化技术在阅读推广中具有许多优势，如资源丰富多样、便捷的获取方式、个性化推荐服务和互动交流与社区建设等。同时，也存在一些劣势，如阅读习惯的改变、信息过载问题和版权与信息安全问题等。为了更好地发挥数字化技术在阅读推广中的作用，我们需要采取措施解决这些问题，引导读者建立良好的数字化阅读习惯，促进阅读的健康发展。

四、未来数字化阅读推广的趋势与展望

（一）多元化和个性化的阅读体验

未来数字化阅读推广将更加注重多元化和个性化的阅读体验。在数字化平台上，读者可以根据自己的喜好和需求，选择不同的阅读资源，包括传统书籍、网络文学、新闻资讯、学术论文等等。同时，数字化平台也将更加注重个性化推荐服务，根据读者的阅读历史、兴趣爱好、评价反馈等信息，为读者推荐相关的书籍和文章，帮助读者发现更

多符合自己兴趣的阅读资源。此外，数字化平台还将提供更加多样化的阅读方式，例如沉浸式阅读、交互式阅读等，为读者带来更加丰富和生动的阅读体验。

（二）跨界融合与合作

未来数字化阅读推广将更加注重跨界融合与合作。不同领域的出版社、作者、媒体等将会进行更加紧密的合作，共同推动数字化阅读的发展。例如，文学与科技的结合，将为读者带来更加新颖和有趣的阅读体验；教育机构与出版社的合作，将为读者提供更加系统化和专业化的阅读资源；政府、企业与媒体的联合推广，将为数字化阅读的普及和发展提供更加广阔的平台。

（三）社交化阅读与互动

未来数字化阅读推广将更加注重社交化阅读与互动。在数字化平台上，读者可以与其他读者进行交流和讨论，分享自己的阅读心得和感悟。这种社交化阅读可以激发读者的阅读兴趣和参与度，提高阅读的社交性和趣味性。同时，数字化平台还将提供更加丰富的互动形式，例如在线问答、讨论区交流、作者直播等等，让读者能够更加深入地参与到阅读过程中来。此外，数字化平台还将积极推动读者之间的互动和交流，例如通过读书俱乐部、线上活动等形式，让读者能够结交更多志同道合的朋友，共同分享阅读的快乐。

（四）绿色阅读与健康阅读

未来数字化阅读推广将更加注重绿色阅读与健康阅读。随着人们环保意识的提高和对健康的关注，绿色阅读和健康阅读成了更多人们的选择。数字化平台将通过提供环保型的电子书和纸张回收等服务，推广绿色阅读的理念和实践。同时，数字化平台还将积极宣传健康阅读的习惯和方法，例如合理安排阅读时间、适当休息、选择合适的阅读设备等，帮助读者建立良好的数字化阅读习惯和健康的生活方式。

（五）智能化与数据驱动的推广

未来数字化阅读推广将更加注重智能化与数据驱动的推广。随着人工智能和大数据技术的发展，数字化平台将通过数据分析和智能推荐算法，为读者提供更加精准的个性化推荐服务。同时，数字化平台还将积极利用人工智能技术进行智能化内容生产和推广，例如通过自然语言处理技术对文本进行分析和处理，提高数字化平台的搜索效率和准确性；通过机器学习技术对用户行为进行分析和预测，提高个性化推荐的准确度和用户满意度。

（六）国际化与跨文化交流

未来数字化阅读推广将更加注重国际化和跨文化交流。随着全球化和互联网的发展，不同国家和地区的读者对于数字化阅读的渴求和需求也越来越高。数字化平台将通过引进国外优秀的作品和推广本土特色文化等方式，促进国际化和跨文化交流。同时，数字化平台还将积极推动翻译和多语言服务的发展，为不同语言背景的读者提供更好的阅读资源和服务。

（七）创新技术与新应用场景的拓展

未来数字化阅读推广将更加注重创新技术与新应用场景的拓展。随着科技的进步和发展，新的技术和应用场景将会不断涌现，为数字化阅读带来更多的机遇和挑战。例如虚拟现实（VR）和增强现实（AR）技术的结合，将为读者带来更加沉浸式的阅读体验；智能家居的普及和发展也将为数字化阅读的推广提供更多的应用场景。同时，随着5G技术的普及和发展以及物联网技术的应用也将为数字化阅读的推广带来更多的机遇和发展空间。

第二节　媒体传播与社交媒体在阅读推广中的作用

一、媒体传播的原理与社交媒体的发展

（一）媒体传播原理

媒体传播是指通过一定的媒介和方式，将信息传递给受众的过程。在传统媒体时代，媒体传播的方式比较单一，主要是以报纸、电视、广播等为主的大众传播方式。而在互联网时代，媒体传播的方式发生了巨大的变化，主要表现在以下几个方面。

（1）去中心化：互联网的兴起使得信息的传播不再依赖于传统的媒体机构，任何人都可以通过社交媒体等平台发布和传播信息。这种去中心化的传播方式使得信息的来源更加广泛，也使得信息的传播更加快速和便捷。

（2）互动性：社交媒体的兴起使得媒体传播不再是单向的传播方式，受众也可以参与到信息的制作和传播过程中来。通过评论、点赞、转发等方式，受众可以与信息发布者进行互动和交流，从而增强信息的传播效果。

（3）个性化推荐：社交媒体平台通常会利用大数据和人工智能等技术，根据用户的兴趣爱好和行为习惯等信息，为用户推荐相关的信息和内容。这种个性化推荐的方式使得信息的传播更加精准和高效。

（二）社交媒体的发展

社交媒体是指基于互联网技术的一种社交平台，用户可以在平台上发布和分享内容，并与他人进行交流和互动。社交媒体的发展主要经历了以下几个阶段：

（1）早期发展：早期的社交媒体主要包括 BBS、论坛等平台，用户可以在平台上发布信息和交流互动。但是早期的社交媒体存在着信息质量不高、管理混乱等问题，难以得到大规模的发展。

（2）社交网站兴起：随着互联网技术的发展，社交网站开始兴起。用户可以在社交网站上建立个人主页，与他人进行交流和互动。例如，早期的 MySpace、Facebook 等社交网站，成了当时年轻人交流的主要平台。

（3）移动互联网时代：随着移动互联网技术的发展，社交媒体开始向移动端转移。用户可以通过手机等移动设备随时随地发布和分享内容，并与他人进行交流和互动。这个时期出现了很多知名的社交媒体平台，如微博、微信、Instagram 等。

（4）短视频和直播时代：近年来，短视频和直播成了社交媒体的新趋势。用户可以通过短视频和直播等方式，分享自己的生活和经验，同时也可以观看他人的短视频和直播。这个时期出现了很多知名的短视频和直播平台，如抖音、快手、直播等。

（三）社交媒体发展的原因

社交媒体之所以能够得到大规模的发展，主要原因有以下几个方面。

（1）技术进步：互联网技术的不断进步为社交媒体的发展提供了技术支持。例如，移动互联网技术的发展使得用户可以随时随地发布和分享内容；大数据和人工智能技术的发展使得个性化推荐成为可能。

（2）用户需求：人们对于交流和互动的需求是社交媒体发展的根本动力。在传统媒体时代，人们只能被动地接收信息，而无法与他人进行交流和互动。而社交媒体的兴起使得人们可以自由地表达自己的观点和情感，并与其他人进行交流和互动。

（3）商业推动：商业利益的推动也是社交媒体发展的重要原因之一。随着广告主对于数字化广告的重视程度不断提高，社交媒体成了一个重要的广告投放渠道，同时社交媒体的兴起也带动了相关产业的发展，例如网红经济、电商直播等这些产业的发展，也为社交媒体的推广提供了重要的支持。

（4）社会影响：社交媒体也产生了一定的社会影响，受到了许多人的关注和使用；同时一些社会事件的发生也促进了社交媒体的发展，例如一些重大新闻事件的发生，促使了人们在社交媒体上对此的关注和讨论。这些事件的发生促进了社交媒体的发展和使用。

二、社交媒体在阅读推广中的应用与案例

（一）社交媒体在阅读推广中的应用

1.阅读推荐

社交媒体可以通过大数据和人工智能等技术，根据用户的兴趣爱好和行为习惯等信

息，为用户推荐相关的阅读内容和书籍。例如，一些社交媒体平台会推出个性化的阅读推荐功能，用户可以根据自己的喜好选择阅读类型和题材，平台会根据用户的喜好和阅读历史，推荐相关的书籍和文章。

2.阅读分享

社交媒体为用户提供了方便的阅读分享渠道。用户可以在社交媒体上分享自己阅读的书籍、文章或新闻等，同时也可以通过分享链接等方式，让其他人也能方便地获取阅读资源。这种阅读分享的方式，不仅可以让更多人了解和阅读优秀的作品，也可以促进阅读文化的传播和交流。

3.阅读互动

社交媒体为读者提供了互动交流的平台。读者可以在社交媒体上对阅读的书籍、文章或新闻等进行评论、讨论和交流。这种互动交流的方式可以让读者之间进行深入的交流和讨论，同时也可以让作者更好地了解读者的反馈和需求。

（二）社交媒体阅读推广案例

1.微信读书

微信读书是微信平台上的一款阅读应用。凭借微信的庞大用户群体，微信读书在短时间内就获得了大量的用户。微信读书通过推荐、互动和分享等方式，将阅读与社交相结合，为用户提供了丰富的阅读体验。微信读书通过用户的阅读历史、兴趣爱好等信息，为用户推荐个性化的阅读内容，同时用户也可以通过微信读书与好友进行阅读分享和互动交流。

2.知乎书店

知乎书店是知乎平台上的一款阅读应用，定位于知识分享和深度阅读。知乎书店通过整合知乎社区的优质内容，为用户提供了一个集合了各领域知识的阅读平台。用户可以在知乎书店中浏览和购买各种书籍和电子书，同时也可以参与书籍的评论、讨论和分享。知乎书店的阅读推广方式主要是通过知乎社区的影响力和用户之间的互动交流来进行推广。

3.网易云阅读

网易云阅读是一款集阅读、互动和社交于一体的阅读应用。网易云阅读通过大数据分析用户的阅读习惯和喜好，为用户推荐个性化的阅读内容。同时，网易云阅读也注重用户的社交体验，用户可以通过应用内的互动功能与其他用户进行交流和分享。网易云阅读的阅读推广方式主要是通过网易云音乐的用户群体和推广活动来进行。

社交媒体在阅读推广中的应用和案例表明，社交媒体不仅可以提供个性化的阅读推荐和方便的阅读分享功能，还可以为读者提供互动交流的平台。这些功能和应用不仅可以满足读者的个性化阅读需求，还可以促进阅读文化的传播和交流。同时，社交媒体的用户群体和影响力也为阅读推广提供了新的渠道和手段。未来，随着社交媒体的不断发展，其在阅读推广中的应用也将不断拓展和创新。

三、媒体传播对阅读推广的影响与效果

（一）媒体传播对阅读推广的影响

1.扩大受众范围

媒体传播通过各种渠道和平台，将阅读信息传递给更广泛的受众群体。传统媒体如报纸、杂志和广播电视等，以及新兴媒体如互联网、社交媒体和移动终端等，都为阅读推广提供了更广阔的传播渠道和更丰富的传播手段。通过媒体传播，阅读推广可以覆盖更广泛的受众群体，提高阅读的普及率和影响力。

2.提高阅读推广的效率

媒体传播通过精准定位受众群体，根据不同受众的需求和喜好，选择合适的传播内容和方式，提高阅读推广的效率。例如，通过大数据分析，互联网媒体可以精准推送个性化的阅读内容，提高用户黏性和阅读体验。此外，媒体传播还可以通过与受众的互动交流，及时获取反馈和评价，不断优化阅读推广的方式和策略。

3.促进阅读文化的普及和传播

媒体传播作为文化传播的重要载体，对于促进阅读文化的普及和传播具有积极作用。通过媒体传播，优秀的作品和阅读理念可以得到更广泛的传播和推广，激发更多人的阅读兴趣和热情。同时，媒体传播还可以引导社会形成良好的阅读氛围和文化环境，推动全民阅读的实现。

（二）媒体传播在阅读推广中的效果

1.提升读者的阅读兴趣和能力

媒体传播通过提供丰富的阅读内容和多样的阅读方式，有助于提升读者的阅读兴趣和能力。通过媒体传播，读者可以接触到不同类型的阅读材料，包括文学作品、科普知识、新闻资讯等，扩大知识面和视野。同时，媒体传播的互动性和参与性也有助于培养读者的阅读能力和思考习惯。

2.增强阅读推广的深度和广度

媒体传播的多样性和广泛性使得阅读推广可以覆盖更广泛的受众群体，增强阅读的

深度和广度。传统媒体如报纸、杂志和广播电视等，通过持续的报道和推荐，将阅读信息传递给更多的受众。新兴媒体如互联网、社交媒体和移动终端等，则通过精准推送和互动交流等方式，提高阅读推广的针对性和实效性。

3.促进读者之间的交流与互动

媒体传播为读者提供了互动交流的平台，促进读者之间的交流与互动。读者可以在媒体平台上发表自己的观点和看法，与其他读者进行讨论和交流。这种互动交流的方式可以激发读者的阅读热情和参与度，同时也可以促进阅读心得和思想的分享与传播。

4.推动优秀作品的传承和发展

媒体传播对于优秀作品的传承和发展具有积极的推动作用。通过媒体传播的广泛宣传和推荐，优秀的作品可以获得更广泛的关注和认可，激发更多人的阅读兴趣和热情。同时，媒体传播也可以为优秀作品的传承和发展提供更广阔的空间和平台，推动文学艺术的繁荣和发展。

媒体传播对于阅读推广具有积极的影响和效果。通过扩大受众范围、提高阅读推广效率、促进阅读文化的普及和传播等方式，媒体传播在阅读推广中发挥着重要的作用。同时，媒体传播还可以提升读者的阅读兴趣和能力、增强阅读推广的深度和广度、促进读者之间的交流与互动以及推动优秀作品的传承和发展。未来，随着媒体形态的不断演进和创新，媒体传播在阅读推广中的应用也将不断拓展和创新。

四、利用社交媒体提升阅读推广的策略与方法

（一）社交媒体在阅读推广中的优势

1.广泛的受众覆盖

社交媒体平台，如微博、微信、抖音等，拥有庞大的用户群体，覆盖了各个年龄段、职业领域和地域的受众。通过社交媒体进行阅读推广，可以迅速覆盖广泛的受众群体，提高阅读的普及率和影响力。

2.高互动性和参与度

社交媒体具有高互动性和参与度的特点，为阅读推广提供了更多的可能性。通过与受众的互动交流，可以及时获取反馈和评价，了解读者的需求和喜好，从而调整推广策略和方式。此外，受众也可以通过社交媒体平台分享自己的阅读心得和体验，形成良好的互动氛围。

3.个性化推荐和精准传播

社交媒体平台通常具备个性化推荐功能，可以根据用户的兴趣和阅读历史，推送合

适的阅读材料。这种精准传播的方式可以提高阅读推广的针对性和实效性，满足不同受众的需求。

（二）利用社交媒体提升阅读推广的策略与方法

1.制订明确的推广目标和计划

在利用社交媒体进行阅读推广之前，需要制订明确的推广目标和计划。目标包括提高阅读的普及率、增强读者的阅读兴趣和能力、促进优秀作品的传承和发展等。计划则包括推广的时间、内容、方式、预算等，以确保推广活动的有序进行。

2.选择合适的社交媒体平台和受众群体

选择合适的社交媒体平台和受众群体是提升阅读推广效果的关键。需要根据目标受众的需求和喜好，选择合适的社交媒体平台，如微博、微信、抖音等。同时，需要对受众群体进行精准定位和分析，了解他们的阅读需求和兴趣，以实现精准传播和推荐。

3.制作优质的内容和形式

在社交媒体上进行阅读推广，需要制作优质的内容和形式，以吸引受众的关注和兴趣。内容方面可以包括文学作品、科普知识、新闻资讯等，形式方面可以包括文字、图片、视频、音频等。需要结合目标受众的需求和喜好，选择合适的内容和形式，以提高阅读推广的效果。

4.加强与受众的互动交流

在社交媒体上进行阅读推广，需要加强与受众的互动交流。可以通过提问、讨论、投票等方式，引导受众参与互动，提高参与度和黏性。同时，需要积极回应用户的反馈和评价，及时调整推广策略和方式，以满足用户的需求和期望。

5.运用多元化的推广手段

在社交媒体上进行阅读推广，需要运用多元化的推广手段。可以通过社交媒体广告投放、KOL 合作、话题营销等方式，扩大阅读推广的影响力和覆盖面。同时，可以利用社交媒体的分享功能，鼓励受众分享自己的阅读心得和体验，形成良好的口碑传播效应。

6.建立数据分析和监测机制

在社交媒体上进行阅读推广，需要建立数据分析和监测机制。可以通过分析用户数据、阅读量、互动量等指标，评估推广效果和用户反馈，及时调整推广策略和方式。同时，可以利用监测机制对推广活动进行实时监控和管理，确保推广活动的顺利进行和有效实施。

（三）案例分析：某出版社利用微博进行阅读推广的经验分享

某出版社为了提高其图书的知名度和销量，利用微博进行了阅读推广活动。首先，该出版社选择了微博作为其主要的社交媒体平台，并对其受众进行了精准定位和分析。其次，该出版社制订了明确的推广目标和计划，包括提高图书销量、扩大品牌知名度等。接着，该出版社制作了一系列优质的图书推荐内容，包括书评、作者采访、新书发布会等，以吸引微博用户的关注和兴趣。此外，该出版社还通过与知名博主的合作、话题营销等方式扩大了图书的传播范围和影响力。最后，该出版社通过数据分析和监测机制评估了推广效果并进行了及时调整优化。通过上述策略的实施和方法的应用，该出版社成功利用微博进行了有效的阅读推广活动并取得了显著成果。

第三节　创新阅读推广模式与案例分析

一、创新阅读推广的理念与模式

随着信息技术的快速发展和互联网的普及，传统的阅读方式和推广模式已经不能满足现代社会的需求。为了促进阅读的普及和深化，创新阅读推广的理念与模式显得尤为重要。

（一）创新阅读推广的理念

1.以读者为中心

创新的阅读推广理念要始终以读者为中心，关注读者的需求和体验。通过深入了解读者的阅读偏好、阅读习惯、阅读障碍等因素，为读者提供个性化的阅读推荐和服务，使读者在阅读中感受到尊重和满足。

2.推广全龄化

阅读推广不应只面向儿童和青少年，而应涵盖所有年龄段的人群。不同年龄段的读者有不同的阅读需求和特点，因此，阅读推广要关注全龄化，为各个年龄段的人群提供合适的阅读资源和服务。

3.阅读与科技融合

随着科技的进步，数字化阅读已经成为一种趋势。创新的阅读推广理念要积极拥抱科技，将传统阅读与数字化阅读相结合，为读者提供更加便捷、多样化的阅读方式。同时，要关注新技术的发展和应用，如人工智能、大数据等，以提高阅读推广的精准度和效率。

（二）创新阅读推广的模式

1.线上线下融合

传统的阅读推广模式往往只关注线下活动，如图书展览、读书分享会等。而随着互联网的发展，线上阅读推广已经成为一种重要的方式。创新的阅读推广模式应将线上线下相融合，通过线上平台和线下活动的相互配合，实现全时空的阅读推广。例如，可以通过线上抽奖、线下领奖的方式促进读者的参与和互动；或者通过线上读书会、线下见面会等形式增进读者之间的联系和交流。

2.借力社交媒体

社交媒体已经成为人们获取信息、交流互动的主要渠道之一。创新的阅读推广模式要借助社交媒体的力量，将阅读推广融入社交媒体中，通过社交媒体的影响力和传播力，扩大阅读推广的覆盖面和影响力。例如，可以通过微博、微信等社交媒体平台发布优质书评、推荐好书、分享读书心得等，吸引更多读者参与阅读和讨论；或者通过直播平台邀请知名作家进行线上讲座和互动交流，增强读者的参与感和黏性。

3.创新服务模式

创新的阅读推广模式还需要关注服务模式的创新。通过为读者提供更加个性化、便捷、高效的服务，提高读者的阅读体验和服务质量。例如，可以通过开设线上借阅平台，为读者提供更加便捷的借阅服务；或者通过开展上门送书服务，为行动不便的读者提供贴心服务；还可以通过开设读书分享热线或线上咨询平台，为读者提供更加专业的阅读指导和服务。

（三）实践案例分析

为了更好地说明创新阅读推广的理念与模式，以下将以某城市图书馆为例进行分析。

该城市图书馆在创新阅读推广方面进行了积极探索和实践。首先，该图书馆以读者为中心，通过调查和分析读者的阅读需求和习惯，为读者提供了个性化的阅读推荐服务。同时，该图书馆还积极开展线上线下融合的阅读推广活动，如线上读书会、线下见面会、作家讲座等，增强了读者的参与感和黏性。此外，该图书馆还借助社交媒体平台进行阅读推广，通过发布优质书评、推荐好书、分享读书心得等，吸引了更多读者关注和参与。最后，该图书馆还通过创新服务模式为读者提供更加个性化、便捷、高效的服务，如线上借阅、送书上门等，提高了读者的阅读体验和服务质量。通过以上实践案例分析，可以发现创新阅读推广的理念与模式在促进阅读的普及和深化方面，具有重要作用和意义。

二、创新阅读推广案例的实践与分享

（一）创新阅读推广案例的实践

1.线上读书会

该图书馆通过线上读书会的形式，将读者聚集在一个平台上，共同阅读一本书，并开展讨论和交流。线上读书会不仅提供了便捷的参与方式，还打破了时间和空间的限制，让读者可以在家中或其他任何地方参与阅读和讨论。该图书馆通过这种方式，成功地吸引了很多读者的参与，提高了读者的阅读兴趣和阅读能力。

2.线下读书会

除了线上读书会，该图书馆还定期举办线下读书会，邀请读者来到图书馆，共同阅读书籍并进行讨论。线下读书会不仅可以让读者亲身感受到图书馆的氛围和文化，还可以促进读者之间的交流和互动。该图书馆通过这种方式，提高了读者的阅读兴趣和阅读能力，同时也为图书馆增添了人气和活力。

3.作家讲座

该图书馆还邀请知名作家来馆举行讲座，与读者分享他们的创作经历和心得。这些讲座不仅可以让读者更深入地了解书籍和作者，还可以激发读者的创作热情和文学兴趣。该图书馆通过这种方式，为读者提供了一个与作家面对面交流的机会，增强了读者的阅读体验和文化素养。

4.阅读分享热线

该图书馆开设了一个阅读分享热线，为读者提供了一个咨询、交流的平台。读者可以通过这个热线电话，咨询图书信息、参与阅读讨论等。这个阅读分享热线的开设，不仅为读者提供了更加便捷的服务，还增强了图书馆与读者之间的互动和联系。

5.送书上门服务

针对一些行动不便的读者，该图书馆还开展了送书上门服务。这项服务不仅为这些读者提供了便利，还体现了图书馆的人性化和关怀。通过送书上门服务，这些读者可以随时随地享受到阅读的乐趣，提高了他们的生活质量和文化素养。

（二）创新阅读推广案例的分享

该图书馆在创新阅读推广方面取得了一定的成果和经验，以下是几个方面的分享。

1.以读者为中心

该图书馆始终以读者为中心，关注读者的需求和体验。在开展阅读推广活动时，充分考虑读者的年龄、性别、职业等因素，为读者提供个性化的阅读推荐和服务。这种以读者为中心的服务理念，不仅提高了读者的阅读兴趣和服务质量，还增强了图书馆的吸引力和竞争力。

2.线上线下融合

该图书馆将线上和线下的阅读推广活动相结合，通过线上平台和线下活动的相互配合，实现全时空的阅读推广。这种线上线下融合的方式，不仅提高了阅读推广的覆盖面和影响力，还为读者提供了更加便捷、多样化的阅读方式。

3.借助社交媒体

该图书馆还借助社交媒体的力量，将阅读推广融入社交媒体中，通过社交媒体的影响力和传播力吸引更多读者参与阅读和讨论，这种借助社交媒体的方式不仅增强了读者的参与感和黏性，还提高了阅读推广的传播效果和影响力，需要指出的是社交媒体平台上的阅读推广活动要注重内容的选取和形式的创新，避免过于商业化和形式化影响读者的参与体验和积极性。

三、创新模式在阅读推广中的效果评估

（一）创新模式在阅读推广中的应用

该图书馆在创新阅读推广方面进行了积极的探索和实践，开展了一系列富有创意和实效的阅读推广活动，主要包括以下几个方面。

1.创新阅读推广活动的设计

该图书馆注重从读者的角度出发，设计符合读者需求的阅读推广活动。例如，针对不同年龄段的读者，设计不同类型的阅读推广活动，如儿童阅读节、大学生读书节、家庭读书会等。同时，还注重活动的互动性和参与性，如邀请作者举行讲座、开展读者交流会等。

2.数字化阅读推广

随着数字化阅读的普及，该图书馆积极开展数字化阅读推广活动。例如，提供电子书籍下载服务、开设数字化阅读课程、开展线上阅读讨论等。这些活动不仅满足了读者的个性化需求，还提高了读者的数字化阅读能力和信息素养。

3.社会合作推广

该图书馆积极与社会各界合作，开展阅读推广活动。例如，与当地企业、社区、学校等机构合作，共同举办读书活动或提供阅读资源支持。这种合作模式不仅扩大了阅读推广的范围，还提高了图书馆的知名度和影响力。

（二）创新模式在阅读推广中的效果评估

为了评估创新模式在阅读推广中的效果，该图书馆进行了一系列的数据调查和统计分析。主要包括以下几个方面。

1.读者参与度评估

通过统计阅读推广活动的参与人数和参与率，了解读者的参与情况。该图书馆发现，通过创新模式的推广活动，读者的参与度有了明显的提高。同时，通过与读者的互动和

反馈，该图书馆还了解到读者对活动的满意度较高。

2.阅读兴趣和阅读能力评估

通过对比创新模式推广活动前后读者的阅读兴趣和阅读能力变化情况，了解创新模式对读者阅读的影响。该图书馆发现，通过创新模式的推广活动，读者的阅读兴趣和阅读能力有了明显的提高。同时，读者也反映他们在活动中收获颇丰，学到了很多新的知识和技能。

3.阅读习惯和行为变化评估

通过观察和统计读者的阅读习惯和行为变化情况，了解创新模式对读者的影响。该图书馆发现，通过创新模式的推广活动，读者的阅读习惯和行为发生了明显的变化。例如，读者更倾向于选择电子书籍或纸质书籍的种类更加丰富；读者之间的交流和互动更加频繁；读者的阅读时间和频率也有了明显的增加。

通过上述评估结果可以看出，创新模式在阅读推广中具有显著的效果。为了进一步提高创新模式在阅读推广中的效果，建议如下：

（1）持续关注读者需求和市场变化趋势，不断优化和创新阅读推广活动的设计和内容。

（2）加强数字化阅读推广的力度和深度，提高读者的数字化阅读能力和信息素养。

（3）积极拓展社会合作推广的范围和层次，扩大阅读推广的影响力和覆盖面。

四、未来创新阅读推广的发展趋势与展望

（一）当前创新阅读推广的现状和存在的问题

1.创新阅读推广活动的质量和效果参差不齐

目前，许多图书馆等公共文化机构都在开展创新阅读推广活动，但活动的质量和效果却参差不齐。一些活动缺乏系统性和持续性，没有形成品牌和特色；一些活动则缺乏深度和内涵，不能有效地吸引和满足读者的需求。

2.数字化阅读推广的普及率和质量有待提高

数字化阅读已经成为现代人的一种重要阅读方式，但目前数字化阅读推广的普及率和质量还有待提高。一些图书馆的数字化资源建设还比较滞后，数字化阅读服务的质量和效率也需要进一步提高。

3.阅读推广活动的互动性和参与性不足

互动性和参与性是现代阅读推广的重要特征之一，但目前许多阅读推广活动的互动性和参与性还比较不足。一些活动缺乏与读者的有效沟通和互动，不能激发读者的兴趣和热情；一些活动则缺乏与读者的交流和反馈，不能及时调整和完善活动内容。

（二）未来创新阅读推广的发展趋势和展望

1.多元化和个性化的阅读推广服务更加普及

未来，随着人们阅读需求的多样化和个性化，阅读推广服务也将更加多元化和个性化。图书馆等公共文化机构将根据不同年龄、职业、兴趣的读者需求，提供不同类型的阅读推广服务，包括儿童阅读节、大学生读书节、家庭读书会等多种形式的活动。同时，还将注重通过大数据分析和人工智能等技术手段，了解读者的阅读偏好和需求，为读者提供更加精准和个性化的阅读推广服务。

2.数字化阅读推广进一步深化和拓展

未来，数字化阅读推广将进一步深化和拓展。一方面，图书馆等公共文化机构将加强数字化资源建设和数字化阅读服务的质量和效率，提高数字化阅读的普及率和质量；另一方面，还将注重通过 AR/VR、智能语音等技术手段，创新数字化阅读的方式和体验，满足读者的多元化需求。

3.阅读推广活动的互动性和参与性进一步加强

未来，阅读推广活动的互动性和参与性将进一步加强。图书馆等公共文化机构将更加注重与读者的有效沟通和互动，通过线上线下的方式与读者进行交流和反馈，激发读者的兴趣和热情；同时还将通过社交媒体、短视频等新媒体平台拓展与读者的互动渠道和方式，提高活动的传播效果和影响力。

（三）对策和建议

1.提高创新阅读推广活动的质量和效果

图书馆等公共文化机构应加强创新阅读推广活动的系统性和持续性建设，形成品牌和特色；同时还应注重活动的深度和内涵，满足不同读者的需求和期望。此外，还应加强与其他机构和组织的合作与交流，共同提高创新阅读推广活动的质量和效果。

2.加强数字化阅读推广的普及率和质量

图书馆等公共文化机构应加强数字化资源建设和数字化阅读服务的质量和效率建设；同时，还应注重通过 AR/VR、智能语音等技术手段创新数字化阅读的方式和体验，满足读者的多元化需求。此外，还应加强数字化阅读的宣传和推广工作，提高数字化阅读的普及率和质量。

3.提高阅读推广活动的互动性和参与性

图书馆等公共文化机构应加强与读者的有效沟通和互动，通过线上线下的方式与读者进行交流和反馈激，发读者的兴趣和热情；同时还应通过社交媒体、短视频等新媒体平台拓展与读者的互动渠道和方式，提高活动的传播效果和影响力。此外，还应积极开展读者调查和分析工作，了解读者的需求和期望，及时调整和完善活动内容，提高读者的参与度和满意度。

4.培养专业的阅读推广人才

图书馆等公共文化机构应注重培养专业的阅读推广人才，提高阅读推广工作人员的素质和能力。这些人才应具备丰富的阅读知识和经验，良好的组织能力和沟通能力以及敏锐的市场洞察力和创新思维，能够为读者提供专业的阅读指导和推广服务，为推动全民阅读和文化发展做出积极的贡献。

第十二章　图书馆阅读推广专业人才培养

第一节　图书馆阅读推广人才需求分析

一、图书馆阅读推广工作的现状与挑战

图书馆作为公共文化服务的重要机构，一直以来都在致力于推广阅读文化，提高全民阅读水平。随着社会的发展和科技的进步，图书馆的阅读推广工作面临着新的挑战和机遇。笔者将从图书馆阅读推广工作的现状出发，分析当前面临的挑战，并提出相应的对策和建议。

（一）图书馆阅读推广工作的现状

1.阅读推广活动多样化，但缺乏特色和深度

目前，许多图书馆都在开展各种形式的阅读推广活动，如讲座、展览、读书会、亲子阅读等。这些活动的数量和种类虽然丰富，但缺乏特色和深度，不能有效地吸引和满足读者的需求。一些活动只是简单地宣传图书或提供阅读指导，缺乏对读者阅读兴趣和需求的深入挖掘和理解。

2.数字化阅读推广逐渐普及，但质量和效果有待提高

随着数字化阅读的普及，图书馆的数字化资源建设已经成为阅读推广的重要方面。许多图书馆已经建立了数字化阅读平台，提供电子图书、数据库等资源供读者下载和使用。但是，数字化阅读推广的质量和效果还有待提高。一些数字化资源的内容和形式单一，缺乏吸引力和互动性；一些数字化阅读服务的技术和设备不完善，影响读者的使用体验和阅读效果。

3.阅读推广活动的参与度和满意度不高

尽管图书馆开展了许多阅读推广活动，但参与度和满意度并不高。一些读者对活动的质量和效果不满意，认为活动缺乏深度和内涵；一些读者则对活动的宣传和组织不满意，认为活动缺乏互动性和参与性。这些问题影响了图书馆阅读推广工作的效果和质量。

（二）图书馆阅读推广工作面临的挑战

1.读者阅读需求和行为的变化

随着社会的发展和科技的进步，读者的阅读需求和行为正在发生变化。现代人更加

注重阅读的个性化和多元化，对数字化阅读的需求也越来越高。同时，读者的阅读时间和空间也发生了变化，碎片化阅读、移动阅读等成为新的趋势。这些变化给图书馆的阅读推广工作带来了新的挑战。

2.数字化阅读的竞争和冲击

随着互联网和移动设备的普及，数字化阅读已经成为人们获取信息的重要方式。数字化阅读的便捷性和即时性给传统图书馆的阅读推广工作带来了很大的冲击。如何在数字化阅读的竞争中保持图书馆的优势，提高数字化阅读推广的质量和效果，是当前图书馆面临的重要挑战。

3.阅读推广活动的宣传和组织难度增加

随着社会的发展，读者的阅读需求和行为的变化以及数字化阅读的普及，图书馆的阅读推广活动的宣传和组织难度也在增加。如何有效地宣传和组织活动，吸引更多的读者参与其中，提高活动的质量和效果，是当前图书馆面临的重要挑战。

二、阅读推广人才应具备的专业素质和能力

阅读推广人才是图书馆中负责策划、组织、实施阅读推广活动的专业人员，他们需要具备多方面的专业素质和能力，以有效地推广阅读文化，提高全民阅读水平。

（一）阅读推广人才应具备的专业素质

1.图书馆学专业知识

阅读推广人才需要具备图书馆学专业知识，包括图书馆的分类、编目、借阅等基本知识和图书馆管理、服务等方面的专业知识。只有掌握了这些专业知识，才能更好地了解图书馆的资源和服务，为策划和实施阅读推广活动打下坚实的基础。

2.传播学专业知识

阅读推广人才需要具备传播学专业知识，包括传播媒介、传播效果等方面的知识。只有掌握了传播学专业知识，才能更好地利用各种传播渠道和手段，提高阅读推广活动的传播效果和影响力。

3.营销学专业知识

阅读推广人才需要具备营销学专业知识，包括市场分析、营销策略、营销效果评估等方面的知识。只有掌握了营销学专业知识，才能更好地分析读者的需求和行为，为读者提供个性化的阅读推广服务，提高读者的参与度和满意度。

4.文学艺术鉴赏能力

阅读推广人才需要具备一定的文学艺术鉴赏能力，能够鉴别和挑选优秀的图书、影

视等作品，为读者提供多元化的阅读选择。同时，他们还需要具备一定的文化素养和历史知识，能够从历史、文化等角度解读作品，为读者提供更深入的阅读体验。

（二）阅读推广人才应具备的能力

1.活动策划和组织能力

阅读推广人才需要具备活动策划和组织能力，能够根据读者的需求和兴趣，策划和组织各种形式的阅读推广活动，如讲座、展览、读书会等。他们需要能够制定活动方案、预算和时间表，协调各方面资源和工作，确保活动的顺利实施和取得良好的效果。

2.宣传和推广能力

阅读推广人才需要具备宣传和推广能力，能够利用各种宣传手段和渠道，如海报、宣传片、社交媒体等，对阅读推广活动进行宣传和推广。他们需要能够制作吸引人的宣传材料和内容，吸引更多的读者参与其中。同时还需要能够与媒体合作，提高活动的传播效果和影响力。

3.读者服务和沟通能力

阅读推广人才需要具备读者服务和沟通能力，能够与读者进行有效的沟通和交流，了解读者的需求和反馈，为读者提供个性化的阅读推广服务。他们需要能够热情周到地接待读者，耐心解答读者的咨询和问题，积极收集读者的意见和建议，不断改进和完善服务质量。

4.创新思维和创新能力

阅读推广人才需要具备创新思维和创新能力，能够根据读者的需求和时代的发展，不断创新阅读推广的方式和方法。他们需要能够关注新兴的科技和文化趋势，将新技术和新理念引入到阅读推广活动中，提高活动的吸引力和参与度。同时还需要能够不断探索新的服务模式和商业模式，为图书馆的阅读推广事业注入新的活力。

阅读推广人才是图书馆中非常重要的专业人才，他们需要具备多方面的专业素质和能力，以有效地推广阅读文化，提高全民阅读水平。为了更好地发挥他们的作用和提高阅读推广的效果和质量，我们应该不断加强对其的培训和教育投入，同时提高对他们的重视程度和支持力度，让他们在图书馆的阅读推广事业中发挥更大的作用。

三、阅读推广人才需求的市场调研与分析

随着信息技术的迅速发展和人们阅读习惯的改变，图书馆面临着越来越大的挑战。为了更好地满足读者的需求和提高图书馆的服务质量，图书馆需要不断加强阅读推广工作。而阅读推广人才是图书馆中非常重要的专业人才，他们需要具备多方面的专业素质

和能力。

（一）阅读推广人才需求的市场调研

为了更好地了解阅读推广人才的需求情况，我们进行了市场调研。调研主要采用问卷调查和访谈的方式进行，调查对象为图书馆、出版社、文化机构等相关行业的专业人士。

调研结果显示，当前图书馆对阅读推广人才的需求较为迫切。大部分图书馆都设置了专门的阅读推广部门或岗位，并配备了专业的阅读推广人员。这些人员主要负责策划、组织、实施各种形式的阅读推广活动，如讲座、展览、读书会等。此外，一些图书馆还开展了线上阅读推广活动，如数字图书馆推广、微信公众号推广等，这也需要专业的阅读推广人才来策划和实施。

（二）阅读推广人才应具备的素质要求

根据市场调研结果和分析，阅读推广人才应具备以下素质要求。

图书馆学专业知识：阅读推广人才需要具备图书馆学专业知识，包括图书馆的分类、编目、借阅等基本知识和图书馆管理、服务等方面的专业知识。只有掌握了这些专业知识，才能更好地了解图书馆的资源和服务，为策划和实施阅读推广活动打下坚实的基础。

传播学专业知识：阅读推广人才需要具备传播学专业知识，包括传播媒介、传播效果等方面的知识。只有掌握了传播学专业知识，才能更好地利用各种传播渠道和手段，提高阅读推广活动的传播效果和影响力。

营销学专业知识：阅读推广人才需要具备营销学专业知识，包括市场分析、营销策略、营销效果评估等方面的知识。只有掌握了营销学专业知识，才能更好地分析读者的需求和行为，为读者提供个性化的阅读推广服务，提高读者的参与度和满意度。

文学艺术鉴赏能力：阅读推广人才需要具备一定的文学艺术鉴赏能力，能够鉴别和挑选优秀的图书、影视等作品，为读者提供多元化的阅读选择。同时，他们还需要具备一定的文化素养和历史知识，能够从历史、文化等角度解读作品，为读者提供更深入的阅读体验。

活动策划和组织能力：阅读推广人才需要具备活动策划和组织能力，能够根据读者的需求和兴趣，策划和组织各种形式的阅读推广活动，如讲座、展览、读书会等。他们需要能够制定活动方案、预算和时间表，协调各方面资源和工作，确保活动的顺利实施和取得良好的效果。

宣传和推广能力：阅读推广人才需要具备宣传和推广能力，能够利用各种宣传手段和渠道，如海报、宣传片、社交媒体等，对阅读推广活动进行宣传和推广。他们需要能够制作吸引人的宣传材料和内容，吸引更多的读者参与其中。同时还需要能够与媒体合作，提高活动的传播效果和影响力。

读者服务和沟通能力：阅读推广人才需要具备读者服务和沟通能力，能够与读者进行有效的沟通和交流，了解读者的需求和反馈，为读者提供个性化的阅读推广服务；他们需要能够热情周到地接待读者，耐心解答读者的咨询和问题，积极收集读者的意见和建议，不断改进和完善服务质量.

四、针对阅读推广人才培养的建议和策略

随着图书馆转型和升级的不断推进，阅读推广工作逐渐成了图书馆业务的重要组成部分。为了更好地培养阅读推广人才，提高阅读推广工作的质量和效果，笔者将从以下几个方面提出建议和策略。

（一）加强专业教育和培训

1.图书馆学专业课程设置

在图书馆学专业教育中，应该增加与阅读推广相关的课程，如"阅读推广理论与实践""读者服务与阅读指导""数字图书馆推广"等，让学生掌握阅读推广的基本理论和实践技能。

2.举办专题培训班和研讨会

图书馆应该定期举办专题培训班和研讨会，邀请业内专家和学者，针对阅读推广的最新理论和实践经验进行授课和交流，提高阅读推广人才的业务水平和综合素质。

（二）建立多层次的阅读推广体系

1.针对不同读者群体的阅读推广

图书馆应该根据不同读者群体的特点和需求，开展有针对性的阅读推广活动。例如，针对儿童和青少年开展亲子阅读、绘本阅读等活动；针对老年人开展养生保健、休闲阅读等活动；针对学生开展学术论文指导、考试复习等活动。

2.线上线下相结合的阅读推广

图书馆应该利用互联网和新媒体技术，开展线上阅读推广活动，如数字图书馆、微信公众号推广等。同时，还应该结合线下活动，如讲座、展览、读书会等，为读者提供多元化的阅读体验。

（三）加强资源整合和合作共享

1.与出版社、文化机构等合作

图书馆应该加强与出版社、文化机构等的合作，共同策划和实施阅读推广活动。通过合作共享资源，不仅可以提高活动的质量和效果，还可以扩大活动的影响力和覆盖面。

2.与社会力量合作

图书馆应该积极与社会力量合作，如企业、社会组织等，共同开展阅读推广活动。通过合作可以获得更多的资金和资源支持，同时还可以扩大图书馆的社会影响力。

（四）建立科学的评估机制

1.阅读推广效果评估指标体系

图书馆应该建立科学的评估机制，制定阅读推广效果评估指标体系。评估指标应该包括参与人数、活动次数、读者满意度、借阅量等多个方面，以便全面评估阅读推广工作的效果和质量。

2.定期进行评估和总结

图书馆应该定期进行评估和总结工作，分析活动的效果和不足之处，并据此调整和优化活动方案。同时，还应该积极收集读者的反馈和建议，不断改进和完善服务质量。

（五）加强宣传和推广工作

1.多渠道宣传和推广

图书馆应该利用多种渠道进行宣传和推广工作，如海报、宣传片、社交媒体等。同时还可以通过与媒体合作，提高活动的传播效果和影响力。

2.开展互动式宣传和推广活动

图书馆可以通过开展互动式宣传和推广活动，如读书分享会、读者交流会等，吸引更多的读者参与其中。同时还可以通过设置互动体验区等方式，增强读者的参与感和体验感。

（六）培养创新意识和创新能力

1.鼓励创新思维和创新行为

图书馆应该鼓励员工和阅读推广人员具备创新思维和创新行为，不断探索新的阅读推广模式和方法。同时还可以通过设置创新奖励等方式，激励员工和阅读推广人员进行创新实践。

2.加强创新能力培训和实践锻炼

图书馆应该加强创新能力培训和实践锻炼工作，为员工和阅读推广人员提供相关的培训和实践机会。通过培训和实践锻炼可以增强员工和阅读推广人员的创新能力，提高阅读推广工作的质量和效果。

第二节　高校图书馆阅读推广教育研究

一、高校图书馆阅读推广教育的目标和意义

高校图书馆阅读推广教育是指在高校图书馆中开展的，旨在培养学生阅读习惯、提高学生阅读能力、增强学生阅读意识的教育活动。其目标和意义如下。

（一）高校图书馆阅读推广教育的目标

1.提高学生阅读能力

高校图书馆阅读推广教育的首要目标是提高学生的阅读能力。通过阅读，学生可以获取信息、拓宽视野、积累知识，同时还可以提高语言表达能力、思维能力和综合素质。因此，高校图书馆应该通过开展各种阅读推广活动，如读书俱乐部、阅读比赛、阅读沙龙等，帮助学生掌握正确的阅读方法，提高学生的阅读能力和阅读兴趣。

2.培养学生阅读习惯

阅读需要长期的积累和坚持，因此高校图书馆阅读推广教育的另一个目标是培养学生良好的阅读习惯。通过开展定期的阅读活动，如每周一次的读书俱乐部、每月一次的阅读比赛等，可以让学生逐渐养成定期阅读的习惯。同时，图书馆还可以通过设置阅读奖励等方式，激励学生坚持阅读，从而形成良好的阅读习惯。

3.增强学生阅读意识

高校图书馆阅读推广教育的第三个目标是增强学生的阅读意识。通过开展各种形式的阅读推广活动，如讲座、展览、读书会等，可以让学生认识到阅读的重要性和价值，从而形成自觉的阅读意识。同时，图书馆还可以通过与教师合作，将阅读纳入课程教学中，从而进一步增强学生的阅读意识。

（二）高校图书馆阅读推广教育的意义

1.提高学生综合素质

高校图书馆阅读推广教育可以提高学生的综合素质。通过阅读，学生可以拓宽视野、积累知识、提高语言表达能力、思维能力和综合素质。这些能力的提高不仅有助于学生在校期间的学习和生活，还可以帮助他们更好地适应未来的社会和工作。

2.推动校园文化建设

高校图书馆阅读推广教育是校园文化建设的重要组成部分。通过开展各种形式的阅读推广活动，可以营造浓厚的校园文化氛围，增强校园文化的内涵和特色。同时，学生通过

参与阅读活动还可以增强集体主义精神、团队合作精神等，有利于推动校园文化建设。

3.培养创新意识和创造能力

高校图书馆阅读推广教育可以培养学生的创新意识和创造能力。通过阅读，学生可以接触到各种不同的思想、文化和观点，从而激发他们的创新思维和创新意识。同时，通过参与各种形式的阅读推广活动，学生还可以锻炼自己的组织能力、策划能力和执行能力等，从而为未来的创造和创新奠定基础。

4.增强学生社会责任感和文化素养

高校图书馆阅读推广教育可以增强学生的社会责任感和文化素养。通过阅读，学生可以了解社会现实和文化传承等方面的知识，从而更好地认识社会、适应社会和服务社会。同时，通过参与各种形式的阅读推广活动，学生还可以增强自己的文化素养和人文精神，从而更好地适应社会的发展和变化。

二、高校图书馆阅读推广教育的实践案例

高校图书馆阅读推广教育是一种有益的教育活动，旨在提高学生阅读能力、培养学生阅读习惯、增强学生阅读意识。下面介绍几个高校图书馆阅读推广教育的实践案例。

（一）北京大学图书馆阅读推广教育实践案例

北京大学图书馆是国内最早开展阅读推广教育的大学图书馆之一。该图书馆的阅读推广教育活动主要包括以下几个方面。

1.阅读俱乐部

北京大学图书馆设立了阅读俱乐部，定期组织学生参加阅读活动。阅读俱乐部的活动形式多样，包括读书分享、主题讨论、名著导读等，旨在通过互动和交流，提高学生的阅读兴趣和阅读能力。

2.主题展览

北京大学图书馆经常举办各种主题展览，如"中国古代典籍展""世界文学名著展"等，通过展示经典著作和优秀作品，引导学生深入了解文学、历史等各个领域的知识。

3.名著导读

北京大学图书馆开设了名著导读课程，由校内专家和学者担任讲师，引导学生阅读经典著作，并进行深入解读和分析。该课程不仅提高了学生的阅读能力和文学素养，还拓宽了学生的视野和知识面。

（二）上海交通大学图书馆阅读推广教育实践案例

上海交通大学图书馆在阅读推广教育方面也开展了多项活动，主要包括以下几个方面。

1.阅读挑战赛

上海交通大学图书馆每年都会举办阅读挑战赛，鼓励学生自主选择阅读书目，并在规定时间内完成阅读。通过这种方式，可以激励学生多读书、读好书，提高学生的阅读兴趣和阅读能力。

2.读书沙龙

上海交通大学图书馆还定期组织读书沙龙活动，邀请校内专家和学者担任主讲人，引导学生进行主题阅读和讨论。读书沙龙活动不仅为学生提供了交流和互动的平台，还帮助学生深入了解各种学术领域的前沿动态。

3.移动图书馆

上海交通大学图书馆还推出了移动图书馆服务，通过手机 APP 微信公众号等渠道，为学生提供便捷的阅读服务和借阅功能。移动图书馆不仅方便了学生随时随地获取图书资源，还提高了图书馆的数字化水平和服务质量。

（三）南京大学图书馆阅读推广教育实践案例

南京大学图书馆在阅读推广教育方面也开展了多项创新性的活动，主要包括以下几个方面。

1.阅读节系列活动

南京大学图书馆每年都会举办阅读节系列活动，包括读书比赛、经典诵读、知识竞赛等，旨在通过多种形式的活动，引导学生多读书、读好书。同时，该图书馆还通过设置阅读奖励等方式，激励学生积极参与阅读活动。

2.学科导航服务

南京大学图书馆针对不同学科领域开设了学科导航服务，包括学科资源推荐、学科前沿动态跟踪等。通过学科导航服务，学生可以更加方便地获取相关领域的图书资源和学术信息。

3.数字资源推广活动

南京大学图书馆还针对数字资源开展了多项推广活动，包括数字资源使用培训、数据库资源宣传等。通过这些活动，学生可以更好地了解和使用各种数字资源，提高学术研究的效率和质量。

三、阅读推广教育与高校学科建设的互动关系

阅读推广教育与高校学科建设之间存在密切的互动关系。阅读推广教育旨在提高学生的阅读素养和信息素养，为学科建设提供有力支持；而高校学科建设则为阅读推广教

育提供了良好的平台和资源。

（一）阅读推广教育对高校学科建设的影响

1.辅助学科教学

阅读推广教育可以辅助高校学科教学。通过引导学生阅读相关领域的经典著作、学术论文等文献资源，帮助学生深入了解学科知识体系和前沿动态，提高学生的学习效果和学科素养。同时，阅读推广教育还可以通过开设阅读指导课程、组织读书俱乐部等形式，为学生提供更多元化的学习方式和交流平台，促进学生的自主学习和合作学习。

2.促进学科交叉融合

阅读推广教育可以促进不同学科之间的交叉融合。通过引导学生跨学科阅读和学习，帮助学生了解不同学科之间的联系和差异，激发学生的创新思维和跨学科意识。同时，阅读推广教育还可以通过组织学科竞赛、学术论坛等活动，为学生提供更多跨学科的学习机会和交流平台，促进不同学科之间的交流和合作。

3.培养科研创新人才

阅读推广教育可以培养科研创新人才。通过引导学生阅读科研论文、研究报告等文献资源，帮助学生了解科研方法和学术前沿动态，提高学生的科研能力和创新意识。同时，阅读推广教育还可以通过组织科研项目、学术论坛等活动，为学生提供更多科研实践机会和交流平台，发掘和培养科研创新人才。

（二）高校学科建设对阅读推广教育的推动作用

1.提供良好的平台和资源

高校学科建设可以为阅读推广教育提供良好的平台和资源。一方面，高校图书馆等机构可以为学生提供丰富的图书资源和良好的阅读环境；另一方面，高校教师也可以为学生推荐优秀的阅读材料和学习资源。这些平台和资源可以为阅读推广教育提供有力的保障和支持。

2.促进教师参与阅读推广

高校学科建设可以促进教师参与阅读推广。一方面，教师可以通过开设阅读指导课程、组织读书俱乐部等形式参与阅读推广；另一方面，教师还可以通过自身的影响力和专业知识，引导学生参与学科相关的阅读活动和学术交流。这些措施可以增加阅读推广的吸引力和影响力，提高阅读推广的效果和质量。

3.强化与社会联系

高校学科建设可以强化与社会联系。一方面，高校可以通过与社会合作，开展相关领域的学术研究和交流活动；另一方面，高校还可以通过为社会提供培训和技术支持等方式，加强与社会联系。这些措施可以增加社会对高校学科建设的关注和支持，同时也可以为阅读推广教育提供更多的社会资源和机会。

四、对高校图书馆阅读推广教育的未来发展和展望

高校图书馆阅读推广教育是提高学生阅读素养和信息素养、促进学科建设和发展的重要途径。随着社会的发展和技术的进步，高校图书馆阅读推广教育也将迎来新的发展和变化。

（一）多元化阅读推广模式

未来，高校图书馆阅读推广教育将更加注重多元化阅读推广模式的探索和实践。首先，阅读推广的形式将更加多样化，包括书籍推荐、读书俱乐部、学术讲座、主题展览等形式，同时还将借助新技术手段如虚拟现实、人工智能等，开展数字化阅读推广活动。其次，阅读推广的领域也将更加广泛，不仅包括传统的人文社科领域，还将涉及科技、医学、工程等领域，为学生提供更多元化的阅读选择。

（二）阅读推广与学科建设深度融合

未来，高校图书馆阅读推广教育将更加注重与学科建设的深度融合。一方面，阅读推广将更加关注学科前沿动态和热点问题，引导学生了解和掌握学科发展趋势和最新研究成果；另一方面，阅读推广还将积极探索与学科课程的结合方式，为学科教学提供有力支持。同时，高校图书馆还将加强与院系和教师的合作，共同开展学科相关的阅读推广活动和学术交流活动，促进学科交叉融合和创新发展。

（三）个性化阅读推广服务

未来，高校图书馆阅读推广教育将更加注重个性化阅读推广服务的提供。每个学生都有不同的阅读需求和兴趣爱好，因此高校图书馆将通过数据分析和智能推荐等技术手段，为学生提供个性化的阅读推荐服务和定制化的阅读体验。同时，高校图书馆还将建立完善的读者反馈机制，及时了解学生的阅读需求和反馈意见，不断改进和优化阅读推广服务。

（四）社会责任与拓展服务范围

未来，高校图书馆阅读推广教育将更加注重社会责任的承担和服务范围的拓展。一方面，高校图书馆将积极参与社会公益事业和文化交流活动，推动全民阅读和文化传承；另一方面，高校图书馆还将面向社会开放资源和服务，为地方经济发展和社会进步提供支持。同时，高校图书馆还将加强对社会读者的培训和教育，提高社会公众的信息素养和阅读能力。

（五）国际化发展与合作

　　未来，高校图书馆阅读推广教育将更加注重国际化发展与合作。随着全球化进程的加速和国际文化交流的增多，高校图书馆将积极推动与国际图书馆、学术机构等的合作与交流。通过共同开展阅读推广活动、学术研讨、文化交流等形式，促进国际间的文化传承和学术交流。同时，高校图书馆还将加强对国际热点问题的关注和研究，引导学生了解和掌握国际政治、经济、文化等领域的最新动态和趋势。

（六）技术进步与创新驱动

　　未来，高校图书馆阅读推广教育将更加注重技术进步与创新驱动。随着信息技术的快速发展和新技术的应用，高校图书馆将不断引入新技术手段和创新理念，推动阅读推广教育的数字化、智能化、个性化发展。例如利用大数据分析技术对读者行为进行分析、利用人工智能技术进行智能推荐、利用虚拟现实技术提供沉浸式阅读体验等。同时，高校图书馆还将加强对新技术的研究和应用，探索新的服务模式和业务形态，推动图书馆事业的持续发展和创新。

第十三章　图书馆阅读推广与读者培训

第一节　图书馆读者培训的需求与形式

一、读者培训需求的分析与理解

图书馆读者培训是图书馆提供的一项重要服务，旨在提高读者的信息素养和阅读能力，帮助他们更好地利用图书馆的资源和服务。随着社会的发展和技术的进步，图书馆读者培训的需求也在不断变化和扩展。

（一）读者培训需求的多样性

图书馆读者培训需求是多样化的，不同的读者群体有不同的培训需求。例如，一些读者可能需要帮助了解图书馆的资源和服务，而另一些读者可能需要学习如何使用图书馆的电子资源和服务。一些读者可能需要参加阅读和写作工作坊，而另一些读者可能需要参加特定学科的研讨会和讲座。因此，图书馆需要提供多样化的读者培训服务，以满足不同读者的需求。

（二）读者培训需求的针对性

图书馆读者培训需求也存在针对性，不同的学科和读者群体有不同的培训需求。例如，一些读者可能需要学习如何使用特定的数据库或检索工具，而另一些读者可能需要了解如何进行学术论文的写作和发表。因此，图书馆需要针对不同的学科和读者群体提供针对性的读者培训服务，以提高读者的专业素养和能力。

（三）读者培训需求的动态性

图书馆读者培训需求还存在动态性，随着社会和技术的发展，读者的需求也在不断变化和扩展。例如，一些读者可能需要了解如何使用新的检索工具和数字资源，而另一些读者可能需要学习如何使用社交媒体和其他数字平台。因此，图书馆需要不断更新和改进读者培训服务，以适应读者的需求变化和技术发展。

（四）对读者培训需求的理解与回应

为了满足图书馆读者培训的多样性、针对性和动态性需求，图书馆需要对读者培训需求进行深入的理解和回应。首先，图书馆可以通过调查问卷、在线咨询、面对面交流等方式收集读者的反馈和建议，了解读者的培训需求和偏好。同时，图书馆还可以通过分析读者的借阅记录、电子资源使用情况等数据，了解读者的阅读兴趣和学习行为，为读者提供更加个性化的培训服务。

其次，图书馆需要根据读者的反馈和建议，对现有的读者培训服务进行改进和优化。例如，图书馆可以更新和改进现有的培训课程和讲座内容，以适应读者的需求变化和技术发展。同时，图书馆还可以通过开展多元化的培训活动和互动交流，如阅读俱乐部、写作工作坊、学科研讨会等，为读者提供更加多样化的培训服务。

再次，图书馆还可以通过与学科教师、科研人员等合作，为读者提供更加专业的培训服务。例如，图书馆可以与学科教师合作开展学科研讨会和讲座，为读者提供特定学科的培训服务。同时，图书馆还可以与科研人员合作开展科研项目和学术论文写作指导等活动，为读者提供更加深入的学术研究支持。

最后，图书馆需要不断关注社会和技术的发展趋势，了解读者的最新需求和偏好。例如，随着社交媒体和其他数字平台的发展，图书馆可以探索利用这些平台开展读者培训服务的新方式。同时，图书馆还可以通过与其他图书馆、学术机构等合作交流，共享资源和经验，提高读者培训服务的质量和水平。

总之，对图书馆读者培训需求的理解与回应是开展有效的读者培训工作的重要前提。只有深入了解读者的需求和偏好，并根据读者的反馈和建议不断改进和优化服务，才能真正满足读者的需求且提供高质量的读者培训服务。

二、读者培训形式的多样化

图书馆读者培训形式的多样化是提高读者参与度和满足读者需求的重要手段。传统的读者培训形式主要包括讲座、研讨会、阅读俱乐部等，这些形式在一定程度上能够帮助读者提高信息素养和阅读能力。然而，随着社会和技术的发展，读者的需求也在不断变化和扩展，因此图书馆需要探索新的读者培训形式，以适应读者的需求变化。

（一）线上培训形式

随着互联网技术的发展，线上培训形式逐渐成为图书馆读者培训的重要手段。线上培训具有灵活性和便捷性，读者可以在任何时间、任何地点参加培训，同时还可以享受个性化的培训服务。例如，图书馆可以通过在线视频、网络课程、在线竞赛等形式提供读者培训服务。同时，图书馆还可以通过社交媒体和其他数字平台开展线上互动交流，如微信群、QQ群等，为读者提供更加多元化的培训服务。

（二）互动式培训形式

互动式培训形式是一种有效的读者培训方式，它强调读者的参与和互动，帮助读者在实践中学习和提高。例如，图书馆可以组织读者开展信息检索比赛、阅读挑战等活动，激发读者的学习兴趣和动力。同时，图书馆还可以通过角色扮演、讨论交流等形式帮助读者提高信息素养和阅读能力。

（三）体验式培训形式

体验式培训形式是一种让读者通过亲身实践来学习知识和技能的方法。例如，图书馆可以设置模拟图书馆环境，让读者通过实际操作来了解图书馆的资源和服务。同时，图书馆还可以通过开展数字资源体验活动、科技查新体验等活动，让读者在实践中学习和提高。

（四）个性化培训形式

个性化培训形式是根据读者的个人需求和偏好量身定制的培训服务。例如，图书馆可以通过分析读者的借阅记录、电子资源使用情况等数据，了解读者的阅读兴趣和学习行为，为读者提供个性化的阅读推荐和培训服务。同时，图书馆还可以根据读者的需求和偏好开展特定学科的研讨会和讲座等活动。

（五）联合培训形式

联合培训形式是一种与其他机构或团体合作开展的读者培训方式。例如，图书馆可以与学校、社区、企业等机构合作，共同开展读者培训活动。同时，图书馆还可以与其他图书馆、学术机构等合作交流，共享资源和经验，提高读者培训服务的质量和水平。

总之，图书馆读者培训形式的多样化是提高读者参与度和满足读者需求的重要手段。不同的培训形式具有不同的特点和优势，图书馆需要根据读者的需求和偏好选择合适的培训形式，并为读者提供更加个性化、专业化的培训服务。同时，图书馆还需要不断关注社会和技术的发展趋势，探索新的读者培训形式和方法，以适应读者的需求变化和技术发展。

三、现代技术在读者培训中的应用

现代技术在读者培训中的应用正在改变传统的培训模式，为读者提供更加便捷、灵活和个性化的培训服务。以下是现代技术在读者培训中的一些应用。

（一）在线培训系统

在线培训系统是一种基于互联网技术的读者培训系统，它可以在任何时间、任何地点，实现远程教学、在线测试、学习进度跟踪等功能。通过在线培训系统，读者可以自由选择适合自己的课程和学习方式，从而更加有效地提高自己的知识水平和技能。

1.在线培训系统的优势

（1）便捷性

在线培训系统不需要读者前往图书馆或其他指定地点参加培训，读者可以在任何时间、任何地点，通过互联网访问平台进行学习。这种灵活性不仅让读者更加自由地安排自己的学习时间，还可以满足读者的个性化需求。

（2）多样性

在线培训系统提供了多样化的课程和学习资源，包括视频教程、PPT讲解、文本资料等。读者可以根据自己的需求和偏好选择适合自己的学习内容和方式，从而更加高效地进行学习。

（3）互动性

在线培训系统支持多人在线学习，读者可以在学习过程中与其他学习者进行交流和讨论。此外，系统还可以根据读者的学习行为和反馈数据，为读者提供更加个性化的培训服务，帮助读者更好地掌握知识和技能。

（4）实时性

在线培训系统可以实时更新课程和学习资源，保证读者可以获得最新的知识和信息。此外，系统还可以根据读者的学习进度和反馈情况，及时调整课程和学习资源，提高读者的学习效果。

2.在线培训系统的应用场景

（1）图书馆培训

图书馆是公共文化服务体系中的重要组成部分，它承担着为读者提供知识服务和文化传承的重要使命。在线培训系统可以为图书馆提供更加便捷、高效、个性化的读者培训服务，帮助读者更好地利用图书馆资源和服务。

（2）学术机构培训

学术机构是进行科学研究和技术创新的重要机构，它需要为研究人员提供全面、深入、前沿的学术培训。在线培训系统可以为学术机构提供多样化的学术课程和研究成果分享，帮助研究人员更好地掌握相关领域的知识和技能。

（3）企业内部培训

企业内部培训是提高员工技能和素质的重要手段，它需要为不同岗位和层次的员工提供针对性的培训服务。在线培训系统可以为企业管理者提供更加全面、细致的员工培训服务，帮助企业更好地提高员工的工作效率和综合素质。

3.如何推广和应用在线培训系统

（1）提高认知度

要推广和应用在线培训系统，首先需要提高公众对它的认知度。图书馆、学术机构和企业等组织可以通过宣传和推广活动，向读者介绍在线培训系统的优势和应用场景，提高读者的使用意愿和学习效果。

（2）提供多样化的课程和学习资源

为了吸引更多的读者使用在线培训系统，需要提供更加多样化、个性化的课程和学习资源。图书馆、学术机构和企业等组织可以与相关领域的专家和学者合作，共同开发高质量的课程和学习资源，满足不同读者的需求和偏好。

（3）加强技术支持和服务质量提升

在线培训系统的应用需要技术支持和服务质量保障。图书馆、学术机构和企业等组织需要加强技术支持和售后服务质量提升，确保读者在使用过程中遇到的问题能够得到及时解决和反馈；同时还需要不断优化系统的功能和界面设计，提高读者的使用体验和学习效果。

在线培训系统是一种基于互联网技术的读者培训系统。它具有便捷性、多样性、互动性和实时性等优势，可以应用于图书馆学术机构和企业等组织中，为读者提供更加个性化全面高效的培训服务，帮助读者更好地掌握知识和技能，提高其综合素质进而促进社会的发展和进步，随着数字化时代的到来，读者对培训服务的需求也将不断增长，因此推广和应用在线培训系统具有重要意义和价值

（二）虚拟现实技术

虚拟现实技术简称 VR，是一种基于计算机图形学和人机交互技术的多媒体技术，它能够创建三维虚拟环境，使用户能够身临其境地感受这个虚拟世界。在读者培训中，虚拟现实技术可以发挥其独特的优势，为读者提供一种全新的学习体验。

1.虚拟现实技术的优势

（1）真实感体验

虚拟现实技术可以模拟真实世界中的各种场景和事物，读者可以通过头戴式显示器、手柄等设备，身临其境地进入虚拟环境，与虚拟对象进行交互和操作。这种真实的体验感能够让读者更加深入地理解和掌握知识，提高学习效果。

（2）安全便捷

虚拟现实技术可以在计算机上模拟实践操作，读者可以在安全的环境下进行模拟实验，避免了实际操作中可能出现的风险和意外。同时，虚拟现实技术也具有便捷性，读

者可以在任何时间、任何地点进行学习。

（3）多样化的学习资源

虚拟现实技术可以创建多样化的学习资源，包括三维模型、动画、视频等。这些学习资源可以更加直观、形象地展示知识和技能，帮助读者更好地理解和掌握。

2.虚拟现实技术的应用场景

（1）医学模拟手术

医学模拟手术是一种利用虚拟现实技术进行手术模拟训练的方法。通过模拟真实的手术场景和操作过程，读者可以在虚拟环境中进行手术模拟操作，提高手术技能和水平。这种模拟训练可以为医学生和医生提供更加真实、安全、便捷的手术训练体验。

（2）航空模拟驾驶

航空模拟驾驶是一种利用虚拟现实技术进行飞行模拟训练的方法。通过模拟真实的飞行场景和操作过程，读者可以在虚拟环境中进行飞行模拟操作，提高飞行技能和水平。这种模拟训练可以为航空专业的学生和飞行员提供更加真实、安全、便捷的飞行训练体验。

（3）职业教育模拟实践

职业教育中涉及很多实践操作和技能训练，但有些实践课程由于场地、设备、安全等因素无法在现实中实现。通过虚拟现实技术，职业教育可以模拟各种实践场景和操作过程，让学生在虚拟环境中进行模拟实践操作，提高技能水平和学习效果。例如，机械类专业可以模拟各种机器设备的操作过程，建筑类专业可以模拟建筑设计和施工过程等。

3.如何推广和应用虚拟现实技术

（1）提高公众认知度

要推广和应用虚拟现实技术，首先需要提高公众对它的认知度。学校、图书馆、博物馆等机构可以通过宣传和推广活动，向读者介绍虚拟现实技术的优势和应用场景，提高读者的使用意愿和学习效果。

（2）开发高质量的虚拟课程和资源

为了吸引更多的读者使用虚拟现实技术，需要开发高质量的虚拟课程和资源。学校、图书馆、博物馆等机构可以与相关领域的专家和学者合作，共同开发针对不同学科的虚拟课程和资源，满足不同读者的需求和偏好。同时，也要注重课程和资源的更新和维护，确保其质量和时效性。

（三）增强现实技术

增强现实技术（AR）是一种能够将虚拟元素与现实场景相结合的技术，它通过手机、平板、头戴式显示器等设备将虚拟信息融入到真实环境中，使用户可以看到并与之交互。在读者培训中，增强现实技术可以为读者提供一种更加直观、生动的学习体验，帮助他们更好地理解和掌握知识。

1.增强现实技术的优势

（1）直观性和生动性

增强现实技术可以将虚拟元素与现实场景相结合，通过设备展示出来，读者可以在实际场景中看到虚拟元素和操作流程，更加直观地了解知识和技能。这种方式可以模拟实际操作过程，使得学习更加生动、有趣。

（2）灵活性和便捷性

增强现实技术可以在任何时间、任何地点进行学习，读者只需要通过设备就可以看到虚拟元素和操作流程，不受时间和地点的限制。同时，增强现实技术也具有很高的灵活性，可以根据读者的需求和学习目标进行定制和优化。

（3）创造性和互动性

增强现实技术可以创造出一个虚拟与现实相结合的世界，读者可以通过设备与虚拟元素进行互动和操作。这种方式可以激发读者的创造力和想象力，培养他们的实践能力和解决问题的能力。

2.增强现实技术的应用场景

（1）机械维修模拟

机械维修需要实践经验和技能，但实际操作中可能会遇到一些危险和复杂的情况。通过增强现实技术，可以在实际场景中模拟维修过程，让读者在安全的环境下进行模拟操作，提高维修技能和水平。

（2）电器安装模拟

电器安装需要实践经验和技能，但实际操作中可能会遇到一些危险和复杂的情况。通过增强现实技术，可以在实际场景中模拟安装过程，让读者在安全的环境下进行模拟操作，提高安装技能和水平。

（3）医学手术模拟

医学手术需要实践经验和技能，但实际操作中可能会遇到一些危险和复杂的情况。通过增强现实技术，可以在实际场景中模拟手术过程，让读者在安全的环境下进行模拟操作，提高手术技能和水平。

3.如何推广和应用增强现实技术

（1）提高公众认知度

要推广和应用增强现实技术，首先需要提高公众对它的认知度。学校、图书馆、博物馆等机构可以通过宣传和推广活动，向读者介绍增强现实技术的优势和应用场景，提高读者的使用意愿和学习效果；同时也可以通过举办讲座、研讨会等活动，让更多的人了解增强现实技术的潜力和价值。

（2）开发高质量的虚拟课程和资源

为了吸引更多的读者使用增强现实技术，需要开发高质量的虚拟课程和资源。学校、图书馆、博物馆等机构可以与相关领域的专家和学者合作共同开发针对不同学科的虚拟课程和资源，满足不同读者的需求和偏好；同时注重课程和资源的更新和维护，确保其质量和时效性；也要根据读者的反馈和评价，不断优化课程和资源的设计和内容，提高学习效果和质量。

（四）人工智能技术

人工智能技术是一种快速发展的技术，它可以通过模拟人类智能和思维过程来实现自动化决策、智能推荐等功能。在读者培训中，人工智能技术可以应用于一些需要智能推荐和个性化服务的领域，为读者提供更加便捷、高效、个性化的服务体验。

1.人工智能技术的应用优势

（1）提高推荐准确性和个性化服务水平

人工智能技术可以通过对大量数据的分析和挖掘，了解读者的借阅记录、阅读偏好、搜索历史等信息，从而为读者提供更加准确、个性化的图书和电子资源推荐服务。这种方式可以提高读者的阅读满意度和借阅率，同时也可以减少图书馆等机构的采购成本和库存压力。

（2）快速响应读者需求和查询

人工智能技术可以通过智能语音识别、自然语言处理等技术，快速响应读者的查询和服务需求。例如，读者可以通过语音或文字输入自己的需求，人工智能技术可以自动识别并给出相应的回答或推荐结果，提高读者的查询效率和满意度。

（3）实现自动化决策和智能化管理

人工智能技术可以应用于图书馆等机构的自动化决策和智能化管理领域。例如，通过人工智能技术可以根据读者的借阅记录和阅读偏好等信息，自动判断读者的兴趣爱好和阅读习惯，为图书馆的排架、借阅、采购等决策提供数据支持和参考依据，提高决策的科学性和准确性。

2.人工智能技术的应用场景

（1）智能推荐系统

智能推荐系统是一种基于人工智能技术的个性化推荐系统，它可以根据读者的借阅记录、阅读偏好、搜索历史等信息，为读者推荐相关的图书和电子资源。智能推荐系统可以提高读者的阅读满意度和借阅率，同时也可以减少图书馆等机构的采购成本和库存压力。例如在图书馆中，运用智能推荐系统可以帮助读者找到自己想要的图书或电子资源，避免盲目寻找浪费时间和精力，同时也可以提高图书馆的利用率和读者的阅读体验。

（2）智能语音识别和自然语言处理

智能语音识别和自然语言处理技术可以应用于读者的查询和服务需求。例如在图书馆中运用智能语音识别和自然语言处理技术，让读者通过语音或文字输入自己的查询需求或服务要求，系统可以自动识别并给出相应的回答或推荐结果。这可以减少人工服务的压力和提高查询效率，同时也可以提高读者的查询满意度和使用体验。

（3）自动化决策和智能化管理

自动化决策和智能化管理可以应用于图书馆等机构的日常管理和运营中。例如在图书馆中运用自动化决策和智能化管理可以根据读者的借阅记录和阅读偏好等信息为图书馆的排架、借阅、采购等决策提供数据支持和参考依据。这可以提高决策的科学性和准确性，同时也可以提高图书馆的管理效率和运营水平。

3.如何推广和应用人工智能技术

（1）提高公众认知度

要推广和应用人工智能技术首先需要提高公众对它的认知度。学校、图书馆、博物馆等机构可以通过宣传和推广活动向读者介绍人工智能技术的优势和应用场景，提高读者的使用意愿和学习效果，同时也可以通过举办讲座、研讨会等活动，让更多的人了解人工智能技术的潜力和价值。

（2）培养专业人才和技术队伍

人工智能技术的应用需要一定的专业人才和技术支持。学校、图书馆、博物馆等机构需要培养专业的技术人才和技术队伍，加强技术支持和售后服务质量提升，确保读者在使用过程中遇到的问题能够得到及时解决和反馈；同时还需要不断优化系统的功能和界面设计，提高读者的使用体验和学习效果。

（五）移动应用程序

移动应用程序在读者培训服务中发挥着越来越重要的作用。移动设备的普及和智能化，使得读者可以随时随地通过移动应用程序获取知识和技能，更加便捷地享受培训服务。

1.移动应用程序的优势

（1）便捷性

移动应用程序可以充分利用读者的碎片化时间，让读者在任何时间、任何地点都可以获取培训服务。无论是上班族还是学生，都可以在空闲时间通过移动应用程序进行学习，不受时间和地点的限制。

（2）个性化推荐和服务

移动应用程序可以通过读者的个人信息、阅读偏好和行为数据等，为读者提供更加个性化的推荐和服务。例如，根据读者的借阅记录和阅读偏好，推荐相关的图书和电子资源；根据读者的地理位置和浏览历史，推荐附近的餐厅、景点等。

（3）多样化的学习资源

移动应用程序可以包括多种学习资源，如电子图书、视频课程、音频讲解、在线测试等。读者可以根据自己的需求和兴趣选择不同的学习资源，提高学习效果和兴趣。

（4）互动性和社交性

移动应用程序可以通过社交媒体和其他数字平台与读者进行互动交流。读者可以在学习过程中与其他读者交流心得和体验，互相帮助和学习。同时，读者还可以通过移动应用程序评价和分享学习资源和经验，提高学习的效果和影响力。

2.移动应用程序的功能设计

（1）电子图书和文献检索

移动应用程序可以提供大量的电子图书和文献资源，读者可以通过搜索和筛选功能快速找到自己需要的书籍或文献。同时，移动应用程序还可以根据读者的阅读偏好和行为数据，为读者推荐相关的图书和文献。

（2）视频课程和在线讲座

移动应用程序可以提供各种视频课程和在线讲座，读者可以通过观看视频或听取讲座来学习和获取知识。视频课程和在线讲座可以包括各种主题和领域，满足不同读者的需求和兴趣。

（3）在线测试和评估

移动应用程序可以提供在线测试和评估功能，帮助读者检验自己的学习成果和掌握程度。在线测试可以包括各种题型和难度等级，评估读者的知识和技能水平，为读者提供更加个性化的推荐和服务。

（4）社交互动和学习交流

移动应用程序可以通过社交媒体和其他数字平台与读者进行互动交流。读者可以在学习过程中与其他读者交流心得和体验，互相帮助和学习。同时，读者还可以通过移动应用程序评价和分享学习资源和经验，提高学习的效果和影响力。

（5）个性化推荐和服务

移动应用程序可以通过读者的个人信息、阅读偏好和行为数据等，为读者提供更加个性化的推荐和服务。例如，根据读者的借阅记录和阅读偏好，推荐相关的图书和电子资源；根据读者的地理位置和浏览历史，推荐附近的餐厅、景点等。同时还可以通过地理位置服务、扫码识别等技术为读者提供更加个性化的推荐和服务。例如在图书馆中运用这些技术可以帮助读者快速找到自己想要的图书或电子资源，避免盲目寻找浪费时间和精力，同时也可以提高图书馆的利用率和读者的阅读体验。

3.如何推广和应用移动应用程序

（1）提高公众认知度

要推广和应用移动应用程序首先需要提高公众对它的认知度。学校、图书馆、博物馆等机构可以通过宣传和推广活动向读者介绍移动应用程序的优势和应用场景，提高读者的使用意愿和学习效果，同时也可以通过举办讲座、研讨会等活动，让更多的人了解移动应用程序的潜力和价值。

（2）优化用户体验

优化用户体验是推广和应用移动应用程序的关键之一。移动应用程序需要简单易用、界面友好、功能齐全才能吸引更多的读者使用。同时还需要提供个性化的推荐和服务以提高读者的使用体验和学习效果。

总之，现代技术在读者培训中的应用正在改变传统的培训模式。通过应用现代技术，图书馆可以更好地满足读者的需求变化和技术发展，提高读者参与度和满意度。同时，图书馆还需要不断关注技术的发展趋势和读者的需求变化，不断探索新的读者培训形式和方法，以适应时代的发展和读者的需求变化。

第二节　图书馆阅读推广与读者培训的结合

一、阅读推广与读者培训的相互促进

图书馆阅读推广与读者培训是相互促进的关系，两者之间相互依存、相互支持。通过有效的阅读推广活动，可以激发读者的阅读兴趣和需求，提高读者的阅读能力和素养；同时，读者培训也可以为阅读推广提供更好的支持和保障，促进阅读推广的深入开展。

（一）阅读推广对读者培训的促进

1.增加读者参与度

阅读推广活动可以通过各种形式的宣传和活动，吸引更多的读者参与其中。这些活动可以是讲座、读书会、展览、演出等，也可以是针对不同读者群体的特定活动。通过参与这些活动，读者可以更加深入地了解图书馆的资源和服务，同时也能够与其他读者进行交流和分享，增加读者的参与度和黏性。

2.提高读者阅读能力

阅读推广活动不仅是为了让读者读更多的书，更是为了让读者更好地阅读。在活动中，可以通过引导读者选择合适的阅读材料、提供阅读技巧和方法等方式，提高读者的阅读能力。同时，还可以通过开展专题讲座、读书分享会等活动，让读者有机会与其他读者进行交流和分享，从而更好地理解和掌握阅读技巧和方法。

3.拓展读者知识面

阅读推广活动可以帮助读者拓展知识面和视野。在活动中，可以通过介绍相关领域的最新进展和热点问题、引导读者关注不同领域的知识和信息等方式，让读者更加全面地了解相关领域的知识和信息。同时，还可以通过组织不同领域、不同层次的讲座和培训，让读者能够接触到更多的知识和信息，从而拓展读者的知识面和视野。

（二）读者培训对阅读推广的促进

1.提高读者阅读素养

读者培训可以帮助提高读者的阅读素养和阅读能力。通过培训，可以让读者了解图书馆的资源和服务、掌握阅读技巧和方法、提高阅读速度和理解能力等。同时，还可以通过针对不同读者群体的特定培训，让读者能够更好地选择适合自己的阅读材料和理解方法。这些都将有助于提高读者的阅读素养和阅读能力，从而更好地参与阅读推广活动。

2.增强读者参与度

通过读者培训，可以让读者更加了解图书馆的资源和服务，从而更加深入地参与阅读推广活动。同时，还可以通过培训中的交流和分享环节，让读者有机会与其他读者进行交流和分享，从而增强读者的参与度和黏性。此外，一些针对特定群体的培训活动还可以为图书馆吸引更多的目标读者，如学生、教师、科研人员等。

3.提升图书馆服务质量

通过读者培训，可以帮助图书馆更好地了解读者的需求和反馈，从而不断提升服务质量。同时，还可以通过培训中的互动环节，让读者更加了解图书馆的工作人员和服务流程，从而更好地与图书馆进行沟通和交流。这些都将有助于提升图书馆的服务质量和服务水平，为阅读推广活动的深入开展提供更好的支持和保障。

图书馆阅读推广与读者培训是相互促进的关系。通过有效的阅读推广活动，可以激发读者的阅读兴趣和需求，提高读者的阅读能力和素养；同时，通过有针对性的读者培训可以更好地支持阅读推广活动的开展，同时，还可以帮助图书馆提升服务质量，为图书馆的长期发展打下坚实的人才基础和社会基础，使图书馆成为国家文化传承的重要平台。

二、以阅读推广带动读者培训的发展

阅读推广和读者培训是图书馆服务中两个重要的环节，它们之间有着密切的联系。通过阅读推广，可以带动读者培训的发展，提高读者的阅读素养和阅读能力，从而更好地发挥图书馆的教育功能。

（一）阅读推广对读者培训的带动作用

1.激发读者的阅读兴趣

阅读推广的目的是通过各种形式的宣传和活动，吸引更多的读者参与阅读，激发读者的阅读兴趣和需求。当读者对阅读产生了浓厚的兴趣，就会更加积极地参与图书馆的读者培训活动。通过培训，读者可以更加深入地了解图书馆的资源和服务，掌握阅读技巧和方法，提高阅读能力和素养。

2.提高读者的阅读素养

阅读推广活动不仅是为了让读者读更多的书，更是为了让读者更好地阅读。在活动中，可以通过引导读者选择合适的阅读材料、提供阅读技巧和方法等方式，提高读者的阅读能力。同时，还可以通过开展专题讲座、读书分享会等活动，让读者有机会与其他读者进行交流和分享，从而更好地理解和掌握阅读技巧和方法。这些都将有助于提高读者的阅读素养，从而更好地参与读者培训活动。

3.增强读者的参与度

通过阅读推广活动，可以吸引更多的读者来到图书馆，了解图书馆的资源和服务。在这个过程中，图书馆可以向读者宣传和介绍读者培训活动，鼓励读者参与其中。同时，还可以通过与读者互动交流，了解读者的需求和反馈，从而不断改进和完善读者培训活动，增强读者的参与度和黏性。

（二）读者培训对阅读推广的促进和保障作用

1.提高读者的阅读能力

读者培训可以帮助提高读者的阅读能力。通过培训，可以让读者了解图书馆的资源和服务、掌握阅读技巧和方法、提高阅读速度和理解能力等。同时，还可以通过针对不同读者群体的特定培训，让读者能够更好地选择适合自己的阅读材料和理解方法。这些都将有助于提高读者的阅读能力，从而更好地参与阅读推广活动。

2.拓展读者的知识面和视野

读者培训可以帮助拓展读者的知识面和视野。在培训中，可以通过介绍相关领域的最新进展和热点问题、引导读者关注不同领域的知识和信息等方式，让读者更加全面地了解相关领域的知识和信息。同时，还可以通过组织不同领域、不同层次的讲座和培训，让读者能够接触到更多的知识和信息，从而拓展读者的知识面和视野。这些都将有助于提高读者的阅读兴趣和需求，从而更好地参与阅读推广活动。

3.增强读者的参与度和黏性

通过读者培训中的交流和分享环节，可以让读者有机会与其他读者进行互动和交流，从而增强读者的参与度和黏性。同时，一些针对特定群体的培训活动还可以为图书馆吸引更多的目标读者，如学生、教师、科研人员等。这些都将有助于提高图书馆的阅读推广效果和服务质量。

4.提高图书馆的服务质量和服务水平

通过读者培训，可以帮助图书馆更好地了解读者的需求和反馈，从而不断改进和完善服务质量和服务水平。同时，还可以通过培训中的互动环节，让读者更加了解图书馆的工作人员和服务流程。通过不断加强与读者的互动与交流，可以更好地满足读者的需求，提高图书馆的服务质量和服务水平，为阅读推广活动的深入开展提供更好的支持和保障，吸引更多的读者来到图书馆了解并参与到各项活动中去，发挥图书馆作为重要文化传承的平台作用，为建设社会主义现代化强国贡献力量。

三、以读者培训优化阅读推广的效果

在图书馆的服务中，阅读推广和读者培训是密不可分的两个环节。阅读推广旨在吸引更多的读者参与阅读，激发他们的阅读兴趣和需求，提高他们的阅读能力和素养。而读者培训则注重于培养读者的阅读技巧和方法，提高他们的阅读效率和理解能力。这两者相互依存、相互支持，共同推动图书馆服务的发展。

然而，在实际工作中，阅读推广和读者培训的效果往往受到一些因素的影响。例如，宣传力度不够、活动内容单一、读者参与度不高等问题，都会导致阅读推广的效果不尽如人意。而读者培训方面，也存在培训内容不够实用、培训方式不够灵活等问题，导致读者参与培训的积极性不高。

因此，为了优化阅读推广的效果，我们可以从以下几个方面入手。

（一）加强宣传力度

在阅读推广活动中，宣传是非常重要的一环。图书馆可以通过多种渠道进行宣传，例如，利用官方网站、微信公众号、海报等方式向读者宣传活动内容和参与方式。同时，还可以通过与媒体合作、开展校园宣讲等方式，扩大活动的知名度和影响力。在宣传过程中，要注意突出活动的主题和亮点，吸引读者的注意力，提高读者的参与度。

（二）丰富活动内容

为了吸引更多的读者参与阅读推广活动，图书馆可以设计多种形式的活动内容。除了传统的读书分享会、作家讲座等活动外，还可以开展主题展览、亲子阅读、读书沙龙等形式的活动。这些活动可以满足不同读者的需求和兴趣爱好，提高读者的参与度和黏性。同时，还可以通过活动引导读者了解图书馆的资源和服务，提高图书馆的利用率和服务质量。

（三）注重读者反馈

在阅读推广活动中，读者的反馈是非常重要的。图书馆可以通过调查问卷、面对面交流等方式收集读者的反馈意见和建议，了解读者的需求和喜好。根据读者的反馈情况，图书馆可以及时调整活动内容和形式，提高读者的满意度和参与度。同时，还可以通过读者反馈加强与读者的互动和交流，增强图书馆与读者之间的联系和信任。

（四）加强读者培训

为了提高读者的阅读能力和素养，图书馆应加强读者培训工作。在培训中，可以注重实用性强的培训内容，例如，如何查找和选择合适的阅读材料、如何提高阅读速度和理解能力等。同时，还可以根据不同读者群体的需求和特点，开展针对性的培训课程。例如，针对学生的学科辅导、针对成年人的职场技能提升等。这些培训课程可以满足不同读者的需求和兴趣爱好，提高读者的参与度和黏性。

（五）创新培训方式

在读者培训中，创新培训方式也是非常重要的。除了传统的课堂讲授、讲座等形式外，还可以采用线上培训、互动式培训等方式。线上培训可以通过视频教程、在线讲座等方式进行，让读者可以在家中随时随地学习；互动式培训则可以通过小组讨论、角色扮演等形式进行，让读者可以更加深入地理解和掌握知识技能。这些创新的培训方式可以吸引更多的读者参与培训课程，增强培训效果和质量。

（六）加强与读者的互动交流

为了优化阅读推广的效果和加强与读者的联系与交流，建立官方网站和微信公众号等网络平台，邀请读者们参与到图书推广活动的策划宣传中并提出意见和建议，同时也可以在这些平台上开展一些互动式的活动。例如，读书分享会、知识竞赛等。通过这些活动促进读者们之间的互动交流，增强他们的参与感和归属感，从而更好地推动图书馆服务的发展。同时，也可以通过这些平台为读者们提供更加便捷快速的服务，例如，在线借阅、在线续借等让读者们能够更加方便地利用图书馆资源和服务，从而更好地发挥其作用。作为重要公共文化服务机构的使命担当让图书馆成为传承中华优秀传统文化的重要平台，为建设社会主义现代化强国贡献力量。

第三节　图书馆读者培训效果评估与改进

一、读者培训效果的评估方法

图书馆读者培训效果的评估是一个关键环节，它有助于我们了解培训活动的成功与否，以及如何改进未来的培训计划。以下是一些建议的评估方法。

（一）参与度评估

参与度评估是衡量读者培训效果的基础。这包括计算参加培训的人数，以及他们参与培训的时长。此外，还可以通过问卷调查或反馈会议收集读者对培训活动的满意度和反馈，以了解他们在培训中的参与程度和投入程度。

（二）知识技能提升评估

知识技能提升评估主要是通过测试读者的知识储备、技能应用水平等方式进行。在培训结束后，可以设计一些测试题目或实际操作任务，以检验读者是否能够将所学知识应用到实际中，从而评估培训效果。

（三）行为改变评估

行为改变评估主要是通过观察和记录读者在接受培训后的行为变化来进行。例如，如果读者在接受培训后更频繁地使用图书馆资源，或者更有效地利用图书馆服务，这就表明培训效果良好。

（四）绩效评估

绩效评估主要是通过衡量读者在接受培训后的工作表现和成果来进行。例如，可以设定一些绩效指标，如读者完成阅读计划的数量、阅读理解能力的提高等，以衡量培训对读者绩效的影响。

（五）反馈评估

反馈评估主要是通过收集读者的反馈意见和建议来进行。可以通过问卷调查、面对面交流等方式收集读者的反馈，了解他们对培训活动的满意度、对培训内容的评价等，从而改进未来的培训计划。

（六）定量和定性结合的评估方法

除了以上几种评估方法外，还可以采用定量和定性结合的评估方法。例如，可以通过数据分析来衡量培训活动的成功程度，同时结合读者的反馈和评价，以更全面地评估培训效果。此外，还可以通过个案研究、深度访谈等方式收集读者的真实反馈和意见，以更深入地了解培训效果和改进方向。

（七）建立有效的培训反馈机制

建立有效的培训反馈机制是评估图书馆读者培训效果的重要环节。首先，应该在培训结束后及时收集读者的反馈意见和建议，以确保能够及时了解读者的需求和期望，为改进未来的培训计划提供依据。其次，应该建立有效的信息反馈渠道，以便于读者能够随时向图书馆提供反馈意见和建议。最后，应该重视读者的反馈意见和建议，并根据实际情况进行改进和调整，以提高读者对图书馆服务的满意度和忠诚度。

（八）利用数据统计方法进行分析

利用数据统计方法对读者培训效果进行分析是非常必要的。可以通过对参与培训的人数、培训时间、测试成绩等数据进行统计分析，以更全面地了解培训效果。此外，还可以利用数据挖掘技术对大量数据进行深入挖掘，以发现隐藏在数据背后的规律和趋势，为改进未来的培训计划提供有益的参考。

（九）与其他图书馆进行交流和比较

与其他图书馆进行交流和比较有助于我们了解自身的优势和不足之处。可以与其他图书馆分享读者培训的经验和做法，并了解他们是如何评估读者培训效果的。通过比较各自的评估方法和结果，可以相互学习和借鉴，以不断提高读者培训的效果和质量。

总之，图书馆读者培训效果的评估方法多种多样。我们应该根据自身的实际情况选择合适的方法进行评估，并在实践中不断探索和创新评估方法。同时，我们还应该重视读者的反馈意见和建议，以不断提高读者对图书馆服务的满意度和忠诚度，为建设社会主义现代化强国贡献力量。

二、评估结果的应用和反馈

图书馆读者培训评估结果的应用和反馈是图书馆读者培训工作的一个重要环节。通过对读者培训活动的评估，我们可以了解读者的需求和期望，以及培训活动的效果和质量。因此，如何应用和反馈评估结果，以改进未来的培训计划，提高读者对图书馆服务的满意度和忠诚度，是图书馆需要关注的问题。

（一）评估结果的应用

1.了解读者的需求和期望

通过评估，我们可以了解读者的需求和期望，从而为未来的培训计划提供依据。例如，如果评估结果显示读者更喜欢实践性强的培训内容，那么在未来的培训计划中，可以增加更多的实践环节，以满足读者的需求。

2.改进培训内容和方法

通过对培训内容的评估，我们可以了解哪些内容是读者认为有价值的，哪些内容是需要改进的。根据评估结果，我们可以对培训内容进行修订和优化，以提高读者的学习效果。同时，我们还可以根据评估结果调整培训方法，以提高读者的学习兴趣和学习效果。

3.增强培训效果和质量

通过评估，我们可以了解培训效果和质量，从而为未来的培训计划提供参考。例如，如果评估结果显示读者的学习效果不佳，那么我们可以重新设计培训计划，以增强培训效果和质量。同时，我们还可以根据评估结果调整培训时间、地点、形式等，以满足读者的需求和提高培训质量。

（二）评估结果的反馈

1.及时反馈给读者

评估结果应该及时反馈给读者，以便于他们了解自己的学习效果和质量。同时，我们还可以根据读者的反馈意见和建议进行调整和改进，以提高读者对图书馆服务的满意度和忠诚度。

2.反馈给图书馆工作人员

评估结果应该及时反馈给图书馆工作人员，以便于他们了解培训效果和质量，为未来的培训计划提供参考。同时，我们还可以根据评估结果对图书馆工作人员进行考核和评价，以提高他们的工作积极性和工作质量。

3.建立信息反馈机制

建立信息反馈机制有助于我们及时了解读者的需求和期望，以及培训效果和质量。同时，我们还可以根据反馈信息对培训计划进行调整和改进，以提高读者对图书馆服务的满意度和忠诚度。例如，可以建立专门的反馈邮箱或在线反馈平台，以便于读者随时向我们提供反馈意见和建议。

4.对读者进行跟踪调查

在培训结束后，可以对读者进行跟踪调查，以了解他们在使用图书馆资源和服务方面的表现和成果。通过跟踪调查，我们可以了解读者的学习效果和质量，以及他们在工作中应用所学知识的情况。根据跟踪调查结果，我们可以对未来的培训计划进行调整和改进，以提高读者对图书馆服务的满意度和忠诚度。

5.与其他图书馆进行交流和比较

与其他图书馆进行交流和比较有助于我们了解自身的优势和不足之处。可以与其他图书馆分享读者培训的经验和做法，并了解他们是如何应用评估结果进行改进的。通过比较各自的评估方法和结果，可以相互学习和借鉴，以不断提高读者培训的效果和质量。

总之，图书馆读者培训评估结果的应用和反馈是图书馆读者培训工作的重要环节。通过对评估结果的应用和反馈，我们可以了解读者的需求和期望，改进培训内容和方法，增强培训效果和质量。同时，我们还应该重视读者的反馈意见和建议，以不断提高读者对图书馆服务的满意度和忠诚度。

三、根据评估结果改进读者培训计划

图书馆根据评估结果改进读者培训计划是一种持续性的工作，旨在不断提高读者对图书馆服务的满意度和忠诚度。通过对读者培训活动的评估，我们能够了解读者的需求和期望，以及培训活动的效果和质量。在此基础上，我们可以进行针对性的改进，以提供更加符合读者需求的培训计划。

（一）根据评估结果调整培训内容

评估结果显示，读者对实践性强的培训内容更为感兴趣。因此，在未来的读者培训计划中，我们将增加更多的实践环节，如实地考察、案例分析、动手操作等，以帮助读者更好地应用所学知识。同时，我们还将根据读者的反馈意见和建议，对现有的培训内容进行修订和优化，以提高读者的学习效果和质量。

（二）根据评估结果改进培训方法

评估结果显示，传统的讲授式培训方法已经不能满足读者的需求。因此，我们将根据读者的反馈意见和建议，尝试采用更多的互动式、参与式的培训方法，如小组讨论、角色扮演、互动游戏等，以提高读者的学习兴趣和学习效果。同时，我们还将加强对读者的指导和辅导，为读者提供更加个性化的学习体验。

（三）根据评估结果调整培训时间和形式

评估结果显示，读者的学习需求和学习时间存在不匹配的情况。因此，在未来的读者培训计划中，我们将根据读者的需求和时间安排，灵活调整培训时间和形式。例如，可以开设晚间班或周末班，以满足上班族读者的需求。同时，我们还将积极探索线上和线下的混合式培训模式，为读者提供更加灵活的学习方式。

（四）加强与读者的沟通和反馈

评估结果的应用和反馈是相互关联的。在未来的读者培训计划中，我们将进一步加强与读者的沟通和反馈。例如，可以定期开展读者座谈会或问卷调查，了解读者的需求和期望，以及他们对培训计划的评价和建议。同时，我们还将及时处理读者的反馈意见和建议，对问题进行分类和解决，并及时向读者反馈处理结果和改进措施。通过加强与读者的沟通和反馈，可以建立更加紧密的合作关系，提高读者对图书馆服务的满意度和忠诚度。

（五）提高图书馆工作人员的素质和能力

图书馆工作人员是读者培训计划的重要实施者之一。他们的素质和能力直接影响到读者培训计划的质量和应用效果。因此，在未来的读者培训计划中，我们将加强对图书馆工作人员的培训和提高他们的素质和能力。例如，可以组织图书馆工作人员参加专业培训或学术会议，以提高他们的专业素养和业务能力。同时，我们还将鼓励图书馆工作人员与读者进行互动和交流，了解读者的需求和期望，以及他们对培训计划的评价和建议。通过提高图书馆工作人员的素质和能力，可以更好地为读者提供优质的培训服务。

（六）建立完善的评估体系

建立完善的评估体系有助于我们及时了解读者培训计划的效果和质量，以及读者的需求和期望。在未来的读者培训计划中我们将建立完善的评估体系，包括定期评估、效果评估、质量评估等环节，对读者的学习效果、教学质量、服务质量等方面进行全面评价，并将评估结果及时反馈给相关的部门和个人，以便于及时调整和改进读者培训计划。同时，我们还将加强对评估结果的应用和分析，从数据角度出发深入挖掘读者的需求和期望，为未来的读者培训计划提供更加精准的依据和支持。

第十四章 评估与效果分析

第一节 阅读推广活动的评估指标与方法

一、评估指标的确定与分类

（一）评估指标的确定

图书馆阅读推广活动评估指标的确定需要考虑多个因素，包括活动目标、读者群体、资源利用、组织管理等方面。以下是评估指标确定的一些关键要素。

1.活动目标

图书馆阅读推广活动的目标是衡量活动效果的重要标准。评估指标应该能够清晰地反映活动的目标，例如提高读者的阅读兴趣、增加读者的阅读量、提高图书馆的利用率等。

2.读者群体

不同的读者群体对阅读推广活动的需求和期望是不同的。评估指标应该能够反映读者的需求和期望，例如读者的参与度、满意度、反馈意见等。

3.资源利用

图书馆阅读推广活动需要充分利用图书馆的资源，包括人力、物力、财力等方面。评估指标应该能够反映资源的利用情况，例如活动成本、设备使用率、图书流通率等。

4.组织管理

图书馆阅读推广活动的组织管理是保证活动顺利进行的重要环节。评估指标应该能够反映组织管理的情况，例如活动策划、宣传效果、人员配合等。

（二）评估指标的分类

图书馆阅读推广活动评估指标可以根据不同的分类方式进行划分。以下是几种常见的分类方式。

1.按指标性质划分

根据指标的性质，可以将评估指标分为定量指标和定性指标。定量指标可以通过数据计算和分析来衡量，例如活动参与人数、图书流通率等；定性指标则难以用数据进行衡量，需要进行主观评价，例如读者的满意度、反馈意见等。

2.按指标应用划分

根据指标的应用，可以将评估指标分为过程指标和结果指标。过程指标通常用于衡量活动的过程和执行情况，例如活动策划、宣传效果等；结果指标通常用于衡量活动的结果和效果，例如读者满意度、图书馆利用率等。

3.按指标重要性划分

根据指标的重要性，可以将评估指标分为核心指标和辅助指标。核心指标是对活动效果和质量有重要影响的指标，例如读者满意度、图书流通率等；辅助指标是对活动效果和质量有一定影响的指标，例如活动参与人数、反馈意见等。

图书馆阅读推广活动评估指标的确定与分类是图书馆阅读推广工作的重要环节。通过对评估指标的确定和分类，图书馆能够了解推广活动的效果和质量，以及读者的需求和期望。在实际工作中，可以根据实际情况选择不同的分类方式进行划分，以便更好地进行评估和改进。

二、定量与定性评估方法的运用

图书馆阅读推广活动定量与定性评估方法的运用是图书馆阅读推广活动评估的重要环节。定量评估方法可以通过数据计算和分析来衡量活动的效果和质量，而定性评估方法则需要进行主观评价。以下是图书馆阅读推广活动定量与定性评估方法的运用。

（一）定量评估方法的运用

定量评估方法是一种通过数据计算和分析来衡量活动效果和质量的方法。在图书馆阅读推广活动中，定量评估方法可以包括以下方面。

1.阅读量统计

阅读量统计是图书馆阅读推广活动中最常用的定量评估方法。通过对活动期间的图书流通量进行统计，可以了解活动对读者阅读量的影响和促进情况。同时，还可以将活动期间的阅读量与平时的阅读量进行对比分析，以更准确地评估活动的效果和质量。

2.参与度统计

参与度统计是衡量图书馆阅读推广活动参与情况的重要指标。通过对活动参与人数、参与者的反馈意见等方面进行统计和分析，可以了解活动的吸引力和影响力，以及读者的需求和期望。同时，还可以将参与度与活动的策划和组织管理等方面进行对比分析，以发现存在的问题和不足。

3.满意度调查

满意度调查是图书馆阅读推广活动中重要的定性评估方法之一。通过向读者发放问卷或进行口头调查，了解读者对活动的满意度、对活动的期望和建议等。满意度调查可以帮助图书馆了解读者的需求和期望，为后续的阅读推广活动提供参考和改进方向。

（二）定性评估方法的运用

定性评估方法是一种需要进行主观评价的方法，它通过对活动的过程和结果进行综合分析，评估活动的质量和发展前景。在图书馆阅读推广活动中，定性评估方法可以包括以下方面。

1.观察法

观察法是定性评估方法中常用的一种。通过对活动的现场观察和记录，了解活动的组织管理、参与者的反应和反馈等情况。观察法可以帮助图书馆了解活动过程中存在的问题和不足，为后续的改进提供参考。

2.反馈意见收集

反馈意见收集是定性评估方法中的重要环节之一。通过向读者发放反馈表或进行口头反馈收集，了解读者对活动的意见和建议。反馈意见可以帮助图书馆了解读者的需求和期望，为后续的阅读推广活动提供参考和改进方向。同时，也可以通过对反馈意见的分析，发现活动中存在的问题和不足，及时进行改进和优化。

3.专家评审

专家评审是定性评估方法中常用的一种。通过邀请相关领域的专家对活动进行评审，了解活动的专业性和学术性水平。专家评审可以帮助图书馆发现活动中存在的问题和不足，为后续的改进提供参考和指导。同时，也可以通过对专家评审结果的利用，提高活动的质量和水平。

图书馆阅读推广活动定量与定性评估方法的运用是图书馆阅读推广工作的重要环节。通过对活动的定量评估和定性评估，图书馆能够更全面地了解活动的效果和质量，以及读者的需求和期望。在实际工作中，可以根据实际情况选择不同的评估方法进行运用，以便更好地进行评估和改进。同时，也需要注意定量评估和定性评估的结合使用，以更准确地评估活动的整体效果和质量。

三、评估流程与实施

图书馆阅读推广活动评估流程与实施是确保活动效果和质量的重要环节。通过对活动的评估，图书馆能够了解活动的实际效果和读者的反馈，为后续活动的策划和组织提供参考和改进方向。

（一）评估流程

1.制订评估计划

在活动开始前，图书馆应该制订详细的评估计划，包括评估目的、评估标准、评估方法、评估时间等方面的内容。评估计划应该与活动的策划和组织管理紧密结合，以确保评估的有效性和准确性。

2.数据采集

在活动期间，图书馆应该及时采集相关数据，包括活动参与人数、阅读量统计、反馈意见收集等。数据采集应该全面、客观、真实，以便后续的评估和分析。

3.数据分析

在活动结束后，图书馆应该对采集的数据进行分析，包括统计分析和对比分析等。通过数据分析，图书馆能够了解活动的实际效果和读者的反馈，以及与其他活动的对比情况。

4.评估报告撰写

根据数据分析结果，图书馆应该撰写评估报告，包括活动效果评估、问题分析、改进建议等内容。评估报告应该客观、翔实、具有可操作性，以便为后续的阅读推广活动提供参考和改进方向。

5.反馈与改进

在评估报告完成后，图书馆应该将报告向相关人员进行反馈，包括读者反馈、管理部门反馈等。同时，图书馆应该根据评估报告中的问题分析和改进建议，及时对阅读推广活动进行改进和优化。

（二）实施建议

1.建立评估团队

图书馆应该建立专门的评估团队，负责活动的评估工作。评估团队应该由具有相关经验和专业知识的人员组成，以确保评估的有效性和准确性。

2.制定评估标准

图书馆应该制定详细的评估标准，包括活动组织管理、参与度、阅读量、反馈意见等方面的内容。评估标准应该科学、客观、具有可操作性，以便为评估工作提供指导和依据。

3.多种评估方法相结合

在评估工作中，图书馆应该结合多种评估方法进行综合评估。定量评估和定性评估相结合，可以更全面地了解活动的实际效果和质量。同时，也可以采用问卷调查、口头反馈等多种形式收集读者的反馈意见和建议。

4.及时跟进与调整

在评估工作中，图书馆应该及时跟进和调整评估计划和方法。根据实际情况，对评估计划进行必要的修改和完善，以确保评估的有效性和准确性。同时，也应该及时对活动进行跟踪和调整，以满足读者的需求和期望。

5.加强沟通与协作

在评估工作中，图书馆应该加强与读者和管理部门的沟通与协作。通过与读者的沟通，了解读者的需求和期望，为后续的阅读推广活动提供参考和改进方向。同时，也加强与管理部门的协作，共同推动阅读推广工作的开展和发展。

图书馆阅读推广活动评估流程与实施是确保活动效果和质量的重要环节。通过制订详细的评估计划、采集数据、分析数据、撰写评估报告以及反馈与改进等步骤的实施，图书馆能够更全面地了解活动的实际效果和质量；同时也可以为后续的阅读推广活动提供参考和改进方向，推动图书馆阅读推广工作的不断发展提高。

第二节　图书馆阅读推广活动效果的分析与评估

一、效果评估的数据收集与分析

（一）数据收集

1.阅读量数据

阅读量数据是评估阅读推广活动效果最直接的数据之一。可以通过统计活动期间的借阅量、阅览室使用率、电子资源下载量等，来了解活动对于读者阅读量的影响。此外，还可以通过对比活动前后的阅读量数据，分析活动对于读者阅读习惯的影响。

2.参与度数据

参与度数据可以反映活动的吸引力和读者的参与情况。可以通过统计参与活动的人数、参与活动的次数、参与活动的时间等，来了解活动的参与情况。同时，也可以通过调查问卷或口头反馈了解读者对于活动的满意度和反馈意见。

3.读者反馈数据

读者反馈数据可以反映读者对于活动的评价和意见。可以通过收集读者的问卷调查、评论、社交媒体上的反馈等，来了解读者对于活动的评价和意见。这些数据可以帮助图书馆了解读者的需求和期望，为后续的阅读推广活动提供参考和改进方向。

（二）数据分析

1.统计分析

通过对收集到的数据进行统计分析，可以了解活动的整体效果和读者的反馈情况。例如，可以计算参与活动的读者人数、参与活动的次数、阅读量的平均值和标准差等，以了解活动的整体效果和读者的反馈情况。

2.对比分析

通过对不同时间段的数据进行对比分析，可以了解活动对于读者阅读习惯的影响。例如，可以对比活动前后的阅读量数据、参与度数据等，以了解活动对于读者阅读习惯的影响。同时，也可以将本次活动的数据与其他类似活动的数据进行对比分析，以了解本次活动的优劣和改进方向。

3.关联分析

通过对不同类型的数据进行关联分析，可以了解不同因素之间的关联和影响。例如，可以将参与度数据与阅读量数据进行关联分析，以了解参与活动与阅读量之间的关系；也可以将读者反馈数据与参与度数据进行关联分析，以了解读者对于活动的满意度与参与度之间的关系。

（三）数据应用

1.活动效果评估

通过对数据的收集和分析，可以对阅读推广活动的效果进行评估。通过对阅读量、参与度等数据的分析，可以了解活动的实际效果和读者的反馈情况，为后续活动的策划和组织提供参考和改进方向。

2.读者需求研究

通过对读者反馈数据的收集和分析，可以进行读者需求研究。通过对读者评价、意见和建议的分析，可以了解读者的需求和期望，为后续的阅读推广活动提供参考和改进方向。

3.活动策略制定

通过对数据的收集和分析，可以制定更加科学合理的活动策略。例如，可以根据读者的需求和期望制定更加符合读者口味的阅读推广活动；也可以根据参与度和阅读量的数据分析制定更加有针对性的活动策略。

图书馆阅读推广效果评估的数据收集与分析是评估活动效果的重要环节。通过对阅读量、参与度、读者反馈等数据的收集和分析，可以了解活动的实际效果和读者的反馈情况；同时也可以根据数据分析结果制定更加科学合理的活动策略。在实际工作中，应该注重数据的及时性和准确性，同时也要加强数据的保护和管理。

二、效果评估的结果呈现

图书馆阅读推广效果评估的结果呈现是评估过程中至关重要的一环，它不仅可以让图书馆了解活动的效果和读者的反馈，还可以为后续活动的策划和组织提供参考和改进方向。以下是图书馆阅读推广效果评估的结果呈现：

（一）结果呈现的内容

1.活动概况

在结果呈现中，首先应该简要介绍阅读推广活动的概况，包括活动的名称、时间、地点、参与人员等信息。此外，还应该介绍活动的目的和意义，以及活动的主要内容和流程。

2.数据分析

数据分析是结果呈现的核心部分，应该对收集到的数据进行详细的分析和解释。例如，可以分析参与活动的读者人数、参与活动的次数、阅读量的平均值和标准差等数据，以了解活动的整体效果和读者的反馈情况。此外，还可以将不同时间段的数据进行对比分析，以了解活动对于读者阅读习惯的影响。

3.读者反馈

读者反馈是了解活动效果的重要途径之一。在结果呈现中，应该总结读者的反馈意见和建议，包括对于活动的评价、意见和建议等。此外，还可以将读者反馈数据与参与度数据、阅读量数据进行关联分析，以了解读者对于活动的满意度与参与度之间的关系。

4.活动效果评估

根据数据分析结果和读者反馈意见，可以对阅读推广活动的效果进行评估。在结果呈现中，应该明确说明评估结果，包括活动的实际效果和读者的反馈情况，同时指出活动的优点和不足之处。此外，还可以提出改进意见和建议，为后续的阅读推广活动提供参考和改进方向。

（二）结果呈现的形式

1.文字报告

文字报告是最常见的结果呈现形式之一。在报告中，应该清晰明了地表述活动概况、数据分析、读者反馈和活动效果评估等内容。同时，应该注重语言的简洁性和准确性，让读者能够快速了解活动效果和改进方向。

2.图表和图像

图表和图像可以直观地展示数据和信息。在结果呈现中，可以使用柱状图、折线图、饼图等图表来展示数据的分布和变化趋势；也可以使用照片、视频等图像来展示活动的现场情况和读者的参与情况。通过图表和图像的展示，可以让读者更加直观地了解活动效果和改进方向。

3.报告会或研讨会

报告会或研讨会是一种口头报告的形式，可以向读者和其他相关人员介绍评估结果和改进方案。在报告会或研讨会上，可以通过 PPT 演示文稿、口头讲解等方式来展示活动效果评估的结果和改进方案，同时也可以与听众进行互动交流，回答问题或讨论意见。

（三）结果呈现的注意事项

1.准确性

准确性是结果呈现的核心要求之一。在结果呈现中，应该保证数据的准确性和分析的可靠性，避免出现误导或误解的情况。同时，也应该注重文字报告的准确性和图表图像的准确性，确保信息的准确传递。

2.清晰性

清晰性是结果呈现的重要要求之一。在文字报告中，应该注重语言的简洁性和明了性；在图表图像中，应该标注清楚每个元素的意义和单位等信息。同时，在整体结构上也应该保持清晰明了，让读者能够快速了解活动效果和改进方向。

3.可视化性

可视化性是指将数据以直观、易懂的方式呈现出来。在结果呈现中，应该注重数据的可视化处理，通过图表、图像等方式将数据呈现出来，让读者更加直观地了解活动效果和改进方向。同时，也需要注意可视化效果的简洁性和易读性，避免过于复杂或难以理解的情况。

三、对活动效果的综合评估与反馈

（一）综合评估的指标体系

综合评估的指标体系是评估活动效果的重要工具。在构建指标体系时，应该从活动的目标、内容、形式、参与度、效果等方面进行综合考虑。以下是一个指标体系各个方面。

1.活动目标达成度

活动目标达成度是评估活动效果的首要指标。在评估时，应该将活动的实际成果与预期目标进行对比分析，了解目标达成情况。同时，还应该分析目标未达成的原因，为后续活动提供改进方向。

2.活动参与度

活动参与度是评估活动效果的重要指标之一。在评估时，应该对参与活动的读者人数、参与次数、参与时间等方面进行统计和分析，了解读者的参与情况。同时，还应该分析参与度的差异性和原因，为后续活动提供参考和改进方向。

3.活动满意度

活动满意度是评估活动效果的重要指标之一。在评估时，应该通过问卷调查、访谈等方式收集读者的反馈意见和建议，了解读者对于活动的满意度和评价。同时，还应该分析不满意的原因，为后续活动提供改进方向。

4.活动影响力

活动影响力是评估活动效果的重要指标之一。在评估时，应该对活动对于读者阅读习惯、阅读兴趣等方面的影响进行分析，了解活动对于读者阅读水平和阅读兴趣的影响。同时，还应该分析影响力的差异性和原因，为后续活动提供参考和改进方向。

5.活动创新性

活动创新性是评估活动效果的重要指标之一。在评估时，应该对活动的创新性进行评估，了解活动是否有新的思路和方法，是否能够吸引更多的读者参与。同时，还应该分析创新性的原因和不足之处，为后续活动提供参考和改进方向。

（二）综合评估的方法

综合评估的方法有很多种，以下是几种常用的方法。

1.定量评估方法

定量评估方法是通过数学模型或统计方法对数据进行处理和分析的一种评估方法。在评估活动效果时，可以通过对数据的收集、整理和分析，了解活动的实际效果和读者的反馈情况。例如，可以通过对参与度数据的统计和分析，了解读者的参与情况；可以通过对阅读量的统计和分析，了解活动对于读者阅读习惯的影响等。

2.定性评估方法

定性评估方法是通过专家评审、小组讨论、案例分析等方式对活动进行评估的一种方法。在评估活动效果时，可以通过对活动的目标、内容、形式等方面进行综合考虑和分析，了解活动的实际效果和读者的反馈情况。同时，还可以通过小组讨论、案例分析等方式了解活动的优点和不足之处，为后续活动提供参考和改进方向。

3.综合评估方法

综合评估方法是定量评估方法和定性评估方法的综合运用。在评估活动效果时，可以通过定量数据和定性分析的综合考虑和分析，了解活动的实际效果和读者的反馈情况。

同时，还可以通过综合评估方法的运用，提高评估结果的准确性和可靠性。

（三）反馈与改进

综合评估的结果是反馈和改进的重要依据。通过对综合评估结果的分析和解释，可以了解活动的优点和不足之处，为后续活动的策划和组织提供参考和改进方向。同时，还可以通过反馈机制的建立，及时调整和优化活动方案，提高活动质量和效果。以下是几种常用的反馈和改进方法。

1.建立反馈机制

建立反馈机制是反馈和改进的重要前提。在活动中，应该建立完善的反馈机制，通过问卷调查、访谈等方式收集读者的反馈意见和建议。同时，还应该建立快速响应机制，及时处理和回复读者的反馈意见和建议。通过反馈机制的建立，可以及时了解读者的需求和意见，为后续活动的策划和组织提供参考和改进方向。

2.分析原因制定对策

针对存在的问题进行分析并制定相应的对策措施。例如：针对参与度不高的问题可以加强宣传力度以吸引更多的读者参与；针对满意度不高的问题可以采用问卷调查等方式收集读者意见和建议进行改进等。通过制定对策措施可以有效地解决存在的问题，提高活动质量和效果。

第三节　进一步提升图书馆阅读推广效果的策略

一、基于评估结果进行优化策略

（一）活动效果评估结果

本次图书馆阅读推广活动主要针对大学生群体，活动内容包括读书分享会、经典名著推荐、读书征文比赛等。通过对活动的综合评估，我们得出以下结论。

（1）活动目标达成度较高，大部分参与者都能够在活动中获得良好的阅读体验，但是某些参与者的参与程度还有待提高。

（2）活动参与度较高，但是参与者的活跃度和互动程度有待提高。

（3）活动满意度较高，大部分参与者都认为活动内容丰富、形式多样，但是也有部分参与者提出了一些改进意见。

（4）活动影响力较大，通过活动宣传和参与者的分享，活动影响力逐渐扩大，但是还需要进一步加强宣传力度。

（5）活动创新性较强，通过读书分享会、经典名著推荐、读书征文比赛等多种形式，使得活动具有创新性和吸引力。

（二）优化策略制定

基于以上评估结果，我们制定了以下优化策略。

（1）针对目标达成度，我们将进一步加强与学校相关部门的沟通与合作，扩大活动的宣传力度和覆盖范围，吸引更多的参与者。同时，我们还将针对参与者的反馈情况，对活动内容进行优化和改进，提高参与者的参与程度和体验效果。

（2）针对参与度，我们将进一步优化活动形式和内容，提高活动的趣味性和互动性。例如，可以通过设置读书打卡、阅读挑战等环节，增加参与者的活跃度和互动程度。此外，我们还将加强与社团、学生组织的合作，扩大活动的宣传渠道和影响力。

（3）针对满意度，我们将对参与者进行更深入的调查和分析，了解他们的阅读需求和喜好。同时，我们将根据参与者的反馈情况对活动内容和形式进行不断优化和改进，提高参与者的满意度和体验效果。例如，可以增加经典名著推荐环节的深度和广度，提高读书征文比赛的评选标准和奖励机制等。

（4）针对影响力，我们将进一步加强与媒体的合作关系，通过多种渠道进行宣传和推广。同时，我们还将通过社交媒体等平台建立与参与者之间的互动交流，扩大活动的影响力和影响力。此外，我们还将积极开展与相关机构的合作交流，共同推动阅读文化的建设和发展。例如可以与学校媒体、当地媒体等建立合作关系，提高活动的宣传力度和影响力。

（5）针对创新性，我们将不断探索新的活动形式和内容，提高活动的创新性和吸引力。例如可以引入新技术和新形式（虚拟现实技术、在线直播等丰富活动内容和形式；可以开展有针对性的活动如专题讲座、研讨会）提高活动的专业性和深度；可以开展一些具有挑战性的活动如读书马拉松、阅读挑战等吸引更多的参与者。

（三）实施优化策略并进行监测与调整

在实施优化策略的过程中，我们需要不断进行监测与调整，确保策略的有效性和实施效果。具体来说可以通过以下步骤进行。

（1）确定优化策略的具体实施方案和时间计划；

（2）在实施过程中不断收集反馈意见和建议并进行记录和分析；

（3）根据反馈意见和建议对优化策略进行调整和完善；

（4）对实施效果进行评估和分析并将结果作为下一次活动的参考依据。

（四）总结与展望

通过对本次图书馆阅读推广活动的综合评估与反馈，我们制定了相应的优化策略并进行了实施。在未来的工作中，我们需要不断总结经验教训，不断探索新的活动形式和内容，提高活动的质量和服务水平，为读者提供更好的阅读体验和服务。同时，我们还需要进一步加强与相关部门的合作交流，共同推动阅读事业的发展和文化建设。

二、创新推广方式与提高读者参与度

（一）创新推广方式

传统的阅读推广方式往往采用宣传单、海报等静态的宣传方式，这种方式已经不能满足现代读者的需求。因此，我们需要创新推广方式，采用更具有互动性和趣味性的方式来吸引读者。

1.社交媒体推广

社交媒体是现代人生活中不可或缺的一部分，因此我们可以利用社交媒体来进行阅读推广。例如，我们可以在图书馆的微信公众号、微博等平台上发布活动信息，并通过社交媒体广告投放来增加曝光率。同时，我们还可以在社交媒体上发布一些有趣的阅读内容、阅读技巧等来吸引读者。

2.互动式展览推广

互动式展览是一种将展览和互动相结合的推广方式。在展览中，我们可以设置一些互动环节，让读者参与其中，增加他们的参与感和体验感。例如，我们可以在展览中设置一些问答环节、动手制作环节等来吸引读者。

3.文化体验活动推广

文化体验活动是一种将阅读和文化相结合的推广方式。我们可以通过开展一些文化体验活动来吸引读者，例如读书会、朗诵会、故事会等。这些活动不仅可以增加读者的阅读体验，还可以促进阅读文化的形成和发展。

（二）提高读者参与度

除了创新推广方式外，提高读者参与度也是非常重要的。只有让读者真正参与到活动中来，才能够达到阅读推广的目的。

1.增加互动环节

在活动中增加一些互动环节可以让读者更加积极地参与到活动中来。例如，我们可以在活动中设置一些问答环节、讨论环节等来增加读者的参与度。此外，我们还可以通过现场抽奖、赠品等方式来增加读者的参与度。

2.个性化推荐服务

个性化推荐服务是一种根据读者的兴趣和需求来推荐图书的服务方式。通过个性化推荐服务，我们可以为读者提供更加精准的阅读推荐，提高读者的阅读兴趣和阅读质量。同时，我们还可以通过个性化推荐服务来增加读者的黏性和活跃度。

3.建立社区阅读平台

社区阅读平台是一种将读者聚集在一起进行阅读的推广方式。我们可以通过建立社区阅读平台来为读者提供更加便捷的阅读服务，例如共享阅读空间、线上读书会等。通过社区阅读平台，我们可以增加读者的黏性和活跃度，促进阅读文化的形成和发展。

创新推广方式和提高读者参与度是图书馆阅读推广活动中非常重要的两个因素。通过采用更具有互动性和趣味性的推广方式，以及增加读者的黏性和活跃度的方式，我们可以更好地吸引读者的关注和参与，促进阅读文化的形成和发展。在未来，我们还需要不断探索新的推广方式和提高读者参与度的方式，为读者提供更加优质的阅读服务。

三、加强合作与资源共享

（一）加强合作

1.建立合作伙伴关系

图书馆之间可以建立合作伙伴关系，通过共享资源、互利共赢的方式实现共同发展。合作伙伴关系的建立不仅可以解决单个图书馆在资源和服务上的不足，还可以扩大图书馆的覆盖面和服务范围。通过与其他图书馆、学术机构、社会组织等建立合作伙伴关系，图书馆可以拓展自身的资源和服务渠道，提高为读者服务的能力和水平。

2.加强国际合作

随着全球化的不断发展，加强国际合作成了图书馆的重要任务之一。通过参加国际会议、研讨会和交流活动，图书馆可以了解国际图书馆界的最新动态和趋势，学习借鉴其他国家和地区的先进经验和技术，从而提升自身的国际化水平和竞争力。同时，国际合作还可以促进不同国家图书馆之间的交流与互动，推动世界图书馆事业的发展。

3.跨学科合作

图书馆除了要加强与其他图书馆之间的合作外，还可以尝试跨学科合作。通过与不同学科的机构和专家进行合作，图书馆可以获得更多的学术资源和专业支持，提高为特定领域读者服务的质量和水平。例如，图书馆可以与博物馆、艺术机构、科研机构等进行合作，共同开展学术研究和知识普及活动。

（二）资源共享

1.共享纸质资源

纸质资源是图书馆资源的重要组成部分，但是纸质资源的采购和维护成本较高，给单个图书馆带来了一定的经济压力。因此，图书馆之间可以建立纸质资源共享机制，通过联合采购、调配使用等方式实现资源共享。这样不仅可以降低采购成本，还可以提高资源利用效率，减少重复浪费现象。

2.共享数字资源

数字资源的出现为图书馆资源共享提供了新的机遇。数字资源具有可复制、可远程传输等特性，使得多个图书馆可以同时使用相同的数字资源。通过建立数字资源共享平台，图书馆可以将自身的特色数字资源上传至平台，与其他图书馆分享交流。同时，也可以从平台获取其他图书馆的数字资源，丰富自身的馆藏。

3.共享人力资源

除了共享纸质资源和数字资源外，图书馆之间还可以共享人力资源。通过互相学习交流、短期工作体验等方式，人力资源可以实现跨馆调配和使用。这样不仅可以提高人力资源的利用效率，还可以为图书馆工作人员提供更多的学习和成长机会。同时，人力资源的共享还有助于加强不同图书馆之间的文化交流和理解，促进图书馆界的整体发展。

加强合作与资源共享是图书馆事业发展的重要方向之一。通过建立合作伙伴关系、加强国际合作、跨学科合作等方式，图书馆可以拓展自身的资源和服务的渠道；通过共享纸质资源、数字资源和人力资源等方式，图书馆可以提高自身的资源利用效率和服务水平。未来，随着科技和社会的发展进步，图书馆的合作和资源共享将不断深化、拓展新的领域和形式。因此，我们应该积极探索新的合作方式和资源共享模式，以适应时代的需求和发展，更好地服务于广大读者和社会大众。

四、提升服务质量和读者满意度

（一）服务质量的提升

1.了解读者需求

提升服务质量首先要了解读者的需求。图书馆工作人员应该通过调查、交流等方式，深入了解读者的阅读需求、阅读习惯、阅读兴趣等信息，以便为读者提供更精准、更个性化的服务。同时，根据读者的反馈和意见，不断改进和优化图书馆的服务项目和流程。

2.提高馆员素质

馆员的素质直接关系到服务质量的高低。图书馆应该重视对馆员的培训和教育，提高馆员的专业技能和服务意识。只有具备扎实的图书情报知识和相关学科背景，才能更好地为读者提供高质量的服务。同时，馆员应该注重仪容仪表、服务态度等方面，树立良好的形象和口碑。

3.优化资源建设

资源建设是提升服务质量的基础。图书馆应该根据读者的需求和学科特点，合理配置纸质资源、数字资源等各类资源，确保资源的多样性和实用性。同时，积极开展资源共建共享，避免重复浪费现象，提高资源利用效率。通过与其他图书馆、学术机构等合作，获取更多的资源和服务支持。

（二）读者满意度的提升

1.营造良好的阅读环境

良好的阅读环境可以提高读者的满意度。图书馆应该注重环境布局和氛围营造，为读者提供一个安静、舒适、温馨的阅读空间。同时，在阅读空间中提供必要的设施和服务，如借阅台、阅读桌椅、电脑、网络等，以满足读者的基本需求。通过营造良好的阅读环境，让读者感受到图书馆的温暖和关怀。

2.加强读者互动与参与

加强读者互动与参与是提升读者满意度的重要途径。图书馆应该积极开展读者互动活动，如读书沙龙、讲座、展览等，让读者参与到图书馆的活动中来。通过与读者的互动交流，了解读者的需求和意见，不断改进和优化图书馆的服务项目和流程。同时，为读者提供更加个性化的服务和推荐，让读者感受到图书馆的贴心和关爱。

3.建立反馈机制与评价体系

建立反馈机制与评价体系是提升读者满意度的重要手段。图书馆应该通过调查问卷、在线评价等方式，收集读者的反馈意见和建议，及时了解读者的需求和满意度情况。针对反馈中提到的问题和不足之处，及时采取措施进行改进和优化。同时，定期对图书馆的服务质量和读者满意度进行评价，将评价结果作为改进服务的依据和参考。通过建立反馈机制与评价体系，不断提高图书馆的服务质量和读者满意度。

提升服务质量和读者满意度是图书馆持续发展的关键所在。图书馆应该从了解读者需求、提高馆员素质、优化资源建设等方面入手，提升服务质量；同时注重营造良好的阅读环境、加强读者互动与参与、建立反馈机制与评价体系等方面的工作，提高读者满意度。未来随着社会的发展和进步，人们对图书馆的需求和服务质量将不断提高，对读者满意度的要求也将越来越高，因此，我们应该不断探索新的方法和手段，以适应时代的需求和发展，更好地服务于广大读者和社会大众，推动图书馆事业的发展进步。

第十五章　图书馆阅读推广与国际交流合作

第一节　图书馆阅读推广国际经验借鉴

一、发达国家图书馆阅读推广模式研究

（一）发达国家图书馆阅读推广模式的特征

1.多元化的推广主体

在发达国家，图书馆阅读推广的主体不仅包括图书馆本身，还包括政府、非政府组织、企业、社区和个人等多元化的推广主体。这些主体在阅读推广中各自发挥着自己的作用，形成了多元化的推广格局。例如，美国国会图书馆通过与政府机构、非政府组织和企业合作，共同推动阅读推广工作；英国图书馆则通过与出版商、文化机构和社区合作，开展各种形式的阅读推广活动。

2.全方位的推广手段

发达国家图书馆在阅读推广中采用了全方位的推广手段，包括传统阅读推广、数字化阅读推广和社交媒体推广等。传统阅读推广包括举办读书会、讲座、展览等活动；数字化阅读推广则借助互联网和移动设备等信息技术手段，提供电子书籍、音频书籍等数字资源；社交媒体推广则是利用社交媒体平台，发布图书馆的最新活动和资源信息，与读者进行互动交流。

3.个性化的推广服务

发达国家图书馆在阅读推广中注重为不同读者群体提供个性化的推广服务。例如，针对儿童和青少年群体，图书馆提供专门的儿童和青少年阅读区，设置亲子阅读角和青少年感兴趣的主题书籍区；针对老年人群体，图书馆提供大字版书籍、有声读物等方便阅读的材料；针对残障人士，图书馆提供专门的残障人士阅览室和辅助阅读设备等。

4.持续性的推广活动

发达国家图书馆的阅读推广活动具有持续性的特点。图书馆通常会根据不同时期、不同读者的需求，开展一系列持续性的阅读推广活动。例如，美国国会图书馆每年都会举办"国家图书节"，吸引大量读者参与；英国图书馆则通过"阅读年"等活动，持续推

动阅读推广工作。

（二）发达国家图书馆阅读推广模式的成功经验

1.重视读者需求和市场调研

发达国家图书馆在阅读推广中非常重视读者需求和市场调研。他们通常会通过调查问卷、在线评价等方式收集读者的反馈意见和建议，深入了解读者的阅读需求和习惯，从而为读者提供更加精准和个性化的服务。此外，他们还会对市场进行调研，了解读者的阅读兴趣和流行趋势，以便及时调整和优化阅读推广活动。

2.多元化的资金来源和合作伙伴

发达国家图书馆在阅读推广中的资金来源和合作伙伴非常多元化。政府是图书馆资金的主要来源之一，但图书馆还会通过与企业、非政府组织和社区等合作，获得更多的资金和支持。这些合作伙伴在为图书馆提供资金支持的同时，还会为图书馆提供各种资源和帮助，如志愿者服务、设备支持等。

3.高素质的馆员队伍和专业培训

高素质的馆员队伍和专业培训是发达国家图书馆阅读推广成功的关键所在。他们的馆员通常具备扎实的图书情报知识和相关学科背景，能够为读者提供高质量的服务。此外，他们还会对馆员进行定期的专业培训和发展教育，提高馆员的业务素质和服务能力。高素质的馆员队伍和专业培训为读者提供了更好的服务体验和阅读环境。

4.良好的合作机制和跨界融合发展

发达国家图书馆在阅读推广中注重与各个领域合作机制的建立和跨界融合发展。他们通过与政府机构、教育机构、文化机构和企业的合作，共同推动阅读推广工作。此外，他们还会与其他图书馆、学术机构等进行合作交流，分享经验和资源信息。这些合作机制的建立和跨界融合发展为图书馆提供了更多的机会和支持。

二、国内外图书馆阅读推广案例分析

（一）国外图书馆阅读推广案例

1.美国国会图书馆阅读推广

美国国会图书馆是全球最大的图书馆之一，其阅读推广活动具有鲜明的特色。其中最著名的是"国家图书节"，该活动每年吸引数百万读者参加，通过展览、讲座、读书会等形式，向读者介绍优秀图书和作者，同时提供互动交流平台，让读者与作者进行面对面交流。此外，国会图书馆还通过开展儿童阅读俱乐部、青少年阅读计划等活动，培养年轻一代的阅读习惯和兴趣。

2.英国图书馆阅读推广

英国图书馆是世界上历史最悠久的图书馆之一,其阅读推广活动具有多元化的特点。英国图书馆通过与出版商、文化机构和社区合作,开展各种形式的阅读推广活动,如"阅读年""读书挑战"等。此外,英国图书馆还通过设立文学奖项、举办文学讲座和朗诵会等活动,提高读者的文学素养和审美水平。

（二）国内图书馆阅读推广案例

1.国家图书馆阅读推广

国家图书馆是我国最大的图书馆之一,其阅读推广活动具有丰富多样的特点。国家图书馆通过举办读书节、读书周等活动,向读者推荐优秀图书和作者,同时提供多种形式的阅读服务,如数字图书馆、移动图书馆等。此外,国家图书馆还通过与高校、科研机构等合作,开展学术交流和文化普及活动。

2.苏州图书馆阅读推广

苏州图书馆是一家具有地方特色的图书馆,其阅读推广活动具有浓厚的地方文化色彩。苏州图书馆通过开展苏派文化讲座、苏州地方文献展览等活动,向读者介绍苏州地方文化和历史,同时提供多种形式的阅读服务,如数字图书馆、移动图书馆等。此外,苏州图书馆还通过与当地高校、中学等合作,开展校园读书活动和文化普及活动。

（三）案例分析结论

无论是国外还是国内,成功的图书馆阅读推广案例都有一些共同点。

（1）重视读者需求和市场调研。成功的图书馆阅读推广案例都注重了解读者的需求和市场调研,从而为读者提供更加精准和个性化的服务。

（2）多元化的资金来源和合作伙伴。成功的图书馆阅读推广案例都注重与政府机构、企业、非政府组织和社区等合作,获得更多的资金和支持。

（3）高素质的馆员队伍和专业培训。成功的图书馆阅读推广案例都注重馆员队伍的专业素质和服务能力提升,通过定期的专业培训和发展教育,提高馆员的业务素质和服务能力。

（4）良好的合作机制和跨界融合发展。成功的图书馆阅读推广案例都注重与各个领域合作机制的建立和跨界融合发展,共同推动阅读推广工作。

（5）个性化和多元化的推广服务。成功的图书馆阅读推广案例都注重为不同读者群体提供个性化的推广服务,同时采用多元化的推广手段和活动形式。

（四）对国内图书馆阅读推广的建议

基于以上分析，对国内图书馆阅读推广提出以下建议。

（1）深入了解读者需求和市场调研，为读者提供更加精准和个性化的服务。可以通过调查问卷、在线评价等方式收集读者的反馈意见和建议，及时调整和优化阅读推广活动。

（2）积极寻求多元化的资金来源和合作伙伴，扩大资金来源和支持。可以与企业、非政府组织和社区等合作，共同推动阅读推广工作。

（3）加强馆员队伍的专业素质和服务能力提升，通过定期的专业培训和发展教育，提高馆员的业务素质和服务能力。同时要注重培养馆员的创新能力、组织能力和协调能力等。

三、国际图书馆联盟在阅读推广中的作用与合作机制

（一）国际图书馆联盟在阅读推广中的作用

1.共享资源

国际图书馆联盟通过共享资源，可以使得各个图书馆的资源得到更加合理的利用。例如，一些大型的国际图书馆联盟可能会建立一个共享的电子资源库，成员馆可以根据需求使用这些资源，这样可以避免重复采购和浪费，同时也可以保证资源的多样性和全面性。

2.交流经验

国际图书馆联盟为各个成员馆提供了一个交流经验的平台。在这个平台上，各个图书馆可以分享自己的成功案例和经验教训，这样可以使得其他成员馆少走弯路，更快地取得进步。同时，通过交流，各个图书馆也可以发现自身的不足之处，并及时改进。

3.协同发展

国际图书馆联盟通过合作机制，可以使得各个图书馆进行协同发展。例如，一些国际图书馆联盟可能会组织一些共同的项目，这些项目可能是关于技术研发、标准制定、市场推广等方面的。通过这些项目，各个图书馆可以共同进步，提高自己的竞争力。

（三）国际图书馆联盟的合作机制

1.建立合作机构

国际图书馆联盟需要建立一个合作机构。这个机构可以是实体性的，也可以是虚拟性的。这个机构的主要职责是制订合作计划、协调合作项目、监督合作进展等。

2.制定合作协议

国际图书馆联盟需要拟定一份合作协议。这份协议需要明确各个成员馆的权利和义

务。例如，协议可以规定各个成员馆需要共享哪些资源、需要参加哪些项目、需要提供哪些服务等。

3.建立沟通渠道

国际图书馆联盟需要建立沟通渠道，以便于各个成员馆之间的沟通和交流。例如，可以建立一个在线论坛或者社交媒体群组，以便于成员馆之间的日常交流和讨论。

4.建立评估机制

国际图书馆联盟需要建立评估机制，以便于对合作项目的效果进行评估。例如，可以建立一个评估小组，对每个合作项目进行定期评估，并根据评估结果进行调整和改进。

国际图书馆联盟在阅读推广中发挥着重要作用，其合作机制可以促进各个成员馆之间的合作与交流。未来，国际图书馆联盟将继续发挥其作用，为全球阅读推广事业做出更大的贡献。同时，也需要进一步完善其合作机制，提高合作效率和服务质量。

第二节　图书馆阅读推广国际交流与合作机制

一、构建国际图书馆联盟与合作网络

（一）建立合作理念

尊重文化差异：国际图书馆联盟应尊重每个成员馆的文化背景和特点，促进多元文化的交流与融合。

共享资源：通过共享资源，国际图书馆联盟可以实现资源优化配置，提高资源利用效率，满足用户多样化的信息需求。

互利共赢：国际图书馆联盟应坚持互利共赢的原则，确保每个成员馆都能从合作中获得收益，从而激发合作的动力。

（二）构建合作框架

组织结构：建立一个层次分明、结构合理的组织结构，包括理事会、执行委员会和成员馆等，明确各自的职责与权利。

合作协议：制订详细的合作协议，明确合作目标、原则、权利与义务、资源共享方式等，为合作提供法律保障。

沟通渠道：建立多种沟通渠道，如定期会议、在线论坛、社交媒体等，以便成员馆之间保持密切联系，及时解决问题。

（三）加强资源建设与共享

联合采购：联合采购可以降低成本，提高采购效率，满足用户对各类资源的需求。

资源共享：建立共享的电子资源库，成员馆可以根据需求使用这些资源，避免重复采购和浪费。

知识库建设：鼓励成员馆参与知识库建设，共享特色资源，提高整体知识储备。

（四）推动技术进步与人才培养

技术研发：鼓励成员馆共同开展技术研发，提高信息化水平，促进数字化转型。

人才培养：定期举办培训、研讨会等活动，提高成员馆员的业务素质和服务能力。同时，加强与其他领域的交流与合作，引进先进理念和技术手段，推动图书馆事业的创新发展。

合作项目：鼓励成员馆积极参与国际合作项目，拓宽视野，增强实力。通过与其他国家和地区的图书馆开展合作，共同研究、交流经验，提高整体竞争力。

（五）完善评估与激励机制

评估机制：建立科学的评估机制，定期对国际图书馆联盟的各项工作进行评估。评估结果应作为改进工作的依据，确保联盟的持续健康发展。

激励机制：设立奖励制度，对在合作中表现优秀的成员馆给予表彰和奖励。同时，鼓励成员馆之间相互学习、借鉴经验，形成良好的竞争氛围。

监督机制：建立监督机制，对国际图书馆联盟的资金使用、项目执行等进行监督。确保资金使用透明、项目执行顺利，提高整体合作效果。

（六）加强宣传推广

宣传策略：制定有效的宣传策略，通过多种渠道宣传国际图书馆联盟的宗旨、目标、成果等，提高社会认知度。

推广活动：组织各类推广活动，如讲座、展览、文化节等，吸引更多的人关注和支持图书馆事业。同时，积极参与社会公益活动，展示国际图书馆联盟的社会责任和形象。

媒体合作：与主流媒体建立合作关系，及时发布国际图书馆联盟的最新动态和成果，扩大影响力。

构建一个高效、稳定的国际图书馆联盟与合作网络需要各方共同努力。要树立正确的合作理念，建立合理的组织结构和管理机制，加强资源建设与共享，推动技术进步与人才培养，要完善评估与激励机制并加强宣传推广。只有这样，才能够实现真正的合作共赢，推动图书馆事业的创新发展，为人类文明进步做出贡献。

二、阅读推广国际会议与学术研讨

（一）阅读推广国际会议

阅读推广国际会议通常由国际组织或学术机构主办，聚集了来自世界各地的图书馆员、学者、专家和相关从业人员。会议主题涵盖了阅读推广的各个方面，如儿童阅读、数字阅读、阅读疗法等。参会人员通过主题演讲、研讨会、圆桌论坛等形式，分享最新的研究成果和实践经验，探讨阅读推广领域的发展趋势。

1.会议主题与议题

阅读推广国际会议的主题通常具有广泛性和多样性，涵盖了阅读推广的各个领域。例如，某次会议的主题为"儿童阅读推广与教育"，重点关注儿童早期阅读、亲子阅读、绘本阅读等方面。此外，数字阅读、阅读疗法、阅读推广策略等主题也备受关注。

2.参会人员与组织形式

参会人员包括来自世界各地的图书馆员、学者、专家和相关从业人员。会议组织形式多样，包括主题演讲、研讨会、圆桌论坛等。一些会议还设有分会场或小组讨论，以便参会者更深入地探讨特定议题。

3.会议成果与影响

阅读推广国际会议的成果主要包括会议论文集、专题报告和研究成果发布等。参会者可以通过会议平台了解最新的研究成果和实践经验，探讨阅读推广领域的发展趋势。同时，会议对于增强国际间的交流与合作具有积极作用，有助于推动全球阅读推广事业的发展。

（二）阅读推广学术研讨

阅读推广学术研讨通常由高校或研究机构主办，针对阅读推广领域的某个专题或问题展开深入探讨。与国际会议相比，学术研讨更注重研究方法和学术成果的创新性。参会人员主要包括学者、研究生和相关专业的研究人员。

1.研讨主题与议题

阅读推广学术研讨的主题通常围绕阅读推广领域的某个专题或问题进行深入研究。例如，儿童早期阅读发展、数字阅读的未来趋势、阅读疗法在心理治疗中的应用等。这些议题旨在拓宽研究视野，探索新的研究领域和方法。

2.参会人员与研究方法

参会人员主要包括学者、研究生和相关专业的研究人员。会议通常采用学术演讲、论文宣读和小组讨论等形式进行交流与讨论。此外，学术研讨还注重研究方法和数据的严谨性，以确保研究成果的可靠性和创新性。

3.研讨成果与影响

阅读推广学术研讨的成果主要包括研究论文、学术报告和研究成果发布等。参会者可以在会议上了解最新的研究成果和学术动态，探讨特定问题的研究进展。同时，学术研讨对于促进学术交流和知识传播具有积极作用，有助于推动阅读推广领域的创新发展。

阅读推广国际会议与学术研讨为全球范围内的图书馆员、学者和相关专业人员提供了一个交流与合作的平台。通过分享经验、探讨问题和实践创新，这些会议与研讨有助于推动全球阅读推广事业的发展。为了更好地发挥其作用，未来可以加强以下几个方面的工作。

增加国际会议和学术研讨的参与度：鼓励更多来自不同国家和地区的人员参与其中，以促进国际间的交流与合作。

提升会议和研讨的质量：加强组织和策划工作，提高会议和研讨的质量和水平。同时，鼓励学者和研究人员提交高质量的论文和研究报告。

三、与国际组织合作推动阅读推广

（一）国际组织在阅读推广中的作用

国际组织在阅读推广中扮演着重要的角色。它们通常具有全球视野和丰富的资源，能够提供平台和机会，促进国际间的合作与交流。此外，国际组织还致力于推动阅读推广的规范化、专业化和普及化，为全球范围内的阅读推广事业提供指导和支持。

1.提供平台与机会

国际组织为各国之间的阅读推广合作提供了平台和机会。这些组织举办各种活动，如国际会议、研讨会、培训课程等，聚集了来自世界各地的图书馆员、学者和专家，共同探讨阅读推广的策略、技术和趋势。通过这些平台，各国可以分享经验、交流想法，建立合作关系。

2.推动合作与交流

国际组织积极促进各国之间的合作与交流。它们鼓励各国之间的信息共享、经验交流和项目合作，以便各国能够相互学习、共同进步。此外，国际组织还为各国提供机会参加国际项目和计划，促进阅读推广的全球合作与发展。

3.促进规范化、专业化和普及化

国际组织致力于推动阅读推广的规范化、专业化和普及化。它们制定标准和指南，提供培训和专业课程，帮助各国建立专业的阅读推广队伍，提高阅读推广服务的质量和水平。此外，国际组织还通过项目评估和监督等方式，确保阅读推广工作的有效性和普及性。

（二）与国际组织合作推动阅读推广的实践案例

1.国际儿童图书日（ICBD）

国际儿童图书日是联合国儿童基金会（UNICEF）发起并得到广泛认可的全球性活动。每年 4 月 2 日，世界各地的图书馆、学校和社区都会举办各种形式的儿童阅读活动，以提高儿童对阅读的兴趣和爱好。中国积极参与国际儿童图书日的推广活动，通过与联合国儿童基金会的合作，开展儿童阅读宣传、亲子阅读活动、作家讲座等形式多样的活动。

2.世界图书与版权日（WBD）

世界图书与版权日是联合国教科文组织（UNESCO）发起并得到多国支持的节日。每年 4 月 23 日，世界各地的图书馆、书店和学校都会举办各种庆祝活动，强调阅读的重要性并推动版权保护。中国也积极参与世界图书与版权日的庆祝活动，通过与联合国教科文组织的合作，举办主题讲座、读书活动、版权保护宣传等形式多样的庆祝活动。

3.联合国教科文组织全民阅读计划（UNESCO Reading for All）

联合国教科文组织全民阅读计划旨在促进全球范围内的阅读推广，尤其关注发展中国家的阅读问题。该计划鼓励各国政府、非政府组织和企业参与其中，共同推动全民阅读的发展。中国积极参与该计划的实施，通过与联合国教科文组织的合作，开展阅读能力评估、阅读培训、图书馆建设等形式多样的活动。

与国际组织的合作是推动阅读推广的重要途径之一。通过加入国际组织并参与其活动和项目，可以获得更多的机会和资源来促进阅读推广事业的发展。未来，中国将继续加强与国际组织的合作力度，积极参与全球阅读推广事务的决策和实施过程，为推动全球阅读推广事业的发展贡献力量。同时，还需要加强国内阅读推广机构与国际组织的联系与合作机制建设，提高国内阅读推广工作的国际化水平和影响力。

四、加强与国外图书馆的交流与项目合作

（一）加强与国外图书馆的交流

1.参加国际会议和研讨会

参加国际会议和研讨会是一个很好的机会，可以与来自世界各地的图书馆员和专家进行面对面的交流和互动。通过参加会议和研讨会，可以了解国际上最新的图书馆发展趋势、理论和实践经验，同时也可以结识志同道合的同行和朋友，建立联系和合作关系。

2.建立合作关系

建立合作关系是加强与国外图书馆交流的重要途径之一。可以通过互派访问学者、

开展合作研究、共享资源等方式，建立稳定的合作关系。这样可以促进两国之间的文化交流和学术合作，提高图书馆的服务水平和质量。

3.利用网络平台

利用网络平台可以方便快捷地与国外图书馆进行交流和合作。可以通过电子邮件、社交媒体、在线聊天等方式与国外图书馆进行联系和沟通。此外，还可以加入国际图书馆组织或联盟，参与其活动和项目，以扩大自己的国际影响力。

（二）开展项目合作

1.共同研究项目

共同研究项目是一个很好的合作方式，可以促进两国之间的学术合作和文化交流。可以就共同感兴趣的研究领域开展合作研究，共享研究成果和经验，提高研究水平和实践能力。

2.资源共享项目

资源共享项目可以有效地利用双方的资源优势，提高资源利用效率和服务质量。可以通过互相交换馆藏资源、共享数字化资源等方式开展资源共享项目，以促进两国之间的文化交流和学术合作。

3.互派访问学者项目

互派访问学者项目可以促进两国之间的学术交流和人才交流。可以通过互派学者到对方国家进行学术访问、参加学术会议、开展合作研究等方式，加强两国之间的学术合作和人才交流，提高图书馆的服务水平和质量。

4.联合培训项目

联合培训项目可以促进两国之间的专业培训和人才交流。可以通过联合举办培训班、开展专题讲座、分享经验等方式，加强两国之间的专业培训和人才交流，提高图书馆员的专业素质和服务能力。

（三）加强合作机制建设

1.建立合作框架协议

建立合作框架协议是加强与国外图书馆交流与项目合作的重要保障。可以通过签订合作协议、制订合作计划、明确合作目标等方式，建立稳定的合作关系和机制，以确保双方的合作能够长期有效地开展。

2.设立联络机制

设立联络机制可以方便快捷地进行沟通和联系。可以通过设立专门的联络人员或机构，建立在线通讯平台等方式，保持双方之间的及时沟通和联系，以确保合作项目的顺利实施和进展。

3.加强人员互访和交流

加强人员互访和交流可以促进两国之间的文化交流和人才交流。可以定期安排人员互访、参加对方组织的活动和会议等方式，加强双方之间的了解和信任，促进合作项目的顺利实施和进展。

加强与国外图书馆的交流与项目合作是提升图书馆服务水平和质量的重要途径之一。通过参加国际会议和研讨会、建立合作关系、利用网络平台等方式，可以加强与国外图书馆的交流；通过共同研究项目、资源共享项目、互派访问学者项目、联合培训项目等方式，可以开展项目合作。未来，将继续探索与国外图书馆的交流与项目合作的新途径和新模式，以推动图书馆事业的发展和进步。

第三节　图书馆阅读推广国际标准与认证

一、国际阅读评估标准与制定

（一）国际阅读评估标准的制定

国际阅读评估标准是由国际教育组织、学术机构和各国政府共同制定的一套评估体系，用于衡量和比较不同国家和地区之间的学生阅读能力。在制定标准的过程中，各国代表团会根据本国的实际情况和教育目标，对评估标准进行讨论和修改，最终达成共识。

国际阅读评估标准的制定通常包括以下步骤。

1.确定评估目的和范围

在制定标准之前，需要明确评估的目的和范围。例如，评估是针对哪个年龄段的学生还是包括成年人？评估的是母语阅读能力还是二语阅读能力？这些问题的答案将直接影响标准的制定。

2.确定评估指标

评估指标是衡量学生阅读能力的具体项目，包括词汇量、阅读理解能力、阅读速度、阅读策略等。在确定指标时，需要考虑不同国家和地区之间的差异和文化背景，以确保评估标准的公正性和客观性。

3.制定评估标准和等级

根据确定的指标，制定评估标准和等级。标准应该明确、具体，能够量化衡量学生的阅读能力。等级则是对学生阅读能力进行分类和比较的方式，通常采用等级制度或分数制度。

4.确定评估方法和程序

评估方法包括纸质测试、在线测试、面试等，程序包括测试时间、测试内容等。在确定方法和程序时，需要考虑不同国家和地区的实际情况和教育目标，以确保评估结果的准确性和公正性。

（二）国际阅读评估标准的意义

国际阅读评估标准对于推动全球阅读事业的发展具有重要意义。

1.提供衡量和比较不同国家和地区之间学生阅读能力的标准

通过制定国际阅读评估标准，可以提供一种统一的衡量和比较不同国家和地区之间学生阅读能力的标准。这有助于了解不同国家和地区的阅读教学水平和发展趋势，为各国之间的交流和学习提供参考。

2.促进各国之间的教育合作和交流

制定国际阅读评估标准可以促进各国之间的教育合作和交流。通过评估标准的实施，可以加强各国之间的了解和信任，促进各国之间的合作与交流，推动全球阅读事业的发展。

3.推动各国阅读教学质量的提高

国际阅读评估标准的制定可以推动各国阅读教学质量的提高。一方面，通过参与国际阅读评估标准的制定，各国可以学习和借鉴其他国家和地区的先进经验和做法；另一方面，通过比较本国学生与国际水平的差距，可以发现自身存在的问题和不足，从而改进阅读教学策略和方法，提高阅读教学水平。

4.为政策制定提供参考依据

国际阅读评估标准可以为政策制定提供参考依据。各国政府和教育部门可以根据评估结果分析本国学生的阅读能力现状和发展趋势，制定相应的教育政策和规划，促进本国阅读教学的发展和提高。

国际阅读评估标准的制定对于推动全球阅读事业的发展具有重要意义。通过制定统一的标准和实施程序，可以衡量和比较不同国家和地区之间的学生阅读能力，促进各国之间的教育合作和交流，推动各国阅读教学质量的提高，为政策制定提供参考依据。未来，随着全球化的不断深入和教育事业的发展，国际阅读评估标准将不断完善和更新，以适应时代的需求和发展。同时，各国也需要积极参与国际阅读评估标准的制定和实施工作，加强交流与合作，共同推动全球阅读事业的发展和提高。

二、国际阅读推广质量认证体系

随着全球化的不断深入，阅读作为人类获取知识、提高个人素质的重要途径，越来越受到各国政府和社会的重视。为了推动全球阅读事业的发展，建立国际阅读推广质量认证体系显得尤为重要。

（一）构建国际阅读推广质量认证体系的必要性

1.促进各国阅读推广事业的均衡发展

由于各国经济发展水平、文化背景和教育制度存在差异，阅读推广事业的发展也存在着不均衡的现象。一些国家可能拥有丰富的阅读资源和优秀的阅读推广人才，而另一些国家则可能缺乏这些资源。构建国际阅读推广质量认证体系，可以帮助各国发现自身存在的问题和不足，学习借鉴其他国家和地区的先进经验和做法，推动全球阅读推广事业的均衡发展。

2.提高阅读推广的专业化水平

阅读推广是一项专业性很强的工作，需要具备专业的技能和知识。然而，目前许多国家和地区的阅读推广工作仍然存在着缺乏专业化、规范化的问题。构建国际阅读推广质量认证体系，可以促进各国阅读推广机构和人员的专业化发展，提高阅读推广的专业化水平。

3.增强阅读推广的可持续性发展

要使阅读推广事业得到持续发展，需要不断地提高阅读推广的质量和效果。构建国际阅读推广质量认证体系，可以对各国阅读推广机构和人员的工作进行评估和监督，促进其不断改进和提高。同时，通过认证体系的建立，还可以增强各国之间的交流与合作，推动全球阅读推广的可持续发展。

（二）国际阅读推广质量认证体系的构建

1.建立认证机构和标准

建立国际阅读推广质量认证体系的首要任务是成立认证机构和制定认证标准。可以由各国教育部门、图书馆、文化机构等组成的国际组织担任认证机构，负责制定认证标准和进行认证工作。同时，可以借鉴其他行业或领域的成功经验，结合阅读推广的特点和需求，制定一套全面、客观、可操作的认证标准。

2.实施认证程序和方法

实施认证程序和方法是构建国际阅读推广质量认证体系的核心环节。可以根据认证标准制定具体的认证程序和方法，包括申请、审查、评估、监督等环节。同时，可以采取多种方式进行评估，如问卷调查、实地考察、专家评审等。此外，还可以建立奖惩机制，对符合标准的机构和人员给予奖励和支持，对不符合标准的机构和人员采取相应的惩罚措施。

3.加强宣传和培训

加强宣传和培训是构建国际阅读推广质量认证体系的重要保障。可以通过各种渠道宣传认证体系的重要性和作用，提高公众对认证体系的认知度和认可度。同时，可以开展培训活动，提高各国阅读推广机构和人员的专业素养和技能水平，推动认证工作的顺利开展。

（三）国际阅读推广质量认证体系的意义

1.提高阅读推广的质量和效果

通过建立国际阅读推广质量认证体系，可以促进各国阅读推广机构和人员的专业化发展，提高阅读推广的质量和效果。同时，通过评估和监督机制的建立，可以促使各国不断改进和提高自身的阅读推广工作，推动全球阅读推广事业的发展。

2.增强阅读推广的可持续性发展

通过建立国际阅读推广质量认证体系，可以增强各国之间的交流与合作，推动全球阅读推广的可持续发展。同时，通过奖惩机制的建立，可以激励符合标准的机构和人员继续保持和提高自身的工作水平，推动全球阅读推广事业的健康发展。

三、国际阅读推广培训项目与资格认证

（一）构建国际阅读推广培训项目与资格认证体系的必要性

1.培养专业人才，提高阅读推广质量

阅读推广是一项专业性很强的工作，需要具备专业的技能和知识。然而，目前许多国家和地区的阅读推广人员缺乏系统的培训和资格认证，导致其专业素养和技能水平参差不齐。构建国际阅读推广培训项目与资格认证体系，可以对阅读推广人员进行系统的培训和资格认证，提高其专业素养和技能水平，为阅读推广事业的发展提供人才保障。

2.增强各国之间的交流与合作

通过建立国际阅读推广培训项目与资格认证体系，可以促进各国之间的交流与合作。一方面，各国可以共享培训资源和经验，共同提高阅读推广人员的专业素养和技能水平；另一方面，通过资格认证，可以增强各国之间的互认和合作，推动全球阅读推广事业的协同发展。

3.推动阅读文化的普及和传播

建立国际阅读推广培训项目与资格认证体系，不仅可以提高阅读推广人员的专业素养和技能水平，还可以通过培训和资格认证的推广，推动阅读文化的普及和传播。通过培养大众的阅读兴趣和能力，提高全社会的阅读水平，促进人类文明的发展和传承。

（二）国际阅读推广培训项目与资格认证体系的构建

1.制订培训计划和拟定课程设置

制订培训计划和拟定课程设置是构建国际阅读推广培训项目与资格认证体系的核心环节。可以根据阅读推广的需求和实际情况，制订全面的培训计划和拟定课程设置，包括阅读推广的基本理论、方法技巧、实践案例等方面的内容。同时，可以结合线上和线下的教学方式，提供灵活多样的学习方式，满足不同国家和地区的需求。

2.建立师资队伍和评估机制

建立师资队伍和评估机制是构建国际阅读推广培训项目与资格认证体系的重要保障。可以组建由各国教育部门、图书馆、文化机构等组成的国际组织担任师资队伍，负责培训工作的组织和实施。同时，可以建立科学的评估机制，对学员的学习情况进行评估和监督，确保培训质量和效果。

3.实施资格认证和管理制度

实施资格认证和管理制度是构建国际阅读推广培训项目与资格认证体系的必要环节。可以根据培训计划和课程设置制定相应的资格认证标准和管理制度，对学员的学习成果进行考核和认证。同时，可以建立证书管理制度，对获得资格认证的人员颁发证书，并建立相应的奖惩机制，激励学员不断提高自身素养和技能水平。

（三）国际阅读推广培训项目与资格认证体系的意义

1.提高阅读推广人员的专业素养和技能水平

通过建立国际阅读推广培训项目与资格认证体系，可以系统地培训和提升阅读推广人员的专业素养和技能水平。通过学习和实践经验的积累，学员可以掌握阅读推广的基本理论和方法技巧，提高自身的实践能力和创新思维，为阅读推广事业的发展提供人才保障。

2.增强各国之间的交流与合作

通过建立国际阅读推广培训项目与资格认证体系，可以促进各国之间的交流与合作。学员可以通过培训和交流，学习到其他国家和地区的先进经验和做法，增强互认和合作；另一方面，通过资格认证的管理制度可以促进各国之间的互认和协作发展，推动全球阅读推广事业的共同发展。

四、基于国际标准的图书馆阅读服务质量改进与提升

（一）建立国际化的服务理念

尊重读者：图书馆应尊重每位读者的权利和尊严，以读者需求为导向，提供个性化、

人性化的服务。

平等包容：图书馆应倡导平等、包容的文化，为所有读者提供均等的机会和无障碍的阅读服务。

知识自由：图书馆应致力于传播知识、促进思想自由，为读者提供开放、多元的阅读环境。

（二）参照国际标准完善阅读服务设施

建筑设计：图书馆建筑应符合国际规范，提供安全、舒适、环保的阅读环境。

硬件设施：配备先进的阅读设备和技术，提高网络覆盖率和电子资源收藏量，满足读者的信息需求。

无障碍设施：设立无障碍通道、电梯和阅览室等，方便残障人士使用。

（三）提升馆员素养与能力

专业培训：对馆员进行定期培训，提高他们的专业素养和服务能力。

跨文化交流：加强馆员之间的跨文化交流与合作，提高其对不同文化背景读者的理解和沟通能力。

激励与评价：建立激励和评价机制，鼓励馆员自我提升，提高服务质量。

（四）优化阅读推广活动

丰富活动形式：图书馆应开展多样化的阅读推广活动，如讲座、研讨会、读书俱乐部等，满足不同读者的需求。

增强互动性：通过互动式阅读、读者反馈等方式，增强读者与图书馆之间的互动和参与度。

利用新技术：利用现代信息技术手段，如社交媒体、移动应用程序等，扩大阅读推广的覆盖面和影响力。

（五）加强国际化合作与交流

参与国际组织：图书馆应积极加入国际图书馆组织或联盟，参与相关活动和项目，共享资源与经验。

合作交流：与其他国家和地区的图书馆开展合作交流项目，促进知识传播和文化交流。

学习借鉴：学习借鉴先进国家和地区的图书馆管理经验和方法，不断提升自身的阅读服务水平。

（六）完善读者反馈与评估机制

建立反馈渠道：设立读者意见箱、在线反馈平台等渠道，收集读者对阅读服务的评价和建议。

定期评估：定期对图书馆的阅读服务进行评估，了解读者的满意度和需求变化。

改进措施：根据评估结果和读者反馈，及时调整服务策略和措施，持续改进阅读服务质量。

（七）关注特殊群体需求

儿童与青少年服务：为儿童与青少年提供适合其年龄段的读物和活动，培养他们的阅读兴趣和习惯。

老年人服务：针对老年人群体的特点，提供适合的阅读服务和活动，满足他们的阅读需求。

残障人士服务：为残障人士提供无障碍阅读服务和设施，保障他们平等参与阅读的权益。

多语种服务：根据地域和读者的多元文化背景，提供多语种的阅读服务和资源，促进跨文化交流和理解。

第十六章　图书馆阅读推广的管理与组织

第一节　图书馆阅读推广的组织架构与管理模式

一、图书馆阅读推广部门的设立与职责

随着社会的发展和人们对精神文化需求的不断增加，图书馆作为公共文化服务的重要机构，其职能和作用也在不断扩大。其中，阅读推广工作成为图书馆的一项重要任务。

（一）设立阅读推广部门

图书馆阅读推广部门的设立是为了更好地开展阅读推广工作，提高读者的阅读兴趣和阅读能力，促进图书馆资源的充分利用。该部门的设立具有以下意义。

专业化推广：阅读推广部门专门负责阅读推广工作，具有专业性和针对性，能够更好地了解读者的需求和特点，采取有效的推广措施。

提高效率：阅读推广部门负责统筹规划、组织协调图书馆的阅读推广活动，能够提高阅读推广工作的效率和质量。

促进合作：阅读推广部门与其他部门合作，共同开展阅读推广活动，能够增强图书馆内部的协作和配合。

（二）阅读推广部门的职责

图书馆阅读推广部门的主要职责包括以下几个方面。

策划与组织：阅读推广部门负责策划和组织各种形式的阅读推广活动，包括读书俱乐部、讲座、展览等，吸引读者的参与和兴趣。

资源整合：阅读推广部门负责整合图书馆的资源，包括图书、电子资源、数据库等，提供适合读者需求的资源和服务。

宣传推广：阅读推广部门通过各种渠道和手段，如社交媒体、宣传单、海报等，宣传图书馆的资源和服务，提高读者的知晓率和参与度。

读者服务：阅读推广部门为读者提供个性化的服务和建议，包括阅读指导、参考咨询等，帮助读者更好地利用图书馆资源。

评估与反馈：阅读推广部门通过评估读者的反馈和意见，了解读者的需求和期望，及时调整和改进阅读推广活动的效果和质量。

合作与交流：阅读推广部门与其他机构、组织合作，共同开展阅读推广活动和文化交流项目，扩大图书馆的影响力和作用。

培训与指导：阅读推广部门对馆员进行培训和指导，提高馆员的阅读推广能力和专业素养，促进图书馆阅读服务的发展。

研究与发展：阅读推广部门关注国内外阅读推广领域的发展动态和研究前沿，开展相关研究和实践工作，推动图书馆阅读服务的创新和发展。

创造良好阅读环境：阅读推广部门积极创造良好的阅读环境，包括物理环境和心理环境，让读者在图书馆感到舒适和愉悦，增强读者的阅读体验和满意度。

开展数字阅读服务：随着数字化和信息化的发展，阅读推广部门应积极开展数字阅读服务，包括电子图书、数字期刊、网络资源等，满足读者对数字化资源的需求和利用。

图书馆阅读推广部门的设立对于推动图书馆阅读服务的开展具有重要意义。通过策划与组织各种形式的阅读推广活动、整合资源、宣传推广、提供个性化服务等职责，阅读推广部门能够提高读者的阅读兴趣和阅读能力，促进图书馆资源的充分利用。同时，阅读推广部门应关注数字化阅读服务的发展趋势，积极开展相关工作和探索新的发展模式，以更好地满足读者的需求和提高图书馆的服务质量。

二、阅读推广活动的策划与组织

（一）背景与意义

在信息化、高度互联的现代社会，阅读推广活动对于提高公众的阅读兴趣、培养阅读习惯、提升信息素养等方面具有重要意义。图书馆作为公共文化服务体系的重要组成部分，承担着开展全民阅读推广活动的重要职责。笔者将探讨如何策划与组织有效的阅读推广活动，以更好地满足读者的阅读需求，提高图书馆资源的利用效率。

（二）策划阶段

确定活动目标：明确阅读推广活动的目标，如提高图书馆知名度、吸引更多读者到馆、推广特定类型的书籍等。

确定活动主题：根据目标读者的需求和兴趣，确定活动的主题和宣传口号，使活动具有针对性和吸引力。

制定活动方案：包括活动的时间、地点、内容、形式等，同时制定相应的宣传方案，如海报、宣传单、社交媒体等。

筹备资源：包括人力资源、物资资源、场地资源等，确保活动的顺利进行。

风险评估与预案：对活动中可能出现的问题和风险进行预测和评估，制定相应的应对预案。

（三）组织阶段

活动准备：根据方案进行具体安排，如发布宣传信息、布置活动场地、准备相关物资等。

活动执行：按照方案进行活动的组织和实施，确保活动的顺利进行。

活动现场管理：安排相关人员进行现场管理，如读者签到、秩序维护等。

活动反馈收集：通过调查问卷、现场采访等方式收集读者对活动的反馈意见，以便改进后续活动。

（四）宣传推广阶段

制订宣传计划：确定宣传的渠道和方式，如社交媒体、新闻媒体等。

制作宣传材料：根据宣传计划制作相应的宣传材料，如海报、宣传单等。

发布宣传信息：通过各种渠道发布活动信息，如图书馆官网、社交媒体、新闻媒体等。

宣传效果评估：对宣传效果进行评估，以便及时调整宣传策略。

（五）案例分析与应用

以某图书馆开展的"读书月"活动为例，探讨如何运用策划与组织阅读推广活动的理论和实践。该活动旨在提高读者的阅读兴趣和参与度，同时增加图书馆的知名度。活动主题为"与书相遇，与世界同行"，以吸引不同年龄段和兴趣爱好的读者参与。活动内容包括新书推介、读书分享会、作者见面会等，以激发读者的阅读热情和交流欲望。在宣传方面，该图书馆通过官网、社交媒体、海报等多种渠道发布活动信息，吸引了大批读者的关注和参与。在组织方面，图书馆安排专业人员负责活动场地的布置、现场秩序维护以及读者签到等工作，确保活动的顺利进行。同时，通过收集读者的反馈意见，不断改进后续的活动内容和形式。该案例的成功经验可以为其他图书馆开展阅读推广活动提供借鉴和参考。

阅读推广活动的策划与组织需要注重目标明确、主题突出、方案具体可行以及宣传效果评估等方面。在实际操作中，要根据读者需求和图书馆实际情况制定具体的策划和组织方案，同时注重与相关部门的协作和配合。在宣传方面要注重渠道多样性和效果评估，以提高读者的知晓率和参与度。此外，要不断总结经验教训，及时调整和改进活动内容和形式，以满足读者的需求和提高图书馆的服务质量。

三、阅读推广人员的配备与管理

在当今社会，阅读推广已成为图书馆工作中的重要组成部分。为了有效地推动阅读推广工作，图书馆需要合理地配备和管理阅读推广人员。笔者将探讨如何科学地配置阅读推广人员，并制定有效的人员管理策略，以提升阅读推广工作的效能。

（一）阅读推广人员的配备

1.岗位职责与能力要求

阅读推广人员的主要职责是策划和组织各种阅读推广活动，包括活动策划、宣传推广、现场组织以及活动效果评估等。因此，阅读推广人员需要具备活动策划能力、沟通协调能力、组织能力和创新思维等。此外，他们还需要对图书馆的藏书资源、读者群体和阅读环境等进行深入了解，以便更好地开展工作。

2.人员数量与结构

图书馆应根据自身的规模、读者数量和活动频率等因素，合理配置阅读推广人员数量。在人员结构上，图书馆应考虑不同背景和专长的人员，以便在策划和组织活动时能够充分发挥各自的优势。同时，图书馆还应注重培养和储备具有潜力的年轻人才，为未来的阅读推广工作做好人才储备。

（三）阅读推广人员的管理

1.培训与发展

为了提高阅读推广人员的专业素养，图书馆应定期开展培训活动，包括图书馆业务知识、活动策划与组织技巧、宣传策略等。此外，图书馆还应鼓励阅读推广人员参加行业交流和学术研究，以拓宽视野和知识面。

2.激励与评价

合理的激励机制有助于提高阅读推广人员的工作积极性和创造力。图书馆可以通过设立奖励制度，对在阅读推广工作中表现优秀的人员给予表彰和奖励。同时，图书馆应建立一套完善的评价机制，定期对阅读推广人员的工作绩效进行评估，以便及时发现问题并加以改进。

3.团队建设与协作

阅读推广工作需要团队的协作与配合。图书馆应重视团队建设，通过组织内部交流、团队活动等方式增强团队凝聚力。此外，图书馆还应鼓励团队成员之间的信息共享和协作创新，以提升整个团队的工作效率。

（四）案例分析与应用

以某大型公共图书馆为例，该图书馆为了提升阅读推广工作的效果，专门设立了阅读推广部门，并配备了专业的阅读推广人员。这些人员经过严格的选拔和培训，具备活动策划、宣传推广、组织协调等多方面能力。在人员管理上，该图书馆注重团队建设和协作精神的培养，定期开展业务培训和团队活动。同时，设立了激励制度和评价机制，鼓励员工创新和进步。这些举措使得该图书馆的阅读推广工作取得了显著成效，不仅吸引了大量读者参与活动，还提升了图书馆的知名度和影响力。这一案例表明，科学地配备和管理阅读推广人员是推动图书馆阅读推广工作的关键因素。

为了更好地推动图书馆的阅读推广工作，我们需要合理地配备和管理阅读推广人员。在人员配备方面，我们要明确岗位职责和能力要求，并考虑人员数量和结构。在人员管理上，我们要注重培训与发展、激励与评价以及团队建设与协作等方面。通过这些措施的实施，我们可以提高阅读推广工作的效能和质量，更好地满足读者的阅读需求。

四、阅读推广的经费来源与使用管理

阅读推广工作在图书馆服务中扮演着重要的角色，对于提高全民素质和推动社会文化发展具有积极的意义。然而，阅读推广工作的开展需要一定的经费支持，这些经费的来源和使用管理对于阅读推广工作的顺利开展至关重要。笔者将探讨阅读推广经费的来源、使用和管理方面的问题，以期为图书馆更好地开展阅读推广工作提供参考。

（一）阅读推广经费的来源

1.政府拨款

政府拨款是图书馆阅读推广经费的主要来源之一。各级政府机构，如文化、教育等部门，通常会为图书馆提供一定的资金支持，用于开展阅读推广活动。这些资金支持对于图书馆开展常规的阅读推广活动以及一些大型的、具有特色的阅读推广项目起着关键的作用。

2.社会捐赠

社会捐赠是图书馆阅读推广经费的另一个重要来源。一些企业和个人会出于公益目的向图书馆捐赠资金，用于支持阅读推广工作。这些捐赠资金通常用于特定的阅读推广项目或活动，如读书节、阅读讲座等。

3.图书馆自筹资金

除了政府拨款和社会捐赠外，图书馆还可以通过自筹资金的方式获得阅读推广经费。这些自筹资金通常来自图书馆的日常运营收入、专项资金等。图书馆可以通过合理安排预算，确保自筹资金的有效使用。

（三）阅读推广经费的使用管理

1.制订预算计划

为了确保阅读推广经费的合理使用，图书馆需要制订详细的预算计划。预算计划应包括各项阅读推广活动的费用预算、人员工资预算等，并根据实际情况进行适时调整。通过制订预算计划，可以有效地控制成本，确保资金的合理使用。

2.加强经费使用的监督和管理

图书馆应建立健全的经费使用管理制度，明确各项费用的审批权限和使用要求。在经费使用过程中，应做好相应的记录和统计工作，确保资金的合理分配和有效使用。同时，应定期对经费使用情况进行审计和评估，及时发现问题并加以改进。

3.与社会力量合作筹集资金

图书馆可以积极与社会力量合作，通过合作筹资的方式获得更多的阅读推广经费。例如，与一些企业或基金会合作举办读书活动或捐赠项目，共同推动阅读推广工作的发展。同时，图书馆还可以通过举办公益讲座、展览等活动，吸引社会关注和资金支持。

（四）案例分析与应用

以某省级公共图书馆为例，该图书馆的阅读推广工作一直受到广泛的关注和支持。除了政府拨款外，该图书馆还积极寻求社会捐赠和自筹资金等多种途径来获得阅读推广经费。在经费使用管理方面，该图书馆制订了详细的预算计划，并建立了严格的经费使用管理制度。同时，该图书馆还与社会力量保持密切合作，通过举办公益讲座、展览等活动吸引更多的社会关注和资金支持。这些措施使得该图书馆的阅读推广工作得以顺利开展，并取得了良好的效果。该案例表明，多渠道筹集资金和使用科学的管理方法对于图书馆阅读推广工作的顺利开展至关重要。

第二节　图书馆阅读推广项目的规划与实施

一、阅读推广项目的选题与策划

图书馆作为社会公共文化服务体系的重要组成部分，承担着传播知识、弘扬文化、服务社会的重要使命。阅读推广是图书馆履行这一使命的重要手段之一。通过开展各种形式的阅读推广活动，图书馆能够激发读者的阅读兴趣，提高读者的阅读水平，增强读者的文化素养。

（一）阅读推广项目的选题

1.围绕读者需求选题

图书馆的阅读推广项目应紧紧围绕读者的需求进行选题。通过对读者需求进行深入调研和分析，了解读者的阅读兴趣、阅读水平和阅读需求，从而确定符合读者需求的阅读推广项目。例如，针对儿童和青少年读者，可以开展亲子阅读、绘本阅读等项目；针对成年人读者，可以开展职场技能培训、健康讲座等项目。

2.结合社会热点选题

图书馆的阅读推广项目还可以结合当前的社会热点问题进行选题。通过对时事热点和社会问题的了解和分析，将这些问题与阅读推广项目相结合，使读者通过阅读相关书籍或参加相关活动，更好地了解和关注当前的社会热点问题。例如，针对环境保护、科技创新等热点问题，可以开展相关的阅读推广活动。

3.依据图书馆特色选题

每个图书馆都有其自身的特色和优势，因此，在阅读推广项目的选题过程中，应充分考虑本馆的特色和优势。通过挖掘本馆的特色资源和服务优势，开展具有本馆特色的阅读推广项目，不仅可以吸引更多的读者参与，还可以提升本馆的服务水平和影响力。例如，针对本地区的特色文化和历史进行选题，开展相关的阅读推广活动。

（二）阅读推广项目的策划

1.确定目标群体

在策划阅读推广项目时，首先要明确目标群体。通过对读者的年龄、性别、职业等因素进行深入分析，确定目标群体，从而为后续的宣传推广提供依据。例如，针对学生群体的阅读推广项目，可以通过学校、家长群等渠道进行宣传推广；针对职场人士的阅读推广项目，可以通过企业、人才市场等渠道进行宣传推广。

2.设计活动形式和内容

在确定了目标群体之后，接下来需要设计活动形式和内容。根据目标群体的特点和需求，选择适合的活动形式和内容，以吸引读者的参与和兴趣。例如，针对儿童和青少年读者的阅读推广项目，可以采用故事会、亲子读书会等形式；针对成年人读者的阅读推广项目，可以采用讲座、研讨会等形式。同时，在设计活动内容时，应注重书籍的选择和质量，以及相关讲座或活动的专业性和深度。

3.制定宣传方案

为了使更多的读者了解和参与阅读推广项目，制定一套有效的宣传方案至关重要。宣传方案应包括宣传渠道、宣传内容、宣传时间等方面的策划。例如，可以通过图书馆官网、社交媒体、户外广告等多种渠道进行宣传；在宣传内容上，应注重突出活动的主题和亮点；在宣传时间上，应提前预热宣传，并在活动期间加强宣传力度。

4.评估与反馈

在阅读推广项目结束后，需要对活动效果进行评估和反馈。通过对参与人数、反馈意见、社会影响等方面的评估，总结活动的成果和不足之处。同时，根据评估结果进行反馈，对今后的阅读推广项目进行改进和完善。例如，针对参与人数较少的活动进行反思和改进；针对反馈意见较多的读者需求进行重点考虑和回应；针对社会影响较大的活动进行总结和经验积累。

图书馆阅读推广项目的选题与策划是确保活动成功的关键因素之一。在选题方面应注重围绕读者需求、结合社会热点、依据图书馆特色进行选题；在策划方面应明确目标群体、设计活动形式和内容、制定宣传方案以及评估与反馈等方面进行策划。同时建议图书馆在开展阅读推广项目时加强与社会各界的合作力度；积极利用新兴技术和新媒体平台；注重活动的互动性和体验性以及培养专业的阅读辅导人员等措施来提高阅读推广工作的质量和效果。

二、阅读推广活动的宣传与推广

在当今社会，阅读推广已经成为图书馆、文化机构和相关政府部门的重要工作之一。通过开展各种形式的阅读推广活动，旨在激发读者的阅读兴趣，提高阅读水平，促进文化传播和知识普及。然而，要让更多的人了解和参与阅读推广活动，宣传与推广显得尤为重要。笔者将探讨如何有效地进行阅读推广活动的宣传与推广。

（一）确定宣传目标与受众

在宣传与推广阅读推广活动之前，首先需要明确宣传的目标和受众群体。根据不同的阅读推广活动，宣传目标可以是提高活动知名度、吸引更多参与者、增加书籍流通量等。而受众群体则可能包括学生、老年人、职场人士等不同群体。明确宣传目标和受众有助于制定更具针对性的宣传策略。

（二）多元化的宣传渠道

传统媒体宣传：利用报纸、电视、广播和户外广告等传统媒体进行广泛宣传。可以在当地媒体上发布活动广告，或在公共场所设置宣传海报和横幅吸引过往人群。

网络媒体宣传：利用社交媒体、博客、论坛、网站等网络媒体进行宣传。通过发布活动详情、图片和视频等内容，提高活动的曝光度和关注度。同时，可以利用网络平台进行线上报名和互动，为参与者提供便捷的服务。

图书馆内部宣传：在图书馆内设置活动海报、宣传栏等，向到馆读者传递活动信息。可以安排工作人员或志愿者在现场解答读者疑问，引导他们参与活动。

合作与联动宣传：与其他机构、团体或企业合作，共同进行宣传推广。例如，与当地学校、社区组织、文化机构等合作，借助他们的渠道进行宣传，扩大活动影响力。

口碑与推荐宣传：通过已有的参与者、图书馆会员或意见领袖等途径进行口碑宣传。鼓励参与者分享活动体验、推荐给身边的人或邀请朋友一同参与，以增加活动的可信度和吸引力。

（三）创意化的宣传内容与形式

创意海报设计：设计具有吸引力和创意的海报，突出活动的主题和亮点。使用简洁明了的语言和视觉元素，让受众一眼就能看懂活动的相关信息。

视频宣传：制作简短的活动宣传视频，通过生动的画面和声音效果吸引受众的关注。可以在社交媒体平台发布视频，或与电视台合作播放。

故事化宣传：将活动相关的故事或案例融入宣传内容中，以情感化的方式打动受众。例如，讲述一本书如何改变一个人的生活，或者一个家庭如何通过阅读活动增强亲子关系。

名人效应宣传：邀请知名作家、学者或公众人物作为活动的代言人或嘉宾，利用他们的名气和影响力来提高活动的关注度。

互动式宣传：设计具有互动性的宣传形式，让受众能够参与其中。例如，开展线上问答、抽奖活动或线下亲子读书会等，吸引受众的参与和体验。

（五）评估与调整宣传策略

数据分析：收集宣传活动相关的数据，如点击率、曝光量、参与人数等，进行分析和对比。了解哪些宣传渠道和内容更具有效果，找出优势和不足之处。

反馈收集：通过调查问卷、在线反馈或现场交流等方式收集受众的反馈意见。了解他们对活动的评价和建议，以便对宣传策略进行调整和优化。

实时调整：根据数据分析结果和反馈意见及时调整宣传策略。例如，针对点击率高的宣传渠道加大投入力度，优化宣传时间节点以增加曝光量等。

长期规划：制订长期的阅读推广活动宣传计划，明确不同阶段的目标和重点任务。保持连贯性和持续性，以逐步提高活动的知名度和参与度。

合作与交流：与其他图书馆或相关机构保持沟通与合作，分享经验和资源，共同开展宣传活动。通过参加相关会议、研讨会或加入相关联盟等方式加强交流与合作。

创新思维与技术应用：不断关注新兴技术和趋势，将创新的思维和方法应用到宣传策略中。例如，利用虚拟现实（VR）技术为读者提供沉浸式阅读体验，或使用数据分析工具优化宣传效果等。

　　阅读推广活动的宣传与推广是确保活动成功的关键环节之一。为了提高活动的知名度和参与度，图书馆及相关机构需要制定有针对性的宣传策略并采取多元化的宣传渠道。同时要注重创意化的宣传内容和形式以吸引受众的关注，并根据数据分析结果和反馈意见不断优化和调整宣传策略。建议图书馆在开展阅读推广活动时加强与社会各界的合作力度；积极利用新兴技术和新媒体平台；注重活动的互动性和体验性以及培养专业的阅读辅导人员等措施，提高阅读推广工作的质量和效果。

三、阅读推广活动的效果评估与总结

（一）阅读推广活动效果评估

1.评估指标设定

　　在评估阅读推广活动效果时，需要设定合理的评估指标，包括参与人数、借阅量、活动满意度、读者反馈等方面。根据活动的具体内容和目标，评估指标可以进行细化，以便更准确地反映活动效果。

2.数据收集与分析

　　通过收集并分析活动相关的数据，如参与人数、借阅量、读者反馈等，可以了解活动的实际效果。利用数据分析工具，可以对数据进行处理和分析，找出数据背后的规律和趋势，为评估提供科学依据。

3.读者调查与反馈

　　通过问卷调查、面对面采访等方式，收集读者对活动的评价和反馈意见。了解读者对活动的满意度、对阅读推广活动的认知和感受，以及他们希望未来能参与的阅读推广活动类型等。

4.对比分析

　　将活动实施前后的数据进行对比分析，了解活动对图书馆、读者以及社会的影响。通过对比分析，可以判断活动的实际效果是否达到预期目标，为评估提供参考。

（二）阅读推广活动总结

1.活动亮点总结

　　在总结活动中，首先要归纳活动的亮点。这些亮点可以包括创新的宣传手段、有效的组织方式、良好的互动氛围等。通过对亮点的总结，可以提升活动的品牌形象，为今后的活动提供借鉴。

2.问题与不足分析

在总结活动中，也要客观分析存在的问题和不足。这些问题可能包括宣传力度不够、参与度不高、活动流程不完善等。通过对问题的分析，可以找出改进方向，为今后的活动提供改进依据。

3.改进方向与措施制定

针对问题和不足，制定相应的改进措施。例如，加大宣传力度、拓展宣传渠道、优化活动流程等。通过制定具体的改进措施，为今后的活动提供明确的改进方向。

4.经验教训总结

在总结活动中，还要注重经验教训的总结。这些教训可能包括对某些环节的预估不足、对某些资源的利用不够充分等。通过对教训的总结，可以避免类似问题的再次发生，为今后的活动提供经验借鉴。

通过对阅读推广活动的效果评估和总结，我们可以全面评价活动的实施过程和成果，找出优点和不足，为今后的活动提供有益的参考。为了提高阅读推广活动的效果和质量，建议图书馆及相关机构在策划和组织活动时注重以下几点。

（1）明确活动目标与受众群体，制定有针对性的宣传策略；

（2）创新宣传手段和内容，提高活动的吸引力和参与度；

（3）优化活动流程和组织方式，确保活动的顺利进行；

（4）注重读者反馈和需求，及时调整和改进活动方案；

（5）加强与社会各界的合作力度，共同推动阅读推广事业的发展。

四、阅读推广项目的创新与发展

阅读推广项目是图书馆、出版社、教育机构等单位实施的重要文化活动，旨在激发大众的阅读兴趣，提高阅读能力，促进知识传播和文化建设。随着社会的发展和技术的进步，阅读推广项目也需要不断创新与发展，以适应时代的需求和读者的期望。笔者将探讨阅读推广项目的创新与发展。

（一）阅读推广项目的创新

1.创新宣传手段

传统的宣传手段如海报、宣传单、电视广告等，已经不能满足现代读者的需求。阅读推广项目需要借助新媒体的力量，如社交媒体、微信公众号、短视频平台等，进行多元化、立体化的宣传。通过精心策划的宣传内容，可以吸引更多读者的关注和参与。

2.创新活动形式

除了传统的读书会、讲座、展览等形式，阅读推广项目还可以引入更多新颖的活动形式，如读书沙龙、作者见面会、阅读工作坊等。这些形式可以更好地满足读者的个性化需求，提高他们的参与度和阅读体验。

3.创新技术应用

随着数字化技术的发展，阅读推广项目也可以借助虚拟现实（VR）、增强现实（AR）、语音识别等新技术，为读者提供更加丰富、生动的阅读体验。例如，通过 VR 技术可以让读者身临其境地感受书中场景，或者通过 AR 技术将书中角色带入现实世界。

（二）阅读推广项目的发展方向

1.深入社区和学校

阅读推广项目应该更加深入社区和学校，与读者建立更加紧密的联系。通过在社区和学校举办各种形式的阅读活动，可以更好地满足读者的需求，提高他们的阅读兴趣和阅读能力。

2.加强国际合作与交流

阅读推广项目应该加强国际合作与交流，引入更多的国际优秀图书和文化资源，让读者了解不同国家和地区的文化与风貌。同时，也可以将本国的优秀图书和文化资源推向世界，促进国际文化交流与传播。

3.注重数字化发展与智能化服务

随着数字化时代的到来，阅读推广项目应该注重数字化发展和智能化服务。通过开发数字化阅读资源、建立数字化服务平台、推广智能化阅读工具等措施，为读者提供更加便捷、高效的阅读服务。同时，也可以借助大数据、人工智能等技术手段，对读者的阅读行为和需求进行分析与预测，为读者提供更加个性化的阅读推荐和服务。

阅读推广项目的创新与发展是时代的要求和读者的期望，需要不断地进行探索和实践。为了更好地推进阅读推广项目的创新与发展，建议相关机构和部门在以下几个方面加强合作与努力。

（1）加强宣传力度和广度，提高阅读推广项目的知名度和影响力；

（2）深入了解读者的需求和期望，为读者提供更加贴心、优质的服务；

（3）加强新技术的学习和应用，为阅读推广项目注入新的活力和动力；

（4）加强国际合作与交流，引入更多的国际优秀图书和文化资源；

（5）注重数字化发展和智能化服务，为读者提供更加便捷、高效的阅读服务。

第三节 图书馆阅读推广管理中的问题与对策

一、阅读推广管理的瓶颈与挑战

（一）阅读推广管理的瓶颈

1.缺乏系统的管理理念和方法

阅读推广管理需要有一套完整、科学的管理理念和方法体系作为支撑。然而，目前许多阅读推广项目的管理者往往缺乏系统的管理知识和经验，导致项目实施过程中出现种种问题，如活动策划不周、宣传效果不佳、参与度低等。

2.资源整合不足

阅读推广需要各方面的资源支持，如图书、人力、场地等。然而，由于资源整合不足，许多阅读推广项目往往无法充分挖掘和利用现有资源，导致项目效果不尽如人意。

3.宣传效果不显著

有效的宣传是提高阅读推广项目知名度和参与度的关键。然而，目前许多项目的宣传手段单一、陈旧，无法吸引更多读者的关注。同时，缺乏对新媒体的运用和创新，导致宣传效果不显著。

（二）阅读推广管理的挑战

1.读者需求的多元化和不确定性

随着社会的发展和技术的进步，读者的阅读需求日益多元化和不确定性。这给阅读推广项目的管理者带来了巨大的挑战，需要不断调整和优化项目内容和形式，以满足不同读者的需求。

2.技术更新换代的压力

新媒体技术的不断更新换代给阅读推广项目带来了新的机遇和挑战。如何充分利用新技术提高阅读体验、扩大项目影响力是当前阅读推广项目管理面临的重大挑战。

3.项目管理团队的能力要求

阅读推广项目的成功实施需要有一支高素质、专业化的项目管理团队。然而，目前许多项目的团队成员往往缺乏专业背景和经验，导致项目实施过程中出现各种问题。因此，如何提高项目管理团队的能力和素质是阅读推广管理面临的重要挑战。

（三）解决方案与发展建议

1.建立系统的管理理念和方法体系

阅读推广项目的管理者应加强学习，掌握科学、完整的管理理念和方法体系，包括项目策划、资源整合、宣传推广、效果评估等方面。同时，应注重理论与实践相结合，根据具体项目的特点灵活运用管理方法。

2.加强资源整合与优化配置

阅读推广项目管理应注重资源的整合与优化配置。具体而言，可以通过以下几个方面实现资源的有效利用：一是加强与出版社、学校等机构的合作，共同开展阅读推广活动；二是合理调配人力、场地等资源，确保项目的顺利实施；三是借助新技术手段提高资源的利用效率。

3.创新宣传手段与强化宣传效果

阅读推广项目管理应注重创新宣传手段和强化宣传效果。具体而言，可以通过以下几个方面实现：一是充分利用新媒体平台如微信、微博等开展宣传；二是通过创意海报、视频等形式吸引读者关注；三是加强与知名作家、学者等合作，提高项目的知名度和影响力。

二、提高阅读推广活动质量的对策建议

（一）建立科学合理的策划流程

科学合理的策划流程是确保阅读推广活动质量的关键。为此，建议建立以下策划流程。

（1）明确活动目标。在策划活动之前，首先要明确活动的目标，如提高读者阅读兴趣、推广特定类型的书籍、增强读者与图书馆之间的互动等。

（2）分析读者需求。针对目标读者，进行深入的需求分析，了解他们的阅读兴趣、需求和习惯，以及他们对于活动的期望和反馈。

（3）确定活动内容与形式。根据目标和分析结果，确定活动的内容和形式，如讲座、读书会、展览等。同时，要注重活动的创意性和趣味性，以吸引更多读者参与。

（4）制定宣传方案。设计有效的宣传方案，包括宣传渠道、宣传内容、宣传时间等，以扩大活动的影响力和提高参与度。

（5）实施与监控。在活动实施过程中，要加强监控和调整，确保活动按照计划顺利进行，并及时收集参与者的反馈和建议。

（6）效果评估与总结。活动结束后，要进行效果评估，分析活动的成果和不足之处，总结经验教训，为今后的活动提供参考。

（二）加强资源整合与优化配置

阅读推广活动需要各方面的资源支持，如图书、人力、场地等。为了提高活动质量，建议加强资源的整合与优化配置。具体而言，可以采取以下措施。

（1）与出版社合作。与知名出版社合作，获取最新出版图书的支持，丰富活动内容，提高活动的专业性和吸引力。

（2）与教育机构合作。与中小学、高校等教育机构合作，共同开展阅读推广活动，利用教育机构的资源和平台，扩大活动的影响力和参与度。

（3）与社会团体合作。与社会团体如志愿者组织、文化团体等合作，借助其人力和资源优势，共同策划和实施活动。

（4）合理调配场地与人力。根据活动内容和参与人数，合理调配场地和人力资源，确保活动的顺利进行。

（三）创新宣传手段与强化宣传效果

有效的宣传是提高阅读推广活动知名度和参与度的关键。为了强化宣传效果，建议采取以下措施。

（1）多元化宣传渠道。除了传统的海报、宣传单等手段外，积极利用新媒体如微信、微博、抖音等平台进行宣传，扩大宣传覆盖面。

（2）创意化宣传内容。设计具有创意和吸引力的宣传内容，如海报、短视频、H5等，引发读者的兴趣和好奇心。

（3）提前宣传预热。提前进行宣传预热，定期发布活动进展和亮点内容，持续吸引读者的关注和期待。

（4）加强现场宣传。在活动现场设置宣传摊位、悬挂宣传横幅等，向参与者介绍活动内容和亮点，提高参与者的知晓率和满意度。

三、加强阅读推广品牌建设与可持续发展

（一）阅读推广品牌建设的意义

1.提高活动知名度与参与度

通过品牌建设，阅读推广活动可以在众多同类活动中脱颖而出，提高活动的知名度和参与度。品牌作为一种标识和象征，能够使读者产生信任感和认同感，从而吸引更多的读者参与其中。

2.提升活动品质与专业性

品牌建设要求对活动进行精心策划和实施，确保活动的品质和专业性。通过引入专

业的策划团队和合作伙伴，可以为活动提供更优质的内容和更专业的服务，进而提高活动的质量和影响力。

3.促进资源整合与优化配置

品牌建设可以促进资源的整合与优化配置。通过与各类机构合作，可以获取更多的资源支持，如图书、人力、场地等。资源的整合与优化配置可以降低活动的成本，提高活动的效率和质量。

（二）加强阅读推广品牌建设的对策建议

1.确立品牌定位与目标受众

在加强阅读推广品牌建设之初，首先要明确品牌的定位和目标受众。品牌定位是指根据市场需求和竞争状况，确定活动的主题、特色和优势。目标受众是指活动针对的读者群体，包括年龄、性别、职业、兴趣等方面。通过确立品牌定位和目标受众，可以更好地了解读者的需求和期望，为品牌建设提供方向和指引。

2.创新品牌内容与形式

品牌内容与形式的创新是加强阅读推广品牌建设的关键。在内容方面，要注重选取优质、具有吸引力的图书资源，结合主题活动进行推广。同时，要关注读者的反馈和需求，不断调整和优化活动内容。在形式方面，要注重活动的创意性和趣味性，引入多样化的活动形式，如讲座、读书会、展览等，以满足不同读者的需求和兴趣。

3.加强品牌宣传与推广

加强品牌宣传与推广是提高阅读推广活动知名度和参与度的关键。在宣传方面，要注重选择多元化的宣传渠道，如传统媒体、新媒体等，以提高宣传的覆盖面和影响力。同时，要注重宣传内容的创意性和吸引力，引发读者的兴趣和好奇心。在推广方面，要积极开展合作推广，与相关机构和团体建立合作关系，共同推广活动，扩大活动影响力和参与度。

4.建立品牌评价与反馈机制

建立品牌评价与反馈机制是加强阅读推广品牌建设的重要环节。通过建立评价机制，可以对活动的效果进行定量和定性评估，及时发现活动中存在的问题和不足之处，为今后的活动提供改进方向和参考。同时，要注重收集读者的反馈和建议，关注读者的需求和期望，为品牌的持续改进和提高提供有力支持。

（三）阅读推广品牌的可持续发展

1.保持活动的创新与活力

要实现阅读推广品牌的可持续发展，必须保持活动的创新与活力。在活动内容上，要不断推陈出新，根据社会热点和读者需求调整和增加活动内容；在活动形式上，要敢于尝试新的方式和方法以吸引更多读者的关注和参与；在合作伙伴的选择上要寻求具有互补性和协同性的合作伙伴共同开展活动，以增加活动的多样性和丰富性。

2.强化品牌建设与维护

强化品牌建设与维护是实现阅读推广品牌可持续发展的关键。一方面要不断提高活动的品质和专业性，树立良好的品牌形象和口碑；另一方面要注重对品牌的保护和维护工作，防止侵权行为对品牌造成损害，同时要加强对品牌的监测和分析，及时发现和应对潜在的危机事件，保证品牌的健康稳定发展。

3.加强人才培养与管理

加强人才培养与管理是实现阅读推广品牌可持续发展的内在动力。要注重培养专业的管理团队和策划团队，不断提高团队成员的专业素质和能力水平；同时要建立有效的激励机制和评价机制，激发团队成员的积极性和创造力；另外要加强对合作伙伴的管理与培训，提高其执行能力和服务质量，保证活动的顺利进行和取得预期效果。

4.融入社会责任与公益理念

融入社会责任与公益理念是实现阅读推广品牌可持续发展的重要途径。通过开展具有社会责任感和公益性质的活动，如倡导阅读文化，传承文化精髓等，可以树立良好的社会形象，并赢得更多社会力量的支持和关注；同时也可以提高读者的参与度和满意度，为品牌的长期发展奠定坚实基础。

四、促进跨部门合作与资源整合，提升阅读推广效果

（一）跨部门合作的意义

1.实现资源共享，提高效率

跨部门合作可以实现不同部门之间的资源共享，提高阅读推广活动的效率。通过与图书馆、出版社、教育机构等单位建立合作关系，可以充分利用各单位的资源优势，减少重复劳动，降低活动成本。

2.拓展活动内容与形式，吸引更多读者

跨部门合作可以拓展阅读推广活动的内容和形式，吸引更多读者参与其中。通过不同部门之间的创意碰撞和思想交流，可以产生更多具有创意性和趣味性的活动形式，满足不同读者的需求和兴趣。

3.增强品牌影响力，树立行业形象

跨部门合作可以增强阅读推广活动的品牌影响力，树立行业的形象。通过与不同部门之间的合作，可以将阅读推广活动的影响力扩大到更广泛的领域，吸引更多的社会关

注和认可。

（二）促进跨部门合作的对策建议

1.建立合作机制，明确合作目标与分工

要促进跨部门合作，首先要建立完善的合作机制。合作机制应明确合作目标、分工和责任。通过制订详细的合作计划和实施方案，确保各个部门之间的协同合作顺利进行。同时，要建立有效的沟通渠道和信息共享平台，以便及时交流信息和解决问题。

2.加强信任与沟通，构建良好的合作关系

加强信任与沟通是构建良好合作关系的基础。在合作过程中，要注重加强团队之间的沟通和协作，建立互信互惠的合作关系。同时，要注重倾听和理解合作伙伴的意见和建议，尊重彼此的专业知识和经验，共同推动合作的顺利进行。

3.创新合作模式，探索多元化的合作方式

创新合作模式是促进跨部门合作的重要途径。除了传统的合作方式，还可以积极探索多元化的合作方式，如项目制合作、共建平台等。通过创新合作模式，可以发掘更多的合作机会和潜力，为阅读推广活动注入新的活力和动力。

4.评估合作效果，持续改进与优化

评估合作效果是促进跨部门合作的重要环节。通过对合作效果进行评估和分析，可以及时发现合作中存在的问题和不足之处，为今后的合作提供改进方向和参考。同时，要注重对合作伙伴的评估和反馈，以便更好地调整和优化合作关系。

（三）资源整合的意义

1.优化资源配置，提高资源利用效率

资源整合可以优化资源配置，提高资源利用效率。通过将不同部门的资源进行合理调配和整合，可以更好地发挥资源的优势和作用，提高阅读推广活动的质量和效果。

2.实现优势互补，增强整体实力

资源整合可以实现优势互补，增强整体实力。每个部门都有其独特的资源和优势，通过资源整合可以将这些资源和优势进行互补和协同，形成更强大的整体实力和影响力。

3.提升活动效果与社会影响力

资源整合可以提升阅读推广活动的效果和社会影响力。通过将不同部门的资源进行整合和调配，可以开展更多具有创意性和影响力的活动，吸引更多的读者参与其中，提升活动的社会影响力。

促进跨部门合作与资源整合对于提升阅读推广效果具有重要意义。通过建立合作机制、加强信任与沟通、创新合作模式、评估合作效果以及优化资源配置等措施的实施，可以进一步推动跨部门合作与资源整合工作的发展，进一步提升阅读推广的效果。未来我们还将继续关注跨部门合作与资源整合方面的最新动态和趋势，结合实际工作情况不断调整和完善相关措施，为推动阅读推广事业的发展贡献力量。

第十七章　数字阅读时代的挑战与机遇

第一节　数字阅读时代的特点与趋势

一、数字阅读技术的兴起与发展

随着信息技术的快速发展，数字阅读技术逐渐深入到人们的日常生活中。这种技术的兴起不仅改变了人们的阅读方式和习惯，还对出版、传媒等行业产生了深远的影响。笔者将探讨数字阅读技术的兴起与发展，分析其优劣势，并探讨未来的发展趋势。

（一）数字阅读技术的兴起

1.技术进步的推动

随着互联网技术、移动通信技术、电子信息技术等的发展，数字阅读技术得到了迅速的推动。这些技术的发展为数字阅读提供了硬件和软件的支持，使得人们可以随时随地通过网络或移动设备进行阅读。

2.市场需求驱动

随着人们对信息获取的需求不断增加，传统的阅读方式已经无法满足人们的需求。数字阅读技术的兴起正是满足了这种市场需求，为人们提供了更加便捷、高效、个性化的阅读体验。

（二）数字阅读技术的发展

1.电子书市场的发展

随着 Kindle、iPad 等电子书阅读器的推出，电子书市场得到了快速发展。这些电子书阅读器不仅可以存储和显示电子书，还可以支持各种格式的文件阅读，如 PDF、DOC 等。这使得人们可以随时随地阅读自己喜欢的内容，同时也为出版商提供了新的销售渠道。

2.网络文学的兴起

随着网络文学的兴起，数字阅读技术得到了更广泛的应用。网络文学以其独特的创作方式和阅读体验，吸引了大量的读者。数字阅读技术为网络文学提供了更好的平台，使得读者可以更加便捷地阅读到各种类型的网络文学作品。

3.移动阅读的发展

随着移动设备的普及，移动阅读成了数字阅读技术的重要发展方向。通过手机、平板电脑等设备，人们可以随时随地地进行阅读，这为人们提供了更加便捷的阅读体验。

（三）数字阅读技术的优劣势分析

1.优势分析

（1）便捷性：数字阅读技术使得人们可以随时随地地进行阅读，不受时间和地点的限制。这为人们提供了更加便捷的阅读体验。

（2）高效性：数字阅读技术可以通过搜索、分类等方式快速找到自己需要的信息，提高了阅读效率。

（3）环保性：数字阅读技术可以减少纸张的使用，降低对环境的影响。

2.劣势分析

（1）对视力的影响：长时间使用电子设备进行阅读可能会对视力产生影响。

（2）缺乏深度阅读：数字阅读技术可能会导致人们缺乏深度阅读的能力，影响思考和理解能力。

（四）数字阅读技术的未来发展趋势

1.多元化阅读体验

未来数字阅读技术将更加注重提供多元化的阅读体验，如虚拟现实（VR）、增强现实（AR）等技术将与数字阅读相结合，为读者提供更加沉浸式的阅读体验。此外，音频书籍、语音合成等技术也将为听障人士提供更加便捷的阅读方式。

2.个性化推荐系统

基于大数据和人工智能技术，未来数字阅读平台将更加精准地推荐适合每个用户的阅读内容。通过对用户行为、偏好和需求的分析，为用户提供更加个性化的推荐服务，提高阅读满意度。

3.跨媒体融合发展

随着媒体融合的加速推进，未来数字阅读技术将更加注重与其他媒体形式的融合发展。例如，将文字、图片、音频和视频等多媒体元素相结合，打造富媒体形式的数字阅读内容，提供更加丰富多彩的阅读体验。

4.智能化技术应用

智能化技术将在数字阅读领域发挥越来越重要的作用。通过自然语言处理（NLP）、机器学习等技术，数字阅读平台可以自动分析文本内容、提取关键信息，并为用户提供智能化的搜索和导航服务。此外，智能化技术还可以帮助出版商对市场需求进行精准分析，优化出版计划和营销策略。

二、数字阅读与传统阅读的差异与融合

随着科技的迅速发展，数字阅读已经成为人们获取信息、知识的主要方式之一。它以其独特的优势，改变了传统阅读的模式和习惯，为读者提供了更加便捷、丰富的阅读体验。然而，传统阅读在某些方面仍然具有不可替代的价值。笔者将探讨数字阅读与传统阅读的差异与融合，分析各自的优劣势，并探讨未来的发展趋势。

（一）数字阅读与传统阅读的差异

1.阅读方式

数字阅读主要是通过电子设备进行的，如手机、平板电脑、电子书阅读器等。这些设备可以随时随地连接互联网，使得人们可以方便地进行在线阅读、下载阅读等方式。而传统阅读则主要是通过纸质书籍进行的，需要在固定的地点进行阅读，且需要手动翻页。

2.阅读体验

数字阅读提供了多元化的阅读体验，如高清晰度、可调节大小的字体、背景色、白天和夜间模式等。此外，数字阅读还可以通过搜索、注释等功能提高读者的参与度和记忆效果。而传统阅读则更注重纸张的触感、页面的布局和设计的细节，为读者提供了一种更为真实和沉浸式的阅读体验。

3.阅读成本

数字阅读的内容主要存储在电子设备中，可以通过网络随时随地获取，无须支付额外的费用。而传统阅读则需要购买书籍，对于一些珍贵的古籍或绝版书籍，其价格可能较高。

（二）数字阅读与传统阅读的融合

1.纸质书籍的数字化

随着数字化技术的不断发展，许多纸质书籍已经被数字化。通过扫描、OCR 等技术，可以将纸质书籍转化为电子书籍，存储在电子设备中。这样，读者可以在数字设备上阅读喜爱的书籍，同时也保留了纸质书籍的真实感和触感。

2.数字设备的书籍下载

许多电子设备如手机、平板电脑等都支持下载书籍。通过在线书店或图书馆等平台，读者可以方便地下载电子书籍到设备中进行阅读。这样，即使在没有网络的情况下，读者也可以随时进行阅读。

3.混合式学习模式

数字阅读和传统阅读的融合还体现在混合式学习模式上。这种模式结合了数字阅读的高效性和传统阅读的深度。通过在线课程、远程教育等方式，实现线上和线下的有机结合。这种模式不仅可以提高学习效率，还可以增加学习的趣味性和互动性。

数字阅读和传统阅读各有优劣势，二者并不是相互替代的关系，而是相互补充、融合的关系。在未来的发展中，数字阅读和传统阅读将继续发挥各自的作用，共同为读者提供更加全面、多样化的阅读体验。同时，随着科技的不断进步和普及，数字阅读的地位将更加重要，为人们获取信息、知识提供更加便捷的途径。

三、数字阅读市场的现状与未来趋势

随着互联网和移动设备的广泛普及，数字阅读已经成为人们获取信息、知识的主要方式之一。数字阅读市场在过去的几年中经历了快速的增长，并呈现出一些新的趋势和变化。笔者将探讨数字阅读市场的现状，包括市场规模、用户行为、竞争格局等方面，并预测未来的发展趋势。

（一）数字阅读市场的现状

1.市场规模

数字阅读市场在过去的几年中经历了快速的增长。根据相关统计数据，全球数字阅读市场的规模预计在未来几年内将持续扩大。其中，中国数字阅读市场的增长速度尤为迅猛，这与国内庞大的网民数量和不断提高的电子设备普及率密切相关。

2.用户行为

随着智能手机和移动互联网的普及，越来越多的用户开始习惯于使用手机进行阅读。根据调查报告，手机阅读已经成为中国年轻人最主要的阅读方式之一。此外，随着人们生活节奏的加快，碎片化阅读也成为一种趋势，用户在等车、排队等场合利用碎片时间进行阅读。

3.竞争格局

数字阅读市场的竞争格局日益激烈。一方面，各大电商平台纷纷推出自己的电子书城，与传统的出版机构合作，提供丰富的数字阅读资源；另一方面，涌现出一批优质的独立阅读应用，如掌阅、知乎等，以其独特的内容和用户体验赢得了大量用户。

（二）数字阅读市场的未来趋势

1.内容付费与版权保护

随着人们对优质内容的追求和对知识价值的认可，内容付费将成为数字阅读市场的一个重要趋势。同时，版权保护也将得到进一步的加强，为创作者提供更好的保障。这将鼓励更多的出版机构和创作者投入数字阅读市场，提供更多高质量的阅读资源。

2.个性化推荐与智能化阅读

人工智能和大数据技术的应用将进一步提升数字阅读的个性化推荐水平。通过分析用户的阅读习惯和喜好，系统可以为用户推荐更适合的阅读资源，提高用户的阅读满意度。同时，智能化阅读也将成为一种趋势，如语音朗读、自动翻译等功能，让用户在享受阅读的同时，更加便捷地获取信息。

3.跨界融合与生态建设

未来的数字阅读市场将更加注重跨界融合和生态建设。出版机构、电商、科技公司等各方将进一步加强合作，实现资源共享和优势互补。同时，数字阅读市场将与其他领域如影视、游戏等形成更加紧密的联动，构建起多元化的内容生态圈。这将为用户提供更加丰富、多元化的阅读体验。

4.用户体验与技术创新

用户体验将在未来成为数字阅读市场竞争的重要因素。各大平台将更加注重界面设计、功能开发等方面，以提高用户的满意度和忠诚度。同时，技术创新也将持续推动数字阅读市场的发展。例如，虚拟现实（VR）和增强现实（AR）技术的应用将为用户带来全新的沉浸式阅读体验。此外，随着5G技术的普及，高速网络和低延迟传输也将为数字阅读市场带来更多的可能性。

数字阅读市场在过去的几年中取得了显著的发展，市场规模不断扩大，用户行为也在发生变化。未来，随着内容付费、版权保护的加强以及跨界融合、生态建设的深入推进，数字阅读市场将呈现出更多新的发展趋势。在这个过程中，用户体验和技术创新将成为竞争的关键因素。各参与方需要不断创新和优化产品和服务，以满足用户的需求并赢得市场份额。同时，政府、企业和相关机构也需要共同努力推动版权保护、行业标准和数据共享等方面的发展，为数字阅读市场的健康繁荣提供有力支持。

第二节　图书馆在数字阅读推广中的角色与作用

一、图书馆在数字阅读推广中的重要性

随着科技的进步和数字化趋势的推进，数字阅读已经逐渐成为人们获取信息、学习知识的主要方式之一。图书馆作为传统的知识传播机构，在数字阅读推广中扮演着至关

重要的角色。

（一）图书馆在数字阅读推广中的优势

1.资源丰富

图书馆拥有丰富的数字资源，包括电子书籍、期刊、报纸、数据库等，涵盖了各个领域的知识。这些资源为数字阅读提供了坚实的基础，满足了读者的多元化需求。

2.专业性和可靠性

图书馆是一个专业的知识传播机构，其数字资源的质量和可靠性得到了严格的把控。这为读者提供了更加优质、准确的阅读资源，减少了获取有效信息的成本。

3.服务和设施完善

图书馆提供了完善的阅读服务和设施，如安静的阅读环境、舒适的阅读座位、免费的网络连接等。这些服务和设施为读者提供了良好的阅读体验，促进了数字阅读的发展。

（二）图书馆在数字阅读推广中的作用

1.引导和培养读者的数字阅读习惯

图书馆通过开展数字阅读推广活动，如数字阅读节、数字阅读比赛等，引导和培养读者的数字阅读习惯。这些活动激发了读者的阅读兴趣，提高了他们的数字阅读技能。

2.提供个性化的阅读推荐服务

图书馆利用大数据和人工智能技术，为读者提供个性化的阅读推荐服务。这种服务根据读者的阅读历史、兴趣和需求，推荐相应的阅读资源，提高了读者的阅读满意度。

3.推动数字阅读的科技创新和应用

图书馆在数字阅读的科技创新和应用方面发挥着重要作用。它们与科技企业、研究机构合作，共同探索数字阅读的新技术和新应用，推动了数字阅读的进步和发展。

（三）建议和策略

1.加强数字资源的建设和更新

图书馆应不断加强数字资源的建设和更新，确保资源的时效性和全面性。同时，要关注读者的需求和反馈，及时调整和优化资源结构。

2.提高数字阅读服务的质量和水平

图书馆应不断提高数字阅读服务的质量和水平，提供更加智能化、个性化的服务。同时，要注重读者体验和服务设施的改善，为读者提供更加舒适、便捷的阅读环境。

3.加强合作与交流，共享优质资源和技术

图书馆之间应加强合作与交流，共享优质资源和技术。通过建立联盟和合作机制，共同推动数字阅读的进步和发展。同时，要加强与科技企业、研究机构的合作，共同探索数字阅读的新领域和新应用。

4.关注特殊群体和需求，推动数字阅读的普及和公平

图书馆应关注特殊群体的需求，如老年人、残疾人等，推动数字阅读的普及和公平。要开发适合特殊群体的阅读资源和工具，提供相应的阅读服务和支持。

图书馆在数字阅读推广中发挥着至关重要的作用。它们拥有丰富的数字资源、专业的服务和设施，为读者提供了良好的阅读体验和个性化的阅读推荐服务。未来，图书馆应继续加强数字资源的建设和更新，提高服务的质量和水平，加强合作与交流，关注特殊群体的需求，推动数字阅读的普及和公平。只有这样，才能更好地满足读者的需求和期望，为社会的进步和发展做出更大的贡献。

二、图书馆数字阅读资源的建设与服务

随着信息技术的快速发展，数字阅读已经成为人们获取信息、学习知识的重要途径之一。图书馆作为传统的知识传播机构，在数字阅读资源的建设与服务方面发挥着重要作用。

（一）图书馆数字阅读资源的建设

1.数字资源的采集与整合

图书馆在数字阅读资源的采集与整合方面具有丰富的经验。它们根据读者的需求和学科特点，通过购买、授权、交换等方式获取优质的数字资源。同时，图书馆还对各类资源进行分类、标引、组织，建立数字资源库，方便读者查询和使用。

2.数字资源的加工与处理

图书馆在数字资源的加工与处理方面也具有很强的能力。它们利用专业知识和技术手段，对数字资源进行格式转换、压缩处理、元数据提取等操作，提高数字资源的可读性和易用性。同时，图书馆还通过数据挖掘、文本挖掘等技术，对数字资源进行深入分析和挖掘，提取有价值的信息和知识。

3.数字资源的存储与备份

图书馆在数字资源的存储与备份方面具有完善的技术和设备。它们采用高性能的存储设备和备份方案，确保数字资源的可靠性和安全性。同时，图书馆还建立了容灾备份体系，防范各种意外情况的发生。

（二）图书馆数字阅读服务的提升

1.提供多样化的阅读服务方式

图书馆提供了多样化的阅读服务方式，以满足不同读者的需求。例如，图书馆可以

通过官方网站、移动 APP、微信公众号等渠道，向读者提供电子书籍、期刊论文、报纸等数字资源的在线阅读服务。同时，图书馆还可以提供离线阅读服务，如通过下载电子资源到手机、平板等设备上离线阅读。

2.建立个性化推荐系统

图书馆可以利用大数据和人工智能技术，建立个性化推荐系统。该系统根据读者的阅读历史、兴趣和需求，为读者推荐相关的数字资源和服务。这种个性化推荐服务可以提高读者的阅读满意度和阅读效率。

3.提供阅读指导与培训服务

图书馆还应提供阅读指导与培训服务，帮助读者更好地利用数字资源。例如，图书馆可以开展数字阅读技能培训课程，教授读者如何查找、评价和使用数字资源。同时，图书馆还可以提供学科领域的阅读指导服务，为读者推荐相关领域的核心期刊和重要著作。

（三）存在的问题与发展策略

1.存在的问题

虽然图书馆在数字阅读资源的建设与服务方面取得了一定的成绩，但也存在一些问题。例如，部分图书馆的数字资源建设缺乏整体规划和统一标准，导致资源重复建设、无法共享；部分图书馆的数字服务模式仍停留在传统的借阅模式上，缺乏创新和突破；同时，随着数字阅读的普及，部分图书馆存在硬件设施落后、网络速度慢等问题，影响了读者的阅读体验。

2.发展策略

针对以上问题，提出如下发展策略：加强图书馆之间的合作与交流，共同制定数字资源建设标准和发展规划；推进数字化技术的创新和应用，提高数字服务的水平和质量；加大硬件设施的投入和更新力度，提升网络速度和稳定性；加强与科研机构、企业的合作与交流，共同推动数字阅读的发展和应用。

三、图书馆数字阅读推广的模式与创新

随着信息技术的迅速发展和互联网的普及，人们的阅读方式发生了巨大的变化。数字阅读已经成为一种趋势，图书馆作为重要的知识传播机构，也需要适应这种变化，积极推广数字阅读。

（一）图书馆数字阅读推广的现状

目前，许多图书馆都开展了数字阅读推广活动，包括在线阅读、电子书借阅、移

动阅读服务等。这些活动在一定程度上提高了读者的阅读兴趣和阅读能力。同时，图书馆还通过数字资源库的建设、数字阅读设施的更新等方式，为读者提供更好的数字阅读环境。

（二）图书馆数字阅读推广的优势

1.资源丰富多样

图书馆拥有丰富的数字资源，包括电子书籍、期刊论文、报纸等，涵盖了各个领域。这使得读者可以在图书馆中方便地获取到各种类型的阅读资源。

2.阅读便捷高效

数字阅读打破了时间和空间的限制，读者可以在任何时间、任何地点进行阅读。同时，数字阅读还具有高效的优势，读者可以通过搜索、筛选等功能快速找到所需的信息。

3.提高阅读素养

图书馆通过数字阅读推广活动，可以帮助读者提高阅读素养。例如，开展在线阅读指导、电子书借阅培训等活动，帮助读者掌握数字阅读技能和方法。

（三）图书馆数字阅读推广的问题

1.数字资源利用率不高

虽然图书馆提供了丰富的数字资源，但实际上数字资源的利用率并不高。很多读者对数字资源的了解和利用程度有限，尤其是老年读者和信息素养较低的读者。

2.数字服务模式单一

目前，许多图书馆的数字服务模式仍比较单一，主要是提供在线阅读和电子书借阅等服务。这些服务模式缺乏创新和个性化，无法满足不同读者的需求。

3.缺乏互动与交流平台

图书馆在推广数字阅读时，缺乏与读者之间的互动与交流平台。这使得图书馆无法及时了解读者的需求和反馈，也无法为读者提供更加个性化和精准的服务。

（四）图书馆数字阅读推广的发展策略

1.提高数字资源的利用率

图书馆可以通过加大宣传力度，提高读者对数字资源的认知和利用程度。例如，在图书馆网站上提供详细的数字资源介绍和使用指南，开展数字资源推广活动等。

2.创新数字服务模式

图书馆需要创新数字服务模式，提供更加个性化和多样化的服务。例如，建立移动图书馆，为读者提供随时随地的阅读服务；开展数字化讲座和培训，提高读者的数字阅读技能；建立学科领域的数字资源导航，方便读者查找和获取相关资源。

3.建立互动与交流平台

图书馆需要建立与读者之间的互动与交流平台，及时了解读者的需求和反馈。例如，通过社交媒体、在线论坛等渠道与读者进行互动交流；开展读者满意度调查，收集读者的意见和建议；建立读者俱乐部或读者沙龙等组织，加强与读者的联系和沟通。

图书馆数字阅读推广是适应数字化时代的重要举措之一。通过提高数字资源的利用率、创新数字服务模式和建立互动与交流平台等措施，可以推动图书馆数字阅读的发展和应用，提高读者的阅读兴趣和能力，从而更好地服务于社会和人民大众。

第三节　解决数字阅读中推广的挑战策

一、提升数字阅读服务质量与用户体验

随着互联网和移动设备的广泛普及，数字阅读已经成为人们获取信息的重要方式。图书馆作为知识传播的重要机构，提升数字阅读服务和用户体验变得至关重要。

（一）提升数字阅读服务质量

1.丰富数字资源库

图书馆应积极采购各类电子书籍、期刊、报纸等资源，建立丰富的数字资源库。同时，要关注不同读者的需求，提供针对不同年龄段、职业背景的数字资源，使读者能够在图书馆中找到满足自己需求的阅读材料。

2.优化数字阅读平台

图书馆应升级和完善数字阅读平台，提供稳定、快速、流畅的阅读体验。要注重平台的功能性和易用性，支持多种格式的电子书阅读，提供搜索、书签、注释等功能，方便读者进行阅读和记录。

3.提高数字资源获取能力

图书馆应加强读者对数字资源的获取能力。通过开展培训课程、提供在线指南等形式，帮助读者掌握数字资源的查找、下载和阅读技巧。同时，要简化数字资源的获取流程，提高获取效率。

（二）提升用户体验

1.个性化推荐服务

图书馆应利用大数据和人工智能等技术，根据读者的阅读历史、兴趣爱好等信息，为其提供个性化的推荐服务。通过推送符合读者需求的电子书籍、文章等资源，增加读

者的阅读兴趣和满意度。

2.交互式阅读体验

图书馆应引入交互式阅读体验，让读者在阅读过程中能够进行评论、分享、讨论等操作。通过建立社交阅读平台，鼓励读者之间的交流和互动，增强读者的阅读体验和参与感。

3.无障碍阅读服务

图书馆应关注特殊群体的阅读需求，提供无障碍阅读服务。例如，为视障读者提供语音阅读、为听障读者提供文字转换语音等服务，确保每个读者都能平等地享受阅读的乐趣。

（三）加强宣传与推广

1.建立品牌形象

图书馆应建立自己的品牌形象，通过网站、社交媒体等渠道宣传数字阅读服务和优势，提高读者对图书馆数字资源的认知和信任度。

2.举办阅读活动

图书馆应定期举办各类阅读活动，如读书分享会、讲座、展览等，鼓励读者参与数字阅读。通过活动宣传和推广数字阅读服务，增加读者的参与度和黏性。

3.合力营销推广

图书馆应与学校、社区、企业等机构进行合作，共同推广数字阅读服务。通过合作营销，扩大图书馆数字阅读服务的覆盖面和影响力。

（四）持续改进与优化服务

1.收集用户反馈

图书馆应积极收集读者对数字阅读服务和平台的反馈意见和建议。通过调查问卷、在线评价等方式收集反馈信息，及时了解读者的需求和期望。

2.数据分析与改进

图书馆应利用数据分析工具，对数字阅读服务的运行数据进行分析。根据分析结果，针对性地改进服务质量和提升用户体验。例如，优化数字资源的排版和展示方式、调整推荐算法等。

3.定期评估与调整

图书馆应定期对数字阅读服务和用户体验进行评估。根据评估结果，及时调整服务策略和方法，持续改进和优化服务质量与用户体验。

二、加强数字阅读技术的研发与应用

随着科技的飞速发展和人们对知识需求的不断增长，数字阅读已经成为获取信息、提高知识水平的重要途径。为了更好地满足读者的阅读需求，图书馆需要不断加强数字阅读技术的研发与应用。

（一）加强数字阅读技术研发的重要性

1.提升阅读服务水平

数字阅读技术的研发与应用有助于提高图书馆的阅读服务水平。通过引入先进的数字阅读技术和设备，图书馆可以更好地满足不同读者的阅读需求，提供更加便捷、高效、个性化的服务。例如，开发移动端阅读应用、引入虚拟现实技术等，使读者能够随时随地获取阅读资源，享受沉浸式的阅读体验。

2.优化用户体验

数字阅读技术的研发与应用有助于优化读者的阅读体验。通过分析读者的阅读行为和习惯，图书馆可以为其提供个性化的推荐服务和交互式阅读体验。同时，利用大数据和人工智能等技术，图书馆可以实时了解读者的需求和反馈，及时调整服务策略，提高读者的满意度和忠诚度。

3.促进知识传播与创新

数字阅读技术的研发与应用有助于促进知识的传播与创新。随着科技的发展，新的知识和信息不断涌现，图书馆需要不断更新和拓展数字资源库，引入新的数字阅读技术和工具，为读者提供前沿的知识和信息。同时，鼓励读者参与数字资源的创作和分享，促进知识的交流与创新。

（二）加强数字阅读技术研发的策略

1.建立专业的研发团队

图书馆应建立专业的研发团队，负责数字阅读技术的研发与应用。团队成员应具备丰富的技术知识和创新思维，能够根据图书馆的需求和读者的需求进行技术研发和创新。同时，加强与高校、科研机构等合作，共同推进数字阅读技术的研发和应用。

2.加强技术引进与整合

图书馆应关注当前先进的数字阅读技术和工具，积极引进并整合到自身的服务中。例如，引入人工智能技术实现个性化推荐、利用虚拟现实技术提供沉浸式阅读体验等。通过对先进技术的引进和整合，图书馆可以提升自身的服务水平和用户体验。

3.注重用户需求与反馈

图书馆在研发数字阅读技术时，应注重读者的需求和反馈。通过调查问卷、在线评价等方式收集读者的意见和建议，了解其对于数字阅读的需求和期望。根据读者的反馈信息，图书馆可以针对性地进行技术研发和创新，满足读者的个性化需求。

4.强化知识产权保护意识

在数字阅读技术的研发和应用过程中，图书馆应注重知识产权保护。加强对自身研发成果的保护，避免知识产权纠纷。同时，合理使用和引用他人的研究成果，遵守知识产权法律法规。

三、重视数字阅读版权保护与利益平衡

在数字阅读技术的研发与应用过程中，版权保护和利益平衡是至关重要的问题。数字阅读的发展依赖于大量的数字资源，而数字资源的创作者和出版者都享有其版权。因此，图书馆在推进数字阅读服务时，需要重视版权保护，平衡各方利益，以实现数字阅读的可持续发展。

（一）数字阅读版权保护的重要性

1.尊重和保护创作者权益

版权保护是尊重和保护创作者权益的重要手段。通过版权保护，可以防止他人未经许可使用和传播创作者的作品，保障创作者的合法权益。图书馆作为数字资源的收藏者和提供者，应积极采取措施保护创作者的版权，确保其权益不受侵犯。

2.促进数字阅读产业健康发展

版权保护对于促进数字阅读产业的健康发展至关重要。只有在严格保护版权的前提下，才能吸引更多的创作者和出版者参与数字阅读产业，提供更多优质的数字资源。同时，版权保护也有助于维护市场秩序，防止盗版和侵权行为的出现，确保数字阅读市场的公平竞争。

3.提升图书馆服务和用户满意度

版权保护对于提升图书馆服务和用户满意度也有积极影响。图书馆作为数字阅读服务的主要提供者，需要确保所提供的数字资源的合法性和安全性。通过加强版权保护，图书馆可以确保所提供的数字资源的质量和来源的可靠性，进而提高用户满意度和信任度。

（二）数字阅读利益平衡的必要性

1.平衡创作者、出版者和用户之间的利益

在数字阅读领域，需要平衡创作者、出版者和用户之间的利益。创作者是数字资源的创造者，他们享有对其作品的版权和收益权；出版者则是数字资源的传播者，他们也

需要获得合理的回报；而用户作为数字资源的消费者，他们需要获取优质、便捷的阅读服务。因此，在数字阅读技术的研发和应用过程中，需要充分考虑各方利益诉求，寻求合理的平衡点。

2.促进知识传播和社会进步

数字阅读技术的研发和应用不仅是为了满足用户的阅读需求，还要促进知识的传播和社会进步。在版权保护的前提下，通过合理平衡各方利益，可以促进数字资源的共享和知识的传播，推动社会文化的繁荣和发展。同时，也有助于提高用户对于数字阅读服务的认知和接受度，进一步拓展数字阅读的市场规模和社会影响力。

（三）加强数字阅读版权保护与利益平衡的措施建议

1.建立完善的版权保护机制

图书馆应建立完善的版权保护机制，包括与创作者和出版者签订明确的版权许可协议、建立数字资源库的权限管理等。同时，加强与版权管理机构、司法部门的合作，共同打击盗版和侵权行为，维护良好的版权保护环境。

2.推广版权意识教育

图书馆应积极推广版权意识教育，提高用户对于版权保护的认知和理解。通过开展宣传活动、开设相关课程等方式，向用户传递版权保护的重要性，引导用户合法获取和使用数字资源。

3.探索合理的利益分配模式

在数字阅读服务的提供过程中，需要探索合理的利益分配模式，平衡各方利益诉求。图书馆可以与创作者和出版者进行合作，召开定公平、合理的授权协议和收益分成方案，确保各方都能从数字阅读市场中获得应有的回报。

4.加强技术研发与创新

图书馆应加强技术研发与创新，探索新的数字阅读技术和模式。通过引入加密技术、数字水印等保护措施，确保数字资源的合法性和安全性；同时，积极研发具有自主知识产权的技术和工具，为数字阅读产业的可持续发展提供技术支持。

5.发挥行业协会和政策引导作用

图书馆应积极参与相关行业协会的活动，共同推动数字阅读产业的健康发展。通过参与制定行业标准和规范，共同应对版权保护和利益平衡等共性问题；同时，关注政策动向，合理利用政策资源，为数字阅读技术的研发和应用提供支持和引导。

第十八章　图书馆阅读推广的未来发展趋势

第一节　科技发展对图书馆阅读推广的影响

一、新技术与图书馆阅读推广的融合

随着科技的不断发展，新技术与图书馆阅读推广的融合已成为一种趋势。这种融合不仅可以提高阅读推广的效果，还可以拓展阅读推广的渠道和方式，为读者提供更加便捷、个性化的阅读服务。笔者将从以下几个方面探讨新技术与图书馆阅读推广的融合。

（一）新技术对图书馆阅读推广的影响

1.数字化技术的应用

数字化技术是现代图书馆应用最广泛的技术之一。通过将传统文献转化为数字资源，图书馆可以为读者提供更加便捷的阅读服务。数字化技术不仅可以提高文献的利用率，还可以保护文献的原始面貌，延长其使用寿命。在阅读推广方面，数字化技术可以将文献资源进行整合和共享，提高阅读服务的针对性和效率。

2.人工智能技术的应用

人工智能技术可以实现对大量数据的分析和处理，从而为图书馆提供更加精准的读者需求和行为分析。通过人工智能技术，图书馆可以了解读者的阅读偏好、阅读习惯等信息，从而为其提供更加个性化的阅读服务。此外，人工智能技术还可以应用于图书馆的自动化管理，提高管理效率和服务质量。

3.社交媒体技术的应用

社交媒体技术为图书馆阅读推广提供了新的渠道和方式。通过社交媒体平台，图书馆可以与读者进行实时互动和交流，了解读者的阅读需求和反馈，从而为其提供更加优质的阅读服务。同时，社交媒体技术还可以扩大图书馆的影响力，吸引更多读者关注和使用图书馆资源。

（二）新技术与图书馆阅读推广的融合策略

1.创新阅读推广模式

新技术的发展为图书馆阅读推广提供了更多的可能性。图书馆应该积极探索新的阅

读推广模式，例如线上阅读、移动阅读、虚拟现实阅读等，以满足不同读者的需求。同时，图书馆还可以利用新技术手段对传统阅读服务进行升级和改进，例如通过人工智能技术为读者提供智能推荐服务等。

2.加强数字化资源建设

数字化资源是现代图书馆的重要组成部分。加强数字化资源建设不仅可以提高图书馆的资源储备和服务质量，还可以满足读者的数字化阅读需求。在数字化资源建设方面，图书馆可以通过引进电子图书、电子期刊等数字资源，或者将现有馆藏资源进行数字化转换，以满足读者的数字化阅读需求。

3.提升图书馆员的素质和能力

新技术与图书馆阅读推广的融合需要图书馆员具备更高的素质和能力。图书馆员需要不断学习和掌握新技术手段和方法，例如数字化技术、人工智能技术、社交媒体技术等，以便更好地为读者提供优质的阅读服务。此外，图书馆员还需要具备创新意识和市场意识，以便更好地推广图书馆的阅读服务。

4.加强与读者的互动和沟通

新技术手段的发展为图书馆与读者之间的互动和沟通提供了更多的可能性。图书馆可以通过社交媒体平台、在线咨询平台等渠道与读者进行实时互动和交流，了解读者的阅读需求和反馈，从而为其提供更加个性化的阅读服务。同时，图书馆还可以通过这些渠道扩大自身影响力，吸引更多读者关注和使用图书馆资源。

新技术与图书馆阅读推广的融合是现代图书馆发展的必然趋势。通过应用新技术手段和方法，图书馆可以更好地满足读者的阅读需求和提高服务质量。同时，图书馆还需要不断探索新的融合策略和方法，以便更好地适应时代的发展和变化。

二、人工智能与图书馆阅读推广的探索

随着人工智能技术的不断发展，其在图书馆阅读推广领域的应用也日益广泛。人工智能技术可以为图书馆提供更加精准的读者需求分析、智能推荐等服务，从而提高阅读推广的效果和读者的满意度。

（一）人工智能技术在图书馆阅读推广中的应用

1.读者行为分析

通过人工智能技术对读者行为进行分析，图书馆可以更加全面地了解读者的阅读偏好、阅读习惯等信息，从而为其提供更加个性化的阅读服务。例如，通过分析读者的借阅记录、检索历史等信息，图书馆可以为读者推荐其可能感兴趣的图书或文献，从而提

高阅读推广的效果。

2.智能推荐服务

人工智能技术可以应用于图书馆的智能推荐服务。通过对读者行为进行分析，人工智能技术可以为读者推荐与其阅读偏好相关的图书或文献，从而提高读者的阅读满意度和黏性。同时，智能推荐服务还可以根据读者的反馈和评价等信息进行优化和调整，从而更好地满足读者的阅读需求。

3.自动化管理

人工智能技术可以应用于图书馆的自动化管理。例如，通过人工智能技术对图书馆的借阅流程进行自动化处理，可以提高借阅效率和服务质量。同时，人工智能技术还可以对图书馆的馆藏资源进行智能管理和优化，从而更好地满足读者的阅读需求和提高资源利用率。

（二）人工智能与图书馆阅读推广的融合策略

1.加强读者隐私保护

在应用人工智能技术进行图书馆阅读推广的过程中，需要注意保护读者的隐私信息。图书馆应该建立完善的隐私保护制度和规范，确保读者的个人信息安全和不被滥用。同时，图书馆应该加强技术防范措施，防止读者的个人信息被非法获取和利用。

2.提高图书馆员的素质和能力

人工智能与图书馆阅读推广的融合需要图书馆员具备更高的素质和能力。图书馆员需要不断学习和掌握人工智能技术和应用方法，以便更好地为读者提供优质的阅读服务。同时，图书馆员还需要具备数据分析和处理的能力，以便更好地利用人工智能技术进行读者需求分析和优化服务。

3.加强与读者的沟通和互动

虽然人工智能技术可以为图书馆提供更加智能化的服务，但仍然不能忽视与读者的沟通和互动。图书馆应该通过多种渠道与读者进行互动和交流，例如通过社交媒体平台、在线咨询平台等渠道收集读者的反馈和意见，以便更好地了解读者的需求和优化服务。同时，通过与读者的沟通和互动，还可以增强读者的参与感和黏性，提高阅读推广的效果和质量。

4.创新阅读推广模式

人工智能技术的发展为图书馆阅读推广提供了更多的可能性。图书馆应该积极探索新的阅读推广模式，例如通过虚拟现实技术为读者提供沉浸式阅读体验、通过移动应用程序为读者提供随时随地的阅读服务等。同时，图书馆还可以利用人工智能技术对传统阅读服务进行升级和改进，例如通过智能语音识别技术为读者提供语音搜索和朗读等服务。

人工智能技术在图书馆阅读推广中的应用已经成为一种趋势。通过应用人工智能技术，图书馆可以更好地了解读者的需求和行为，为其提供更加个性化、智能化的阅读服务。同时，图书馆还需要不断探索新的融合策略和方法，以便更好地适应时代的发展和变化。

第二节　社会需求变化对图书馆阅读推广的挑战

一、读者对多元化阅读的需求

随着社会的发展和科技的进步，人们的阅读需求和方式也在不断变化。传统的纸质书籍已经不再是人们唯一的阅读选择，取而代之的是多元化的阅读方式，如电子书、网络文学、音频书等。这些新兴的阅读方式为读者提供了更多的选择和便利，同时也对图书馆的阅读推广提出了新的挑战。

（一）多元化阅读需求的产生

1.阅读方式的多样化

随着互联网和移动设备的普及，人们的阅读方式已经不再局限于传统的纸质书籍。电子书、网络文学、音频书等新兴的阅读方式逐渐成为人们的主要阅读选择。这些阅读方式具有便携性、可随时随地阅读、可同时处理多种任务等优势，满足了现代人快节奏的生活方式和多元化的阅读需求。

2.阅读兴趣的广泛性

现代人的阅读兴趣更加广泛，不仅关注传统的文学、历史、哲学等领域的书籍，还对科技、经济、社会等领域的书籍产生浓厚的兴趣。同时，对于同一本书，不同的读者也有着不同的阅读需求和偏好。因此，图书馆需要提供更加多样化的阅读资源和阅读方式，以满足不同读者的需求。

（二）多元化阅读需求的特点

1.个性化需求

现代读者更加注重阅读的个性化需求。他们不仅对阅读的内容有更高的要求，而且对阅读的方式、时间、地点等也有自己的偏好。因此，图书馆需要提供更加个性化的阅读推荐和服务，以满足不同读者的个性化需求。

2.互动性需求

现代读者更加注重阅读的互动性。他们不仅希望与作者进行交流和互动，还希望与其他读者进行交流和分享。因此，图书馆需要提供更加便捷的互动平台和渠道，以满足读者的互动性需求。

3.便捷性需求

现代读者更加注重阅读的便捷性。他们希望能够在任何时间、任何地点方便地进行阅读，同时还希望能够随时随地获取所需的阅读资源。因此，图书馆需要提供更加便捷的阅读服务和资源获取方式，以满足读者的便捷性需求。

（三）多元化阅读需求的满足策略

1.提供多样化的阅读资源

为了满足读者的多元化阅读需求，图书馆需要提供更加多样化的阅读资源。这包括不同领域的书籍、电子书、网络文学、音频书等多元化的阅读资源，以及针对不同年龄、职业、兴趣的阅读资源。同时，图书馆还需要根据读者的反馈和评价等信息，不断优化和调整馆藏资源结构，以满足读者的阅读需求和提高资源利用率。

2.提供个性化的阅读推荐服务

为了满足读者的个性化需求，图书馆需要提供更加个性化的阅读推荐服务。这包括根据读者的借阅记录、检索历史等信息，分析其阅读偏好和习惯，为其推荐与其兴趣相关的图书或文献。同时，图书馆还可以通过数据分析和挖掘等技术手段，了解读者的阅读行为和趋势，为其提供更加精准的阅读推荐服务。

3.加强与读者的互动和交流

为了满足读者的互动性需求，图书馆需要加强与读者的互动和交流。这包括通过社交媒体平台、在线咨询平台等渠道收集读者的反馈和意见，及时了解其阅读需求和偏好。同时，图书馆还可以举办读书分享会、作者见面会等活动，为读者提供一个交流和互动的平台。

4.提供便捷的阅读服务和获取渠道

为了满足读者的便捷性需求，图书馆需要提供更加便捷的阅读服务和获取渠道。这包括通过移动应用程序、微信公众号等方式为读者提供随时随地的阅读服务，同时还需提供多样化的资源获取方式，如在线借阅、快递送书等。此外，图书馆还可以通过数字化技术手段提高借阅流程的自动化程度，提高借阅效率和服务质量。

多元化阅读需求的满足是图书馆阅读推广的重要任务之一。为了满足读者的多元化阅读需求，图书馆需要提供更加多样化的阅读资源、个性化的阅读推荐服务、加强与读者的互动和交流以及提供便捷的阅读服务和获取渠道等措施。只有这样才能够更好地满足读者的需求和提高其满意度，进而促进图书馆事业的发展和完善。

二、阅读方式的变化与挑战

随着科技的飞速发展和人们生活节奏的加快，阅读方式也在发生着深刻的变化。传统的纸质书籍逐渐被电子书、网络文学、音频书等新兴的阅读方式所取代。这种变化给读者带来了更多的选择和便利，但同时也给图书馆、书店等阅读服务机构带来了新的挑战。

（一）阅读方式的变化

1.电子书的兴起

电子书是一种便捷的阅读方式，它可以在电子设备上随时随地阅读，不受时间和地点的限制。随着智能手机、平板电脑等移动设备的普及，电子书逐渐成为人们的主要阅读选择。此外，电子书还可以通过在线购买或租赁等方式获取，使得阅读更加方便和经济。

2.网络文学的盛行

网络文学是一种以互联网为载体的小说、散文、诗歌等文学作品的统称。随着互联网的普及，网络文学逐渐成为人们阅读的重要方式。网络文学的内容丰富多样，涵盖了各种类型和风格的作品，为读者提供了更多的选择。同时，网络文学还具有互动性强的特点，读者可以通过评论、点赞等方式与其他读者交流和分享。

3.音频书的崛起

音频书是一种以音频形式呈现的书籍，它可以通过听的方式获取信息。随着音频技术的不断发展，音频书逐渐成为人们的一种重要的阅读方式。音频书可以随时随地收听，不受视力的限制，适合于忙碌的工作间隙或睡前等场景。

（二）新兴阅读方式的优缺点

1.优点

新兴阅读方式具有便携性、可随时随地阅读、可同时处理多种任务等优点。无论是电子书、网络文学还是音频书，都可以通过移动设备或其他电子设备进行阅读，使得读者可以在任何时间、任何地点进行阅读。同时，新兴阅读方式还具有资源丰富、内容多样的优点，可以为读者提供更多的选择。此外，新兴阅读方式还具有互动性强的特点，可以让读者与其他读者进行交流和分享。

2.缺点

新兴阅读方式也存在一些缺点。首先，长时间使用电子设备阅读可能会对视力产生影响。其次，新兴阅读方式的阅读体验可能与纸质书籍有所不同，有些读者可能更习惯纸质书籍的阅读方式。再次，新兴阅读方式需要一定的技术支持和维护成本，如果设备出现问题或数据丢失等情况，可能会影响读者的阅读体验。

（三）面临的挑战

1.技术问题

新兴阅读方式需要一定的技术支持和维护成本。因此，图书馆、书店等阅读服务机构需要投入一定的资金和技术力量来保障新兴阅读方式的正常运行和服务质量。

2.服务问题

新兴阅读方式需要图书馆、书店等阅读服务机构提供更加多样化的服务和支持。例如，提供个性化的阅读推荐服务、加强与读者的互动和交流、提供便捷的阅读服务和获取渠道等措施。同时还需要对读者的反馈和评价等信息进行收集和分析，及时了解其阅读需求和偏好。这些都需要图书馆、书店等阅读服务机构投入更多的人力、物力来提供更好的服务。

3.资源问题

新兴阅读方式的资源丰富多样，但同时也存在着资源版权问题、质量参差不齐等问题。图书馆、书店等阅读服务机构需要加强对资源的筛选和管理，确保提供给读者的资源质量和版权安全等问题得到保障。同时还需要加强对资源的更新和扩充，以满足读者不断变化的阅读需求。

随着科技的发展和人们生活节奏的加快，阅读方式也在发生着深刻的变化。新兴的电子书、网络文学、音频书等阅读方式为读者带来了更多的选择和便利。但同时也面临着技术问题、服务问题和资源问题等挑战。图书馆、书店等阅读服务机构需要积极应对这些挑战，并不断完善自身的服务体系以更好地满足读者的需求和提高其满意度，从而促进图书馆事业的发展和完善。

三、社会阅读趋势的发展与影响

随着社会的进步和科技的发展，人们的阅读方式也在不断发生变化。从传统的纸质书籍到电子书、网络文学、音频书等新兴的阅读方式，社会阅读趋势的演变对人们的生活和学习方式产生了深远的影响。

（一）社会阅读趋势的发展

1.阅读方式的多样化

随着科技的飞速发展，人们的阅读方式越来越多样化。传统的纸质书籍仍然是一种重要的阅读方式，但电子书、网络文学、音频书等新兴的阅读方式逐渐成为人们的主要选择。这些新兴的阅读方式具有便捷、灵活、可随时随地阅读等优点，满足了人们在不同场景下的阅读需求。

2.阅读载体的数字化

随着移动设备的普及，阅读载体的数字化趋势越来越明显。电子书、网络文学等新兴的阅读方式主要以数字化形式呈现，使得人们可以在电子设备上随时随地阅读。数字化阅读不仅提高了阅读效率，还为读者提供了更多的选择和便利。

3.阅读体验的个性化

随着社会阅读趋势的发展，读者的阅读体验逐渐个性化。读者可以根据自己的喜好和需求选择不同的阅读方式和载体，还可以通过在线购买或租赁等方式获取自己需要的资源。同时，新兴的阅读方式还具有互动性强的特点，读者可以通过评论、点赞等方式与其他读者交流和分享。

（二）社会阅读趋势的影响

1.对读者的影响

社会阅读趋势的发展对读者产生了深远的影响。首先，新兴的阅读方式为读者提供了更多的选择和便利，读者可以随时随地获取自己需要的资源。其次，数字化阅读使得读者的阅读效率得到了提高，同时还可以节省一定的时间和精力。最后，新兴的阅读方式还为读者提供了更多的互动和交流的机会，有利于促进读者的参与感和归属感。

2.对出版业的影响

社会阅读趋势的发展对出版业也产生了深远的影响。传统的出版业主要以纸质书籍为主，但随着新兴阅读方式的兴起，电子书、网络文学等数字化出版物逐渐成为主流。这使得出版业需要不断适应新的市场变化和技术发展，同时也为出版业带来了新的机遇和挑战。

3.对公共图书馆和书店的影响

社会阅读趋势的发展对公共图书馆和书店等阅读服务机构也产生了影响。传统的公共图书馆和书店主要以纸质书籍为主，但随着新兴阅读方式的兴起，数字化资源逐渐成为主流。这使得公共图书馆和书店需要不断适应新的市场变化和技术发展，提供更多的数字化资源和更好的数字化服务。同时还需要加强对资源的更新和扩充，以满足读者不断变化的阅读需求。

社会阅读趋势的发展是科技发展和人们生活节奏加快的必然结果。新兴的阅读方式为读者提供了更多的选择和便利，同时也对出版业和阅读服务机构产生了深远的影响。为了更好地适应社会阅读趋势的发展，我们需要加强对新兴阅读方式的研究和理解，不断更新自己的知识和技能以更好地满足读者的需求和提高其满意度，从而促进个人和社会的发展与进步。

第三节　图书馆阅读推广策略与发展方向

一、创新图书馆阅读推广模式

图书馆作为公共文化服务体系的重要组成部分，在推广阅读、传播知识、促进文化交流等方面发挥着重要作用。然而，随着社会的发展和科技的进步，传统的图书馆阅读推广模式已经不能满足读者的需求和期望。因此，创新图书馆阅读推广模式势在必行。笔者将从以下几个方面探讨如何创新图书馆阅读推广模式。

（一）数字化阅读推广

数字化阅读是一种新兴的阅读方式，具有便捷、高效、可随时随地阅读等优点。在数字化阅读推广方面，图书馆可以采取以下措施。

1.建立数字化阅读平台

图书馆可以建立自己的数字化阅读平台，提供电子书、网络文学、音频书等数字化资源，满足读者在不同场景下的阅读需求。同时，数字化阅读平台还可以提供在线借阅、在线阅读、下载等功能，方便读者获取和阅读到资源。

2.加强移动端服务

随着移动设备的普及，读者越来越倾向于使用手机、平板等移动设备进行阅读。图书馆可以开发自己的移动应用程序或微信公众号等移动端服务，提供在线查询、在线借阅、在线阅读等功能，方便读者随时随地获取和阅读资源。

3.推广数字化资源

图书馆可以通过宣传单、海报、社交媒体等方式宣传自己的数字化资源，吸引更多的读者使用数字化阅读平台。同时，图书馆还可以通过举办数字化阅读推广活动、数字化阅读讲座等方式，提高读者对数字化阅读的认知和接受程度。

（二）社交媒体推广

社交媒体是一种高效的传播工具，具有互动性强、传播速度快等特点。在社交媒体推广方面，图书馆可以采取以下措施。

1.建立社交媒体账号

图书馆可以建立自己的社交媒体账号，例如微博、微信、抖音等，通过发布图书馆的活动信息、新书推荐、阅读技巧等内容，吸引更多的读者关注和参与。

2.互动交流

图书馆可以通过社交媒体与读者进行互动交流，了解读者的阅读需求和期望，及时反馈读者的意见和建议。同时，图书馆还可以通过社交媒体与其他机构合作，共同推广阅读活动和文化交流活动。

3.线上活动

图书馆可以通过社交媒体举办线上活动，例如读书分享会、读书竞赛等，吸引更多的读者参与和互动。同时，图书馆还可以通过社交媒体宣传自己的服务理念和文化价值观念，提高读者对图书馆的认知和信任度。

（三）个性化推广服务

个性化推广服务是根据读者的需求和偏好，提供定制化的服务和资源。在个性化推广服务方面，图书馆可以采取以下措施。

1.建立读者档案

图书馆可以通过建立读者档案，了解读者的阅读需求和偏好，为读者提供定制化的服务和资源。例如，对于喜欢文学的读者，图书馆可以推荐相关的文学作品和作者；对于喜欢科学的读者，图书馆可以推荐相关的科学著作和科普读物。

2.定期推送服务

图书馆可以通过定期推送服务的方式，向读者推荐相关的图书、文章、视频等内容。同时，图书馆还可以根据读者的阅读偏好和兴趣，定期推送相关的新闻、文化活动等信息。

3.提供多元化服务

为了满足不同读者的需求和期望，图书馆可以提供多元化的服务。例如，对于喜欢听书的读者，图书馆可以提供音频书服务；对于喜欢看漫画的读者，图书馆可以提供漫画书籍和电子漫画资源等。同时，图书馆还可以提供翻译服务、文献传递服务等特色服务，以满足不同读者的需求和期望。

创新图书馆阅读推广模式是适应社会发展和读者需求的重要举措。数字化阅读推广、社交媒体推广和个性化推广服务等创新模式，可以使图书馆更好地满足读者的需求和期望，提高读者的满意度和参与度。同时还可以促进文化交流和知识传播等多元化服务的拓展，从而推动图书馆事业的发展与进步。

二、多元化阅读服务与体验提升

随着社会的进步和科技的发展，人们的阅读方式和阅读需求也在不断变化。传统的单一阅读模式已经不能满足读者的多元化需求，因此，图书馆作为公共文化服务体系的重要组成部分，需要提供多元化的阅读服务，以满足不同读者的需求和期望。

（一）多元化阅读服务的意义

多元化阅读服务是指图书馆提供的多种形式的阅读服务和资源，以满足不同读者的需求和期望。它可以包括传统的纸质书籍、电子书籍、音频书籍、漫画书籍等，还可以包括网络文学、博客、微博、视频等内容。多元化阅读服务可以满足不同读者的阅读偏好和需求，提高读者的阅读兴趣和参与度，同时还可以促进文化交流和知识传播等多元化服务的拓展。

（二）多元化阅读服务的实践

1.建立多元化的阅读资源库

图书馆应该建立多元化的阅读资源库，包括传统的纸质书籍、电子书籍、音频书籍、漫画书籍等，还可以包括网络文学、博客、微博、视频等内容。同时，图书馆应该根据读者的需求和偏好，不断更新和扩充资源库，以满足读者的需求和期望。

2.提供多元化的阅读服务

图书馆应该根据读者的不同需求和偏好，提供多元化的阅读服务。例如，对于喜欢听书的读者，图书馆可以提供音频书服务；对于喜欢看漫画的读者，图书馆可以提供漫画书籍和电子漫画资源等。同时，图书馆还可以提供翻译服务、文献传递服务等特色服务，以满足不同读者的需求和期望。

3.推广多元化的阅读活动

图书馆可以通过举办多元化的阅读活动来吸引读者的参与和兴趣。例如，图书馆可以举办读书分享会、读书竞赛、作家讲座、文化沙龙等活动，让读者能够感受到阅读的乐趣和价值。同时，图书馆还可以通过社交媒体等渠道宣传自己的服务和活动，扩大影响力。

（三）提升多元化阅读服务的体验

1.提高服务质量

图书馆应该不断提高自身的服务质量，包括提高借阅效率、提高咨询质量等。同时，图书馆还应该注重员工培训和管理，提高员工的素质和服务意识，以满足读者的需求和期望。

2.优化阅读环境

图书馆应该优化阅读环境，包括提供舒适的座椅、改善灯光照明、保持安静的氛围等。同时，图书馆还可以通过设计优美的内部装饰和布局来营造良好的阅读氛围和文化气息。

3.加强数字化服务

随着科技的发展和数字化阅读的普及，图书馆应该加强数字化服务。例如，图书馆可以建立数字化资源库和数字化服务平台，提供电子书、网络文学、音频书等数字化资源，满足读者在不同场景下的阅读需求。同时，图书馆还可以开发自己的移动应用程序或微信公众号等移动端服务，提供在线查询、在线借阅、在线阅读等功能，方便读者随时随地获取和阅读到资源。

4.注重读者反馈

图书馆应该注重读者的反馈和建议，及时了解读者的需求和期望。同时，图书馆还可以通过定期开展读者满意度调查等方式收集读者的意见和建议，及时调整自身的服务和资源。

多元化阅读服务和体验提升是图书馆发展的重要方向之一。通过建立多元化的阅读资源库、提供多元化的阅读服务、推广多元化的阅读活动等方式可以满足不同读者的需求和期望，提高读者的满意度和参与度，促进文化交流和知识传播等多元化服务的拓展，从而推动图书馆事业的发展与进步。

三、阅读推广的跨界合作与传播

随着信息技术的飞速发展和人们阅读需求的多样化，阅读推广已经成为图书馆等公共文化服务机构的重要任务之一。而在这个过程中，跨界合作与传播显得尤为重要。笔者将从阅读推广的跨界合作与传播的角度出发，探讨如何通过与不同领域和行业的合作，扩大阅读推广的影响力和覆盖面，提高读者的阅读兴趣和参与度。

（一）阅读推广的跨界合作

1.与教育机构的合作

图书馆可以与学校等教育机构开展合作，共同推广阅读。例如，图书馆可以向学校提供借阅服务、组织读书活动等，同时学校也可以利用图书馆的资源开展课堂教学、学术研究等活动。这种合作可以促进教育机构与图书馆之间的资源共享和优势互补，提高阅读推广的效果。

2.与文化机构的合作

图书馆还可以与博物馆、美术馆等文化机构开展合作，共同推广阅读。例如，在博物馆展览期间，图书馆可以提供相关图书资料和文献资源，为观众提供更深入的了解和认识。这种合作不仅可以丰富读者的阅读内容，还可以拓宽读者的视野和知识面。

3.与科技企业的合作

图书馆可以与科技企业开展合作，共同推广数字化阅读。例如，图书馆可以引入先进的数字化技术，如虚拟现实、增强现实等，为读者提供更加生动、直观的阅读体验。同时，科技企业也可以利用图书馆的资源开展技术研究和应用等。这种合作可以实现资源共享和技术创新，推动数字化阅读的发展。

（二）阅读推广的传播策略

1.制订传播计划

在开展阅读推广活动之前，应该制订详细的传播计划，包括传播的目标、渠道、方式、时间等方面的规划和设计。同时，还应该根据不同的受众群体和传播渠道，制定不同的传播内容和形式，以提高传播的效果和覆盖面。

2.利用社交媒体平台

社交媒体平台已经成为人们获取信息和交流的重要渠道之一。图书馆可以利用社交媒体平台进行阅读推广的传播。例如，图书馆可以通过微博、微信等社交媒体平台发布读书活动信息、推荐图书资源等，同时还可以通过社交媒体平台与读者进行互动交流，了解读者的阅读需求和反馈。

3.发挥意见领袖的作用

意见领袖是指在某个领域或某个群体中具有影响力和号召力的人物。图书馆可以与意见领袖开展合作，共同推广阅读。例如，图书馆可以邀请知名作家、学者等意见领袖来馆组织讲座、签名售书等活动，同时还可以通过意见领袖的社交媒体平台进行传播和推广。

4.组织文化交流活动

图书馆可以组织各种文化交流活动，如读书分享会、读书竞赛、作家讲座、文化沙龙等，吸引读者的参与和兴趣。这些活动不仅可以促进读者之间的交流和互动，还可以提高读者的阅读兴趣和文化素养。同时，这些活动还可以为图书馆带来更多的合作伙伴和资源。

阅读推广是图书馆等公共文化服务机构的重要任务之一，而跨界合作与传播是扩大阅读推广影响力和覆盖面的关键。通过与不同领域和行业的合作，不仅可以丰富读者的阅读内容，提高读者的阅读兴趣和参与度，还可以实现资源共享和技术创新等目标。同时，在传播策略方面，应该制订详细的传播计划，利用社交媒体平台和意见领袖的作用进行推广和传播，并组织各种文化交流活动吸引读者的参与和兴趣。只有这样，才能更好地满足读者的阅读需求和服务要求。

四、培养阅读文化，提升阅读素养

随着信息时代的到来，阅读已成为人们获取知识、了解世界的重要途径。然而，阅读素养的高低直接影响着人们获取知识和理解世界的能力。因此，培养阅读文化，提升阅读素养显得尤为重要。

（一）培养阅读文化

1.建立良好的阅读环境

良好的阅读环境是培养阅读文化的基础。学校、图书馆、社区等公共场所应该提供舒适的阅读空间和丰富的图书资源，营造出浓郁的阅读氛围。此外，家庭也是培养阅读文化的重要场所，家长应该鼓励孩子阅读，建立家庭阅读角，让孩子在家庭中感受到阅读的乐趣。

2.推广多元化阅读

多元化阅读是培养阅读文化的重要手段。在推广多元化阅读的过程中，应该注重不同年龄段、不同兴趣爱好的读者需求，提供多样化的阅读材料和资源。例如，针对儿童可以提供绘本、童话等材料，针对成年人可以提供文学、历史、科学等领域的书籍。

3.加强导读工作

导读工作是培养阅读文化的重要环节。图书馆、学校等机构应该加强导读工作，帮助读者选择适合自己的阅读材料，引导读者深入理解阅读内容。同时，还可以开展读书分享会、读书竞赛等活动，促进读者之间的交流和互动。

（二）提升阅读素养

1.培养良好的阅读习惯

良好的阅读习惯是提升阅读素养的关键。首先，应该注重培养定时定量阅读的习惯，让阅读成为日常生活的一部分。其次，应该注重培养深度阅读的习惯，引导读者深入理解阅读材料，发掘其中的深层含义和价值。

2.提高阅读理解能力

提高阅读理解能力是提升阅读素养的核心。在阅读过程中，应该注重对文本的解读和分析，理解作者的意图和表达方式。同时，还应该注重对文本的批判性思维和分析，从不同角度审视文本的意义和价值。此外，还应该注重培养跨学科阅读的思维和能力，拓宽知识面和视野。

3.结合实践应用

结合实践应用是提升阅读素养的重要途径。在阅读过程中，应该注重将所学的知识和理论应用到实际生活中，解决实际问题。同时，还应该注重将所学的知识和理论与其他学科领域进行交叉和融合，促进知识的创新和发展。此外，还可以通过写作、演讲等方式表达自己的思想和观点，提高语言表达能力。

培养阅读文化、提升阅读素养是个人和社会发展的重要方面。通过建立良好的阅读环境、推广多元化阅读、加强导读工作等手段可以培养良好的阅读习惯和提升阅读理解能力。同时还可以通过实践应用提高语言表达能力。只有这样才能够更好地享受阅读的乐趣和收获阅读的成果，为个人和社会的发展做出更大的贡献。

参考文献

[1]马骅.高校图书馆信息化数字阅读推广策略：评《智慧图书馆信息化建设理论与实践》[J].中国科技论文，2023，18(3):365.

[2]张然.思政教育视角下高校图书馆经典文献阅读推广研究：《高校经典阅读推广理论与实践》荐读[J].情报理论与实践，2023，46(2):210.

[3]孙丽峰.高校图书馆精准阅读推广理论与实践探索[J].兰台内外，2022(11):70-72.

[4]蔡家意.我国图书馆阅读推广理论实践与启示：以湖南图书馆为例[J].内蒙古科技与经济，2022(7):123-125.

[5]杨琼丽，宁国安.高职院校图书馆精准阅读推广理论与实践探索[J].教师，2021(20):113-114.

[6]李艳.高校图书馆阅读推广理论与实践研究[J].中国民族博览，2021(10):205-207.

[7]李兰，付勃达.从图书馆阅读推广的案例解析、活动实践到理论总结：《图书馆阅读推广案例赏析》与《图书馆阅读推广的理论与实践》比较[J].新世纪图书馆，2021(4):28-32.

[8]付勃达.公共文化服务语境中的图书馆阅读推广：从黄俊《图书馆阅读推广的理论与实践》谈起[J].新世纪图书馆，2020(12):12-16.

[9]谭雯.图书馆阅读推广的理论与实践研究：评《中外图书馆阅读推广活动研究》[J].林产工业，2020，57(12):130.

[10]陈菁.图书馆是全民阅读推广事业的主阵地：从《图书馆阅读推广的理论与实践》说开去[J].图书馆研究与工作，2020(11):69-73.

[11]张佳音.阅读推广基本理论与实践案例分析：《阅读政策与图书馆阅读推广》荐读[J].情报理论与实践，2020，43(6):207.

[12]吕颖.高校图书馆精准阅读推广理论与实践探索[J].发明与创新(职业教育)，2020(5):157，156.

[13]宋琴.图书馆阅读推广理论与实践[J].办公室业务，2020(1):162，164.

[14]吴汉华，史佳，卫劭杰.阅读推广理论与实践的探索与共识：中国图书馆学会第二届阅读推广理论研讨会及阅读与心理健康研讨会综述[J].图书馆建设，2019(1):147-154.